U0692327

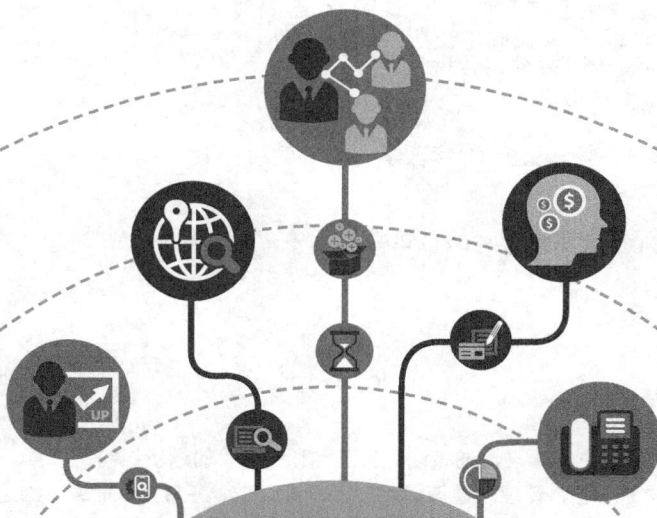

管理沟通

理论、案例与实训

（微课版 第2版）

◆ 李映霞 主编 ◆

人民邮电出版社

北 京

图书在版编目（CIP）数据

管理沟通：理论、案例与实训：微课版 / 李映霞
主编. -- 2版. -- 北京：人民邮电出版社，2021.7
高等院校市场营销新形态系列教材
ISBN 978-7-115-55935-7

Ⅰ．①管… Ⅱ．①李… Ⅲ．①管理学－高等学校－教材 Ⅳ．①C93

中国版本图书馆CIP数据核字(2021)第018125号

内 容 提 要

本书按照"管理沟通理念—管理沟通策略—管理沟通技能"的逻辑结构，全面、系统地讲解了管理沟通的相关知识，包括管理沟通理念、管理沟通策略、倾听、演讲、商务写作、非语言沟通、自我沟通、正式沟通、非正式沟通、面谈、会议、谈判、危机沟通。本书各章均设置了引导案例，文中设有讨论模块，章后有案例分析、课后实训，便于读者学习和练习。

本书强调教材的思政导向，通过案例将思政元素自然融入知识点；强调理论体系的完整性，从理念、策略、技能三个层面帮助读者系统地掌握管理沟通的规律。本书还注重实际沟通能力的提高，以案例、实训为载体，以教会读者实际操作为目的，注重规律性的总结，引导读者深入思考问题、解决问题，从而培养读者的沟通意识和沟通技能。

本书可作为高等院校本科生、研究生学习管理沟通课程的教学用书，也可作为企业管理者的培训用书。

◆ 主　　编　李映霞
　　责任编辑　孙燕燕
　　责任印制　李 东　胡 南
◆ 人民邮电出版社出版发行　　北京市丰台区成寿寺路11号
　　邮编　100164　　电子邮件　315@ptpress.com.cn
　　网址　https://www.ptpress.com.cn
　　固安县铭成印刷有限公司印刷
◆ 开本：787×1092　1/16
　　印张：14　　　　　　　　　2021年7月第2版
　　字数：267千字　　　　　　 2025年8月河北第8次印刷

定价：49.80 元

读者服务热线：(010)81055256　印装质量热线：(010)81055316
反盗版热线：(010)81055315

前 言 FOREWORD

党的二十大报告中指出，"团结就是力量，团结才能胜利。全面建设社会主义现代化国家，必须充分发挥亿万人民的创造伟力。"

团结需要沟通，沟通是人与人之间思想与情感传递的桥梁。不论是治理国家、管理组织还是经营家庭、日常生活，都需要通过沟通达成共识、增进信任、团结协作，完成目标。每一个人都应该培养沟通意识、提高沟通技能，这对组织中的员工和管理者而言更为重要，而管理沟通课程对沟通能力的培养及管理素质的提升具有重要作用。

"管理沟通"是一门职业通用能力课程，也是应用性技能型课程，具有较强的实践性。该课程起源于西方的 MBA 教育，是哈佛商学院率先列出的 MBA 9 门主修课程之一。国内的管理沟通课程自 1999 年清华大学组织召开的第一届全国 MBA "管理沟通"课程研讨会以来有了快速的发展，授课对象已从 MBA 延伸到本科、硕士、博士、EMBA。目前，该课程是工商管理、人力资源管理、公共事业管理、市场营销等专业的专业课。

通过学习本课程，学生能掌握管理沟通的理念、策略、技能，能在组织中运用批判性思维诊断沟通问题，设计沟通方案；掌握倾听、写作、演讲、面谈、组织会议、谈判、危机沟通的技能；遵守组织管理规律，与上下级和平级良好沟通，建立和维持和谐的上下级关系、同事关系，同心同德实现组织目标。

本书是编者多年从事管理沟通课程教学的结晶。在教学实践中，编者阅读了大量参考书，取其精华，同时结合用书教师和学生的反馈意见，将多年使用的教案充实完善，编写了本书。

编者在编写本书的过程中，着重体现以下几个特点。

（1）课程思政，立德树人。本书注重思政元素与知识点的自然融合，引用的例子和案例体现思政导向、文化自信，注重培养学生宽容友善、文明和谐、理性冷静、顾全大局的沟通理念。教材的中外素材比例平衡。

（2）学生为本，能力导向。本书注重学生沟通能力和管理素质的提升，根据专业培养目标和管理工作实际需求选取教学内容，加大实践性教学内容的分量，选取和改编符合管理现实的教学案例，通过沟通游戏设置活泼有趣的互动场景，设计适合学生角色扮演的模拟情景。强调培养学生自主学习和分析解决沟通问题的能力，努力做到理论精练够用，技能与操作性突出，使学生能运用所学知识娴熟地表达自我，理解他人，成为具有诚信积极的人生观和职业观、具备较高沟通表达能力和团队协作能力的"组织人"。

（3）体例合理，利于学习。本书每章先从简明扼要的学习目标开始，接着引用丰富的开篇短案例，引出本章重要知识点。文中设有讨论模块，课后安排有篇幅较长的案例分析、管理游戏、情景操作题和课后实训内容。这样的编排符合学生的认知特点和学习规律，有助于学生明确学习目的、激发学习兴趣以及巩固理论知识，也方便教师组织课堂教学。

本书由李映霞主编，各章内容均由李映霞负责编写。编者在编写本书的过程中，得到了潘姝老师、曾晓霞老师、唐月芬老师的支持和帮助，在此深表感谢。在本书的编写过程中，编者借鉴了国内外相关著作和网上资料。由于受篇幅的限制，不能在文中一一注明，在此，编者向各位提供原始资料的学者表示由衷的敬意和感谢；同时，也向给予编者各方面支持的领导、同事、出版社表示衷心的感谢！

由于编者水平有限，书中难免有欠妥和错误之处，恳请读者批评指正。

编　者

2023 年 2 月

目录 CONTENTS

第一章 管理沟通理念

学习目标

1. 理解沟通和管理沟通的含义；
2. 理解管理沟通的过程与要素，并据此做出沟通方案；
3. 理解管理沟通的原则；
4. 理解批判性思维的含义；
5. 认识沟通中批判性思维的重要性，并有意识地培养批判性思维。

引导案例

她俩是在沟通吗

大明妈："我们家大明从来不让我操心，成绩好得不得了，今年又拿了奖学金，你知道在医学院拿奖学金多不容易啊！"

丽丽妈："是呀，我们家丽丽也一样，那天她的系主任还当着我的面夸她，说丽丽是他教的学生中最出色的一个。"

大明妈："大明这孩子平时太用功了，经常在图书馆学习到晚上十一二点，那么晚回来车不好等，又危险，现在坏人又多，我准备为他买辆车，这样我比较放心，而且我看医学院里很多学生都开车的。"

丽丽妈："哦，丽丽这个假期都不在家，她要去欧洲游学。你知道的，她是学建筑的，最喜欢到欧洲那边看房子。什么巴洛克式，还有什么哥特式建筑，这孩子真是有志气。"

大明妈："真巧，去年我家大明也到欧洲玩了 15 天，去了好几个国家。对了，大明快毕业了，他准备到医院工作了，医学院出来的学生最大的优势就是不愁出路。"

丽丽妈："是啊，没有比当医生更好的了！别人给我家丽丽介绍的男朋友就有一个是要当医生的，就是不晓得丽丽是否看得上。现在的孩子都有主见，做父母的也不好干涉。"

问题：她俩是在沟通吗？为什么？

当今组织环境复杂，全球竞争残酷，人们在组织中需要获取、处理和沟通的信息及问题越来越多。人们需要培养沟通技能以实现组织目标，这些技能包括以下几个方面。

- 积极倾听他人的观点；
- 完整地、条理分明地、简洁地组织信息和观点；
- 连贯且有说服力地表述信息和观点；
- 有效地运用通信技术；
- 与有不同背景和经历的人有效沟通；
- 以符合当代社交礼仪期望的有教养的方式沟通，即使面对冷漠或怀有敌意的受众；
- 以符合道德规范的方式沟通。

那么，何为沟通？在生活和工作中，我们经常听到"我已经告诉他啦！""通知已经发下去了！""我知道了！"这些是沟通吗？

第一节　管理沟通概述

一、沟通的含义

沟通，可以发生在通信工具（如通信卫星、视频传输、传真电话等）之间，这是通信科学技术所研究的问题；沟通，也可以发生在人与机器之间，这是工程心理学所研究的课题；沟通，更多发生在人与人之间，这是社会心理学、行为科学和管理心理学的研究课题，也是现代管理学研究的内容之一。本书所研究的沟通，仅限于人与人之间的沟通。

沟通是信息的传递和理解。

"信息"反映了事实、情感、价值观、态度、观点等。信息不能像有形物品一样由发送者传递给接收者，往往以各种符号为载体。发送者首先要把需要传递的信息"翻译"成符号，接收者则进行相反的"翻译"理解。由于每个人的"信息-符号储存系统"各不相同，对同样的符号也就理解不同。

"传递"意味着信息的发送方通过一定的沟通渠道，借助一定的沟通媒介发出信息。

"理解"意味着接收方通过一定的接收渠道，准确地感知发送方传递的信息的全部意义，包括事实、情感、价值观、期待等。

"传递"可能不难，但"理解"就很不容易了。由于知识背景的差异、思维模式的差异、价值观的不同，加之人们在沟通时"要面子""言不由衷""以自我为中心""缺乏换位思考"，会导致沟通不畅。人际关系紧张、恶化往往是由缺乏理解或者理解出现了偏差造成的。

二、管理沟通的含义

管理沟通是指为实现组织目标而进行的组织内部和外部的信息传递和交流活动。我们可以从以下三个方面理解这个定义。

（一）管理沟通是指在管理领域里发生的沟通

如果沟通的行为和过程发生在管理的过程和职能范围内，这样的沟通就应该是管理沟通的行为与过程。例如，在人力资源部经理与员工进行绩效评估的反馈面谈时，先跟员工谈谈其刚上学的孩子的琐事，这么做能够调节上、下级之间的合作气氛，这其实就是一种管理沟通。管理沟通的过程与范围和管理的过程与范围基本相同或相似。

（二）管理沟通是指为了达到管理目的或目标而进行的沟通行为与过程

管理沟通围绕组织目标进行，这一点有别于非职务性活动的私人交流和谈心等，尽管在具体沟通活动中管理沟通也可能采取这些形式，但它是围绕组织目标，为了完成某个任务和解决某个问题的一种沟通行为过程。如果沟通不是完成管理目的或目标，纯粹是加强个人感情交流，如朋友间的闲聊，那么，这样的沟通就不能称为管理沟通。管理沟通的目的、目标，应该与管理的目的、目标基本相同或相似。

（三）管理沟通是指用沟通交流的方式来完成管理职能的活动

要真正实现管理职能就不能没有沟通，因为组织是由人组成的，而人是有思想、感情、情绪、想法等智力活动能力的。组织的所有活动任务都必须依赖于人的恰当活动才能完成，而不同的人与人之间要共同完成任务就必须有良好的沟通。没有良好的沟通，人们就不会达成共识、分工协作。管理的过程就是沟通的过程。因此，为了执行管理职能而进行的沟通活动，就是管理沟通。管理沟通的职能、具体任务，应该与管理的职能、具体任务相同或相似。

三、管理沟通的过程与要素

管理沟通的过程是沟通者向听众传递信息并获得对方反馈的过程。根据管理沟通的过程模型，一个完整的沟通活动必须具备七个要素。

（一）管理沟通的过程

管理沟通的过程如图 1-1 所示。

1. 沟通者有了一个想法

沟通者在实施沟通之前，必须首先选择试图沟通的信息，明确沟通目的和目标。如果想法不清晰、目标不明确，信息的编码就可能会有问题。

```
┌─────────────────────────────────────────────────────────────┐
│                    听众提供反馈给沟通者                          │
└───┬─────────────────────────────────────────────────────┬───┘
    ↓                                                       │
┌────────┐   ┌──────────┐   ┌──────────┐   ┌────────┐   ┌────────┐
│沟通者有了│ → │沟通者将想法│ → │沟通者通过 │ → │ 听众   │ → │ 听众   │
│一个想法 │   │编码为信息 │   │渠道传递信息│   │接收信息 │   │解码信息 │
└────────┘   └──────────┘   └──────────┘   └────────┘   └────────┘
```

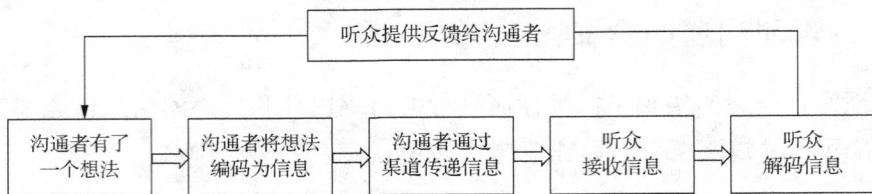

图 1-1　管理沟通的过程

2. 沟通者将想法编码为信息

沟通者将想法转化为听众可以接收的形式，如文字、声音、表情等，这就是我们经常说的"表达"。这个环节容易出现的障碍有两类。

一类是编码能力、发送能力不佳，如口齿不清、词不达意、逻辑混乱、条理不清等。因此，沟通者在编码过程中必须充分考虑到听众的经验背景，注重内容、符号对于听众来说的可读性。

另一类是选择性知觉编码发送噪声。它指的是信息沟通者在信息编码的过程中，受到个人兴趣、情绪、思想、愿望等的影响和制约，而对应该全部发送的信息进行了不恰当的增删、过滤，从而影响了传送信息的完整性、准确性和及时性。

3. 沟通者通过渠道传递信息

沟通渠道是信息传递的途径和媒介。如今管理沟通渠道具有丰富性和多样性的特点，尤其是电子信息渠道的出现。

沟通渠道的选择是相当重要的。渠道会影响信息传送的速度、有效性和完整性。渠道选择不当是沟通中常见的障碍。例如，应该书面落实的任务仅仅用口头通知，会带来责任不清的后果；不该发布到网上的信息却发布到了网上，会造成信息泄露的后果。

4. 听众接收信息

听众通过倾听、做笔记等方式接收信息。这一环节受到听众的信息接收能力和选择性知觉的影响，有可能他们对信息做了过滤和增删。

5. 听众解码信息

听众在接收到信息后，将信息符号还原为信息，并理解了信息的内容与含义。完美的管理沟通应该是编码与译码完全"对称"，即沟通者和听众所处理的信息完全一致。

听众在译码过程中也必须考虑沟通者的经验背景，这样才能更准确地把握沟通者意欲表达的真正意图，正确、全面地理解接收到的信息的本来意义。

在沟通中，每个人都必须很好地了解如何有效地理解别人和让别人理解，了解沟通中信息的转译和传递机制，只有这样，才能提高沟通的有效性和准确性。

6. 听众提供反馈给沟通者

反馈是指听众把收到并理解了的信息返送给沟通者，以便沟通者对听众是否正确理解了信息进行核实，这样，沟通过程便形成了一个完整的闭合回路。管理行为要确保各项活动没有偏离正常运行轨道，因此，管理沟通中必须有反馈。如果没有反馈，管理就会存在失控的可能性。

图 1-1 描述的过程模型只反映有两个人参与的信息交流过程，它是对实际情况的一种抽象化，是对管理沟通中最简单、最具代表性的一对一沟通过程的描述。在管理过程中，沟通常常发生在组织或团队中，需要借助开会、研讨、报告等形式，沟通模式变得更为复杂，常常表现为一对多或多对多沟通，而且往往涉及组织网络和系统。

（二）管理沟通的要素

根据管理沟通的过程模型，一个完整的沟通活动必须具备以下要素。

（1）沟通者。沟通者即沟通主体，表明谁发起沟通的行为。

（2）沟通目标。沟通活动需要解决什么问题。

（3）听众。听众可能很多，沟通者要分析听众的类型、地位、态度、期待等。

（4）信息。信息是什么？其形式是语言、文字、符号、图形？听众需要多少信息？沟通者的信息将会对听众产生何种利益？听众对信息感兴趣吗？

（5）渠道。沟通渠道有口头、书面、电话、电子邮件、会议、传真、录像等。沟通者需要考虑选择哪种沟通渠道最有利于沟通的进行。

（6）反馈。反馈可以折射出沟通的效果，它可以使沟通者了解信息是否被接收和被正确理解。反馈使沟通成为双向互动的过程。

（7）背景。任何沟通活动都是在一定的背景下进行的，包括心理背景、物理背景、社会背景和文化背景。

心理背景指的是沟通双方在沟通时的情绪和态度。物理背景指的是沟通发生的场所。社会背景指的是沟通双方的社会角色关系，涉及对沟通方式的预期。文化背景指的是沟通双方所代表的文化，如价值取向、思维模式、心理结构及行为依据。

以上七个要素是一项沟通策划方案必备的要素，你在做沟通策划方案的时候，要正确把握这几个要素。

四、管理沟通的障碍

完整的沟通过程要素多、环节多，沟通过程并不总是顺畅无阻的，相信你在组织中会感受到沟通的不容易。管理沟通的障碍有很多，有内在的，如人先天的本能和后天的能力；有外在的，如组织环境、具体的沟通活动的物理环境。

（一）来自人性的障碍

人性是人的本质属性。西方管理学中有各种人性假设，如"经济人假设""社会人

5

假设""自我实现人假设""复杂人假设""文化人假设"等。我国也有性善论与性恶论的人性假设。我们很难用一种简单的假设涵盖所有人的本质属性。理解复杂的人性一方面需要我们学习相关的心理学理论，另外还需要我们积累一定的社会阅历。

不可否认，人性导致了我们有很多本能的思维方式和行为方式，如"自我""虚荣""以己度人""以偏概全""缺乏换位思考""归罪于外""心口不一""选择性知觉"等。这些思维方式和行为方式导致人们不自觉地对所接收的信息做出了增删、过滤、排斥等，从而影响他们相互间准确、全面、及时地沟通，成为沟通的重要障碍。

来自人性的障碍往往是无意识的，因而也是最难克服的，需要人们培养批判性思维来自省、克服。

讨论

"疑邻盗斧"反映了人们的哪种不良思维习惯？

（二）来自组织的障碍

在管理沟通中，除了会发生人际沟通过程中的问题，还会因为以下障碍因素导致管理沟通的不顺畅。

1. 组织结构的先天不足

现代科层组织要求权责明确、统一管理、逐级负责、权力集中，这样的组织特征可能会导致部门间缺乏信息交流、引起矛盾、协调困难。

2. 等级观念的影响

由于在组织中建有等级分明的权力保障系统，不同地位的人拥有不同的权力。同样的信息，由不同地位的人来发布，效果会大不一样。这种等级观念的影响常使上行沟通不被重视。

3. 小集团的影响

分工把组织分成了若干群体，为了维护小集团自身的利益，他们可能会扭曲、掩盖甚至伪造信息，使信息变得混乱而不真实。在小集团思想的影响下，圈子外发出的信息不被重视，而对于圈子内的信息则很重视，造成了组织中"县官不如现管"的状况。

五、管理沟通的原则

管理沟通是在组织中为了实现组织目标而进行的沟通，它与人际沟通不同。人际沟通不局限于组织范畴，与亲人闲聊、在网络上与陌生人交谈都是不同形式的人际沟通。人际沟通往往基于个人立场，受个人利益、情感因素影响很大，较为感性，可以因为"不喜欢""不乐意"中止沟通，受到的制度约束也较少。但管理沟通往往需要针对组

管理沟通的原则

织目标设计沟通方案，有制度约束，不能随心所欲。因此，要做好管理沟通必须先把握好管理沟通的原则。[①]

（一）管理沟通要以组织目标为导向

管理沟通源于组织目标的需要，管理沟通中的个体应该具备组织人格，即要站在组织的立场上客观地理解组织目标和集体利益，要有大局意识。现实中常见的不良沟通现象是"把人际沟通的态度带进组织沟通中"。例如，不顾及对企业目标和形象的影响，由着自己的性子跟客户吵架；在客户面前抱怨企业的规章制度；等等。

（二）管理沟通要以组织制度为原则

管理沟通需要遵守组织的规则、标准、流程，违反这些规定，必然会出现管理上的混乱，如出现令出多门、职权不对等、拉帮结派等不良现象。

（三）管理沟通要以效率、效果为标准

管理沟通的好坏体现在沟通的有效性上，沟通的有效性包括两个方面：效果和效率。效果是指目标的达成度，也就是产出满足需求的程度。只有当我们通过管理沟通实现既定的目标时，管理沟通工作才是有效的。效率是产出与投入之比，一定的投入能取得多大的产出，主要取决于我们所采取的工作方式、方法。效率要求我们要用经济的沟通方法达到预期的目标。

> **讨论**
>
> 你参加过哪些既没有效果也没有效率的会议？如何提高会议的效果和效率？

（四）管理沟通要以客观理性为前提

管理沟通有制度约束，讲求客观理性。虽然人际沟通是管理沟通的基础，但在组织中，人际沟通应该从属于管理沟通。个人要约束自己的行为，控制自己的情绪，不能以情绪化和私利心干扰组织目标的实现。

第二节　批判性思维与沟通

在日常的沟通中，你会发现和一些人沟通的时候，只要你的意见和他不一致，他就开始反驳你。你列出的事实越多，他的态度越坚决，虽然他可能连你的意见都没完全理解。

而另外一些人，你去说服他，他会耐心地听你讲完，然后对他不明白的地方一一发问。在你解答问题的过程中，他对你的想法更了解了，你有时也能发现自

[①] 赵洱岽. 管理沟通：原理、策略及应用[M]. 北京：高等教育出版社，2017.

己逻辑的漏洞，最后往往能达成一种更完整的方案。

我们很容易理解这两种沟通思维模式的区别。前者犹如士兵作战，碰见对方就干掉对方。在意见的交流中习惯地、尽可能地说服别人，以证明自己的正确性，但往往会由于自己对问题的认识不足而武断地下判断，或陷入动机性推理的思维误区。后者则全局观察，尽可能地看清并理解到底发生了什么。在交流中尽可能地了解问题产生的原因、现状，对方的真实诉求等，以求在对事物全面了解的基础上做出判断。

这两种不同的沟通思维模式，会产生不同的沟通效果。前者可能会导致双方关系紧张，不容易达成共识；后者往往能找到双方都满意的方案。

正如前文所言，人有很多不良的思维习惯。例如，先入为主、以偏概全、以自我为中心等，导致我们在沟通中不善倾听，本能地反驳与自己观念不一致的意见；经常为了自己的观点据理力争，甚至认为对方简直是榆木脑袋不可理喻，却不会意识到也许犯错的正是自己。

减少沟通阻碍、提高沟通效率需要培养批判性思维，这样才能有意识地改变本能的思维弱点，这是良好沟通的理念基础。

一、批判性思维的含义[①]

批判性思维是"面对相信什么和做什么的决断而进行的言之有据的反省思维"（罗伯特·H.恩尼斯，1992）。"批判"不是否定、打击，而是判断"是"或"否"，是自觉地理解、分析、判断的思维过程。

批判性思维的含义

我们可以从以下几个方面理解批判性思维的含义。

（一）批判性思维是一种坚持宽容原则的思维

宽容原则，就是站在对方的立场上，合理、最大限度地理解所批判的对象，准确和充分地理解所批判的对象，防范个人偏见。"站在对方的立场上"进行理解，意味着换位思考，抛弃以己度人或推己及人的理解方式。换位思考，一方面，要求思考者要有虚己容物的兼容精神；另一方面，需要思考者对不同学科的理论和社会中的各种角色有基本了解。宽容原则限制批判者对所批判的对象进行歪曲的或者片面的理解，要求批判者具有公正、准确的理解能力。换位思考要求开放自己的思维空间，容纳与自己不同甚至对立的思想观念和思考方式。

> **讨论**
>
> **你能换位思考、宽容他人吗？**
>
> 在高中住校的时候，你住下铺，小玉住你的上铺，她很喜欢坐你的床，还

---

① 谷振诣. 批判方式：孟子的愤怒与苏格拉底的忧伤[J]. 工业和信息化教育，2015（7）：49-60.

经常把书包放在你的床上，你很不喜欢她的行为习惯，觉得自己的领地被"入侵"了。如果需要你用宽容原则处理这件事，你应该怎么做呢？

（二）批判性思维是一种坚持中立原则的思维

任何批判都预设一个或多个批判标准，也就是衡量事物好坏的尺度。批判的标准有两类：一类是立场性标准，另一类是中立的标准。立场性标准是以个人的立场、观点、观念为标准进行的批判或决断。例如，沟通中批评他人"你做事总是乱七八糟"，这样的判断就是使用了立场性标准。中立的标准是以双方无争议的或者绝大多数人认同的准则作为批判的标准。中立的标准包括逻辑标准、科学标准等无争议的准则，以及某一个文化或制度体系中绝大多数人认同的准则，如法律准则、道德准则、审美标准等。例如，"你的报告中少了 13 个数据"，这样的陈述依据的就是中立的标准，因为"13 个数据"是客观事实。

使用立场性标准进行批判，针对的是双方在观点和立场上的比拼，容易产生争议，陷入"公说公有理，婆说婆有理"的境地。如果其中一方比较强硬，就会以己方的观点和立场为判定对错的唯一标准，否定对方的观点和立场。

使用中立的标准进行批判，针对的是双方言论的理由和推理，易于消除争议，找出理性思考后的最好选择。如果没能找出双方认同的、理性思考后所能提供的最好选择，通常会搁置判断，保持质疑的态度，而不是试图相互消灭对方的观点和主张。

> **讨论**
>
> **下面两种批评他人的方式，哪种效果更好？**
>
> ——小玉，你睡觉太晚了，影响舍友休息了。
>
> ——小玉，学校规定 11 点半熄灯，昨晚你 12 点还没上床休息，这样会影响你自己和舍友的。

（三）批判性思维是一种以"解决问题"为目的的思维

一般而言，批判的目的可以分为两种：一种是消灭对方的主张、建议、方案，另一种是寻找理性所能提供的最佳的解决问题的方法。批判的目的会左右批判的方式。

如果为了消灭对方的主张而批判，就易于歪曲、篡改对方的主张和论证，偏爱选择和使用有利于己方的立场性标准来判断对错。如果为了寻找理性所能提供的最佳选择而批判，就易于在理解对方的主张和论证时坚持宽容原则，愿意选择和使用中立的标准来判断好坏。

反驳与自己观念不一致的意见几乎是人的本能，这会导致我们在沟通的时候听不进不同意见，缺乏理性思考，容易打倒一切、消灭一切。我们需要时刻问问自己，"我是对事不对人吗？""我是为了争个你输我赢，显得我比别人聪明，还是为了完善我们的理性和思想，更好地解决问题呢？"

> **讨论**
>
> 他们为什么吵？
>
> 一次班级会议，班干部们讨论秋游的地点，小文和丽丽有这样的对话。
>
> 小文：我建议去青琅山，距离不远，门票便宜，还可以在大草坪上搞班级活动。
>
> 丽丽：得了吧，青琅山全是大妈、大爷在健步走，没啥娱乐设施，没劲……
>
> 小文：你有劲，你说哪好？
>
> 丽丽：不如去金湖公园啊，可以烧烤、划船、骑行，总比那"老人俱乐部"青琅山好吧。
>
> 小文：金湖公园消费这么高，你以为谁都像你是富二代啊！
>
> 丽丽：谁是富二代啊，你胡说啥呀……

（四）批判性思维是一种反省思维

批判性思维是一种反省思维。所谓反省思维是对自己的所知、所思、所行进行反复的、严肃的、持续不断的深思、校正、进化、更新、完善，意识到我们对事情的了解是有限的，我们的思维也是有可能犯错的。认识到这一点，我们才会重视别人的意见，在别人指出自己的不足时，才能谦虚地予以接受，而不是明知错在自己还要狡辩。

具有反省思维的人不轻易对人、对事下结论，在思考过程中细心谨慎，以换位思考所得到的看法为镜子，审查自己所知中的缺陷，尽心竭力地把自己所凭靠的证据搞清楚，基于理由和推论做出选择和判断。

> **讨论**
>
> 这些感慨有什么问题？
>
> —— "我在经理面前怎么像一个透明体？新来的大学生太容易被领导忽略了！"
>
> —— "我同事这次又晋升了，他没有其他本事，就是能讨经理欢心！"
>
> —— "小王的公司发展得很快，去年赚了 500 多万元，就凭运气好。我要是有他那样的运气，早赚800万元了！"

二、批判性思维与沟通

沟通是信息的传递和理解，一方面我们要借助语言、非语言信号清晰表达自己的信息，让他人能明白我们的信息、思想、感情；另一方面我们要理解他人的信息。倾听、演讲、面谈、阅读、写作是我们表达自我、理解他人常用的沟通方式，这些沟通方式要求我们要具备良好的批判性思维习惯。

（一）批判性思维有助于在沟通中形成理解、宽容的心态

人们在沟通中经常以自我为中心，只顾表达自己的意志和愿望，忽视对方的表象及心理反应，甚至出言不逊，不尊重对方。具备批判性思维意味着人们要做出合理的、明智的决断，要常常对自己的知识系统和思维方式进行再思考。批判性思维要求人们具有开阔的视野和胸襟，既不自卑也不自大，谦虚、谨慎地看待自己和他人，同时保持好奇、质疑的态度。

在沟通中，具备批判性思维的人会积极倾听别人的话语，即使彼此看法不同。他们会换位思考，尽量理解对方话语中的信息，包括事实、感情。他们善于听取别人的意见，吸收有用的信息。他们提出的问题多于下断言。

他们在讲话时找到听众的观点和关注焦点，不把自己的观点强加于人，注重分享，并不急于得出结论。

他们在阅读时，首先会坚持宽容原则，把文章看作作者思想的语言表达，尽力理解作者的观点，在头脑中重构作者的思想，尽量避免一知半解、借题发挥、曲解原意、捕风捉影和夸大其词。接着，他们会根据中立原则自主思考，评估作者的思想，拷问作者的论证，在准确理解和恰当评估的基础上，得出对论证的判断。

他们在写作时考虑读者的立场、观点、情感，把自己的思想融入读者的思想，使用读者能理解、好理解的语言来表达自己的意志和愿望，重视读者的情感体验，从而使自己的思想易被接受。

（二）批判性思维有助于在沟通中形成理性、严谨的习惯

我们在沟通中经常无法理性地分析问题、解决问题，请看下面的对话。

妻子：你必须在家看孩子，我有急事要去单位加班。

丈夫：不行啊，我七点要指导学生辩论，他们明天就要比赛了。

妻子：究竟是学生重要，还是孩子重要？

丈夫：现在当然是学生重要了！

妻子：既然你认为学生重要，那么喜欢他们，干脆跟他们过好了！

沟通中的争吵往往会经历这样的"三级跳"：从事实问题（"谁看孩子"）转移到价值问题（"谁更重要"），再转移到情感问题（"更喜欢谁，跟谁过"）。这是情绪化的体现。在上面的例子中，妻子应该和丈夫一起想想其他的"带孩子的办法"，而不是大发脾气。

如今，每当一个网络事件出现，很多网民就会意见不合，甚至相互谩骂。有些人的思维是"我看得惯的就对，看不惯的就错""顺我者赞，逆我者'喷'"。如此种种，都是缺乏批判性思维的表现。

批判性思维需要反思和质疑，但质疑不是情感性的怀疑。情感性的怀疑针对的是对方的动机，漠视对方的观点和论证，没把对方的观点和事实搞清楚就怀疑对方用心不良，却给不出任何证据，这是不好的思维习惯。具有批判性思维的人会就事论事，理性地分析问题。批判性思维能够帮助我们尽量避免由情绪、直觉、观念、本能、情感、利益等非理性因素对我们的决策形成的不良影响。

三、沟通中批判性思维的标准

在沟通中，为了更好地表达自己、理解他人，你在使用语言的时候，至少要采用如下批判性思维标准。

（一）清晰性

清晰性标准的目的是：避免混淆或含糊，消除晦涩难懂，使人们能够较好地理解话语的意思。清晰性要求思考问题有层次、有条理，使用的语言清楚、明白。

关于清晰性的问题包括以下几个。

（1）你能详细描述那个观点吗？

（2）你能否换个方式表达一下那个观点？

（3）你能举例说明自己的意思吗？

（4）我来重述一下你的意思，你看对吗？

（二）准确性

在实际生活中，经常有这样的现象：叙述或论证是清晰的，但并不准确。准确性意味着真实、客观、全面、详细、具体的描述。

关于准确性的问题包括以下几个。

（1）这是真的吗？

（2）我们怎样知道它是真的或正确的？

（3）你能描述得更全面、更准确些吗？

（4）你有数据或案例吗？

当然，准确性本身也是相对的，准确性的标准和方式随着学科和语境的变化而变化。针对不同的语境和目的，准确性的准确度要求也是不同的。

（三）相关性

相关性要求把自己的注意力聚焦于相关信息，围绕关注的问题展开思考，有针对性地分析和解决问题，避免把不相关的问题牵扯进来，或者对问题做出不相关的回答。思考时要切断感情、情绪等心理作用的干扰，诉诸逻辑推理而不是情感心理。

关于相关性的问题包括以下几个。

（1）这与我们当下讨论的问题有什么关联？

（2）这个观点或理由与另一个观点或理由是如何关联的？

（3）这能够帮助我们解决问题吗？

（四）重要性

有时候，我们的论证路线是清晰的、准确的、相关的，但缺乏深度和广度。重要性意味着思考有深度和广度，抓住问题的要害，从问题的本质进行思考，能够解决复杂的问题。一般而言，当考虑跨学科问题（大多数社会生活问题）时，批判性思维就要借助许多学科的相关概念、知识以及洞察力来分析。

关于重要性的问题包括以下几个。

（1）已有的回答如何解决问题的复杂性？

（2）需要考虑另一个观点吗？

（3）我们提出这一个观点的最重要的理由是什么？

（4）这些问题中哪一个问题最重要？

（5）这些观点或概念或事实中，哪一个观点或概念或事实最重要？

（6）这是我们应该关注的核心问题吗？

（五）一致性

一致性要求努力发现和消除自己信念中的矛盾并警惕他人信念中的矛盾，这意味着不能自相矛盾，也不能言行不一。

关于一致性的问题包括以下几个。

（1）最初提出的解释或理由和最后提出的观点匹配吗？

（2）这些观点或概念或事实的组合中有矛盾或冲突之处吗？

（3）这个人的言行一致吗？

（六）充足性

充足性要求推理和论证只能得出理由所提供的可接受性强的结论。这意味着对得出的结论而言，已经做出了足够彻底的推理，所需要的内容都很充足，也考虑了所有必需的因素。

关于充足性的问题包括以下几个。

（1）这些理由对结论而言是足够的吗？

（2）这些推理和论证足以合理地对问题做出决策吗？

📋 案例分析

从影片看批判性思维

美国经典电影《十二怒汉》中，描述了一场陪审团的论证过程。

十二个普普通通的人，他们以前素不相识，以后可能也没有打交道的机会。现在为了一桩杀人案件，他们坐在了一起。

这十二个人被司法制度挑选了出来，组成了一个名叫"陪审团"的组织，开始决定另外一个人的命运，决定这个人是有罪还是无罪，是活着还是死亡。他们本来不懂法律，似乎也没必要懂得法律，因为他们不过是在法律强加的义务之下而被迫来到法庭的。他们具有不同的家庭和生活背景，从事不同的职业，有自身更关心的利益，有不同的人生经验，有自己的偏好和性格。

在经过六天冗长、枯燥的听审之后，法官终于对陪审团发布表决指示了。被告是一名年仅18岁的男子，被控在午夜杀害了自己的父亲。法庭上提供的证据也极具说服力：居住在对面的妇女透过卧室及飞驶的火车窗户，看到被告举刀杀人；楼下的老人听到被告高喊"我要杀了你"及身体倒地的声音，并发现被告跑下楼梯；刺进被告父亲胸膛的刀子和被告曾经购买的弹簧刀一模一样。而被告声称从午夜11点到凌晨3点在看电影的证词极不可信，因为他连刚看过的电影的名字也说不出来。

对于这个铁证如山的案件，裁决有罪应该是板上钉钉的事。根据法律，他们只要一致表决有罪，就可以完成使命。驱使他们尽快做出表决的更重要的理由是：这些陪审员实在已受够这拖沓的审判了；他们被锁在一间闷热的小屋里，汗流浃背，焦躁不安；有人还惦记着自己的生意或下午的球赛。总之，这些更重要的理由归结到一点就是，这时的他们还没有真正进入"陪审员"的角色，所谓以公正法律的名义、所谓根据证据，不过是他们只想例行公事，然后赶快回家的托词。

他们的确不知如何进入自己的角色。电影开始给我们展现的是一幅散乱、嘈杂的会议室场景：上洗手间的、抽烟的、闲聊的、坐在桌上的、看财经版报纸的、感冒擤鼻涕的、看着窗外风景的、美慕对面富人的大厦的、对此无比厌倦的、因第一次参加陪审而感到激动的，这些场景给人的印象就是法律裁决并不是一件严肃的事情。

但程序毕竟是要执行的。所以他们按号入座，开始举手表决：11票有罪对1票无罪。结果一人有异议，这意味着案件必须讨论下去并给出怀疑无罪的理由。其他人当然不愿意，争论越来越激烈，人们越来越愤怒。亨利·方达主演的这个持反对意见的陪审员，抛出了自己的疑惑。随着辩论的深入，控方证据的混乱和矛盾之处不断被揭示出来：同样的刀子不止一把；楼下老人不可能在列车噪声中听到被告喊叫，老弱残疾的他也不可能在15秒内赶到门口看到被告逃走；声称看见杀人的妇女鼻子两边有凹痕，证明她长期戴眼镜，而晚上她不可能戴着眼镜睡觉，所以她从窗户看到杀人的证词不可靠；甚至"我要杀了你"这话也并不意味着被告真的杀了人，因为这也许只是一句气话，况且在辩论中，也有陪审员气急败坏地说过这句话；被告记不住刚看过的电影的名字也正常，因为经过质问，一位陪审员在清醒的时候也无法记得刚看过的电影的名字；等等。

整个过程跌宕起伏，中间经历了六次表决，表决方式有写纸条、举手、口头表示，其结果分别是：11：1，10：2，8：4，6：6，3：9，1：11。同意有罪的人越来越少，最后顽固坚持被告有罪的陪审员终于放弃立场，被告也被宣判无罪。

问题：该电影中哪些地方体现了哪些批判性思维？

课后实训

一、沟通游戏

传递数字

（一）游戏流程

（1）全班学生按 8 人一列排队，统一面向讲台站好；

（2）主持人向每组的最后一名队员提供一个数字（数字一般为 3 位或 4 位数，不确定，不提前告知）；

（3）当主持人下达"开始"命令后，每组的最后一名队员依次向前一名队员传递自己所得到的数字，直至数字传递到本组第一名队员，并告知主持人；

（4）主持人请每组的第一名队员和最后一名队员公布自己所接收的数字。

（二）游戏规则

在传递数字时，传递者不能借用任何物品，只能用自己的双手，且手不许被前方队员看到。传递者仅限通过拍、打、敲前方数字接收者的背部（含肩膀）、头部进行信息传递。在游戏过程中，所有学生不允许说话，不允许回头与身后队员做任何交流（尤其是眼神）。传递速度最快且传递信息准确的队伍为获胜队。

第一轮游戏结束后，主持人允许队员进行 3 分钟的交流。3 分钟后马上再重复传递数字。可重复 3 次。

（三）小组讨论

（1）如何提高传递数字的准确性和效率？

（2）游戏对管理沟通有何启示？

二、情景操作题

假如你目前是某公司的技术骨干，公司目前发展很好，需要人手。可你希望到大学读在职 MBA（工商管理硕士），需要与上司沟通，想在时间上和学费上得到支持。请设计一个完整的沟通方案，注意包含所有的沟通要素。

三、分析题

根据批判性思维的标准对下面的陈述进行分析。

1. 有报道说："长期维持每晚不足 6.5 小时的睡眠，会缩短寿命。多年失眠的人的衰老速度是正常人的 2.5～3 倍。"

2. 专家表示房价高的背后推手是妻子的母亲。

3. 全国测试结果显示：75%的中学生的阅读能力低于平均水平。

4. 我郑重地向你推荐这种减肥药，因为我朋友使用一周后瘦了6斤。

5. 你妈妈为什么最近脾气不好？她现在肯定是更年期了。

6. 你看村里的狗蛋连自己的名字都不会写，还能成为身价上千万元的包工头，所以读书并没有什么用。

第二章　管理沟通策略

学习目标

1. 理解沟通者策略要解决的问题；
2. 理解听众策略要解决的问题；
3. 理解信息策略要解决的问题；
4. 理解渠道的选择原则；
5. 理解文化对信息策略的影响；
6. 运用本章知识制定沟通方案。

引导案例

"福克斯博士"效应

在合适的背景下，人们善于在一个毫无意义的形状中不知不觉地看出含义。

20世纪70年代，美国南加利福尼亚大学的唐纳德·纳夫图林和他的同事最先想到用测试来验证这个想法。纳夫图林以数学与人类行为之间的关系为主题，写了一份可以称为"天书"的报告。此外，他还特意安排了一个演员在一个教育论坛上用这份毫无意义的报告做了一次演讲，然后询问台下作为听众的精神科医生、心理学家、社会工作者，问他们觉得这次演讲怎么样。

在演讲之前，纳夫图林特意给演员做了培训，让他排练台词，并认真教他如何应对演讲结束后的长达30分钟的提问时间。在演讲开始之前，纳夫图林介绍了这位演员，并把他说成迈伦·福克斯博士，还帮他杜撰了一份令人印象深刻的简历。在接下来的一个半小时里，听众完全被这个演员的看似深奥、实际毫无意义且自相矛盾的演讲给征服了。当演讲结束后，纳夫图林给每个人发了一份调查问卷，收集反馈信息。

根据听众的反馈意见，绝大部分听众认为福克斯博士的演讲条理清晰、分析到位。85%的听众表示，学识渊博的福克斯博士的语言组织、材料逻辑性非常强；70%的听众称赞他引用的例子；95%的听众认为他的讲话非常具有启发性。总之，听众在假冒的福克斯博士的演讲中听出了伟大的智慧言论。

问题：什么因素影响了听众的判断？

沟通策略是为了实现沟通目标，预先根据可能出现的问题制定若干对应的、原则性的、指导性的方案。在进行沟通活动前，你需要系统地思考沟通策略从而制订具体的沟通方案。

根据简化的沟通过程模型，你需要考虑五个方面的沟通策略：沟通者策略、听众策略、信息策略、渠道策略、文化策略。[①]图 2-1 所示为简化的沟通过程模型。

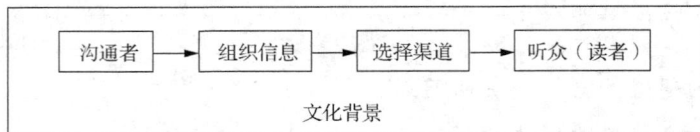

图 2-1　简化的沟通过程模型

第一节　沟通者策略

在沟通活动之前，沟通者首先需要"知己"，即明确沟通目标；分析自身的可信度，并采取相应的办法提高自己的可信度；采用恰当的沟通形式。

沟通者策略

一、确定沟通目标

任何沟通者在沟通行为发生之前，都要明确自己的沟通目标，这样才能有的放矢，选择提高自身可信度的方法，采用相应的沟通形式。

沟通目标可分为三个层次：总体目标、行动目标、活动目标。

总体目标是沟通者期望达到的根本结果。行动目标是沟通者走向总体目标的具体的、可度量的并有实际时限的步骤。活动目标是一次沟通努力取得的结果，也就是你想让你的沟通对象在看到或听到你的沟通信息后做什么、知道什么或者想什么。

要完成高效的沟通，首先需要分析总体目标，再对总体目标进行细分，明确行动目标和活动目标，使其从一般到具体，然后从活动目标开始谋划沟通。表 2-1 所示为沟通目标实例。

确定沟通目标时，沟通者必须回答以下问题。

（1）我的沟通目标是否符合社会伦理、道德伦理？

（2）在现有内外部竞争环境下，这些沟通目标是否具有合理性？

① 蒙特. 管理沟通指南：有效商务写作与演讲[M]. 8 版. 钱小军，张洁，译. 北京：清华大学出版社，2010.

表 2-1　沟通目标实例

总体目标	行动目标	活动目标
报告部门工作情况	每隔一个月报告一次	这次演讲后，总经理将了解我们这个部门本月的成绩
加强客户基础	每隔一定时间与 X 数量的客户签订合同	读完此信，客户将签订合同
建立良好的财务基础	保持不超过 X 的债务与资产的比率	读完这份电子邮件后，会计将为我的报告提供确切信息，这份报告将使董事会同意我的建议
增加雇佣的女工数量	在某日之前雇佣 X 数量的女工	通过这次会议，我们将构思一项策略以达到这一目标； 通过这次演讲，至少有 X 数量的女性将报名参加我们公司的面试
保持市场份额	在某日之前达到 X 数量	通过这一备忘录，总经理将同意我的市场计划； 通过这次演讲，销售代表们将了解我们产品的发展趋势

（3）是否有足够的资源来支持我的目标的实现？

（4）我的目标是否能得到那些我所希望的合作者的支持？

（5）我的现实目标是否会和其他同等重要的目标或更加重要的目标发生冲突？

（6）目标实现的后果如何，能否保证我及组织得到比现在更好的结果？

二、提高自身的可信度

在沟通活动中，沟通双方之间的关系直接影响沟通的效果。这种关系的关键在于双方之间的相互信任，也就是常讲的可信度。可信度涉及对信息内容的信任，更重要的是涉及对信息传递者的信任、信心以及信赖。沟通者可信度越高，越有利于信息被接受。

可信度有初始可信度和后天可信度之分。

初始可信度是沟通发生之前听众对沟通者的看法，如好口碑、"听说过"等。它往往与沟通者的身份、地位以及听众与沟通者以前的接触有关。

后天可信度是沟通发生之后听众对沟通者的看法。即使听众事先对沟通者毫无了解，但沟通者的好主意或具有说服力的写作和演讲技巧也有利于提高其信任度。因此，获得可信度的根本办法是在整个沟通过程中表现出强大的沟通能力。

古希腊哲学家亚里士多德在他的著作《修辞的艺术》中提出了人们可被说服的三种方法：人格（Ethos）、情感（Pathos）、理性（Logos）。[①]

---

① 龚文庠. 说服学的源起和发展趋向——从亚里士多德的"信誉证明（Ethos）""情感证明（Pathos）""逻辑证明（Logos）"三手段说起[J]. 北京大学学报（哲学社会科学版），1994（3）：24-30.

人格主要指人品的信服力，也就是别人相信你说的话。一般来说，沟通者主要通过两个方面来有效树立人格的可信度：第一，表现正直人格；第二，展现专业水准。前者让人们相信你不会欺负他们不懂行，后者则让人们相信你是这个领域的行家。正直人格和专业水准可以依靠很多社会符号体现出来，如职业、职位、资历、资格、头衔、证书、奖励、口碑、外表形象等。当然，更重要的是你在沟通中的实际表现。管理者朝令夕改、不兑现承诺、不考虑员工利益的做法、持续的不良业绩都会不断降低他们在沟通中的可信度。

情感主要指情感上的影响力，也就是别人感觉你说的事情关乎自身。有效的沟通应该有感情的投入，沟通者应带有感情地介绍自己的思想和主张。一位擅长说服的经理常常会先游说那些对于被说服对象情绪有很大影响的关键人物。总的来说，对听众有同理心、关心听众的利益、强调你与听众的共同点，这些都可以提高你在沟通中的可信度。

理性主要指以理服人的方式。如果沟通者没有逻辑，别人不理解你的观点或你导出结论的过程，就算你集权威和同理心于一身，也没什么用。沟通者可以依靠强大、清晰的逻辑观点引导事情的走向，因此要重视思考、问题解决和分析技巧。在演讲和写作时，观点鲜明、证据翔实、条理清晰、重点明确，这些都可以提高你在沟通中的可信度。

这三条沟通法则相辅相成。例如，你可能很重视从数据和理性分析中得出结论，从而树立在某个领域中的专业形象。优秀的沟通者需要兼具这三个要素。

提高可信度的因素如表 2-2 所示。

表 2-2　提高可信度的因素

提高可信度的因素	建立基础	提高初始可信度的因素	提高后天可信度的因素
人格（Ethos）	正直人格、专业水准	职业、职位、资历、资格、头衔、证书、奖励、口碑、外表形象等	在沟通中良好的表现，强大的沟通能力
情感（Pathos）	有同理心、关心听众的利益、强调你与听众的共同点	良好的合作氛围、感情基础，共同点	
理性（Logos）	强大、清晰的逻辑	条理清晰、证据翔实的简介、说明等	

三、明确沟通形式

根据沟通者对信息的控制程度和听众的参与程度，可以将沟通形式分为以下四种：告知、说服、征询、参与。沟通形式如图 2-2 所示。

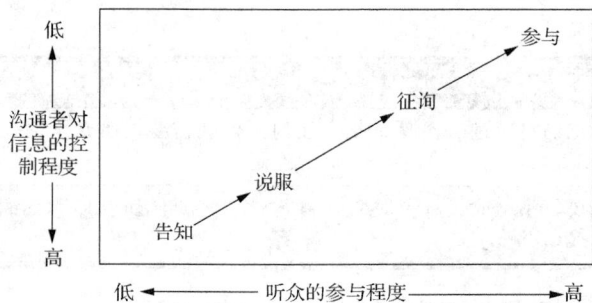

图 2-2 沟通形式

（一）告知

告知是指在沟通中，沟通者掌握信息，需要听众了解其已掌握的信息。这时沟通者主要向听众叙述和解释信息及要求，目的是让听众接收信息并按照信息要求行动，如宣布一项常规程序，要求下属执行。

（二）说服

说服是指在沟通时，需要听众采纳建议或改变看法。这时沟通者在掌握信息方面处于主导地位，但决定权在听众。因此，沟通者要说服听众，提出建议供听众选择。说服的典型方式是推销产品。

（三）征询

征询是指沟通者就某项建议、方案与听众达成共识，以获得听众的支持或共同商议后达到某个目的。这时，沟通者掌握部分信息，但更需要听众提供的信息。例如，你提出部门考勤改革方案草案，全体同事讨论怎样修改该草案，并上交公司。

（四）参与

参与是指沟通者不掌握信息，需要听众集思广益，提供广泛的信息。参与是最大限度的合作，沟通者可以获得全面的信息。例如，在头脑风暴会议中，主持人提出主题之后，与会者畅所欲言。

表 2-3 所示为一些沟通形式实例。

表 2-3 一些沟通形式实例

沟通目标	沟通实例
通过阅读这一备忘录，让员工们了解公司现有的福利项目	告知：你需要听众学习和了解新的内容，你不需要听取他们的意见
读完这封信，我的客户将签署附在信中的合同	说服：让听众参与进来，说服他们改变想法

续表

沟通目标	沟通实例
读完这份调查表，员工们将通过回答调查表问题来做出反应	征询：你既需要向听众学习，又要对互动有一定的控制
通过阅读一封邮件提要，小组成员将参加会议并准备就这一问题提出看法	参与：你需要协作，你和你的听众共同努力挖掘内容

现实中，你可以采用组合的沟通形式，具体如下。

（1）采用参与的方式产生想法或主意；

（2）采用征询的方式在这些想法或主意中进行选择；

（3）采用说服的方式说服上级采纳选择出来的想法或主意；

（4）采用告知的方式将这个想法或主意写成制度或政策。

听众策略

第二节　听众策略

讨论

何谓因材施教？

"闻斯行诸"记载了孔子因材施教的一个例子。孔子的学生子路和冉有同样问"闻斯行诸"，孔子却做了不同的回答。由于子路性勇，做事有时不免轻率，所以孔子要他在听到一件该做的事时最好向父兄请教后才去做。而冉有则由于个性谦退，遇事往往畏缩，因此孔子要他在听到一件该做的事后立刻去做。孔子以一进一退的方法来教育学生，便能使他们避免过犹不及的毛病。

听众策略是指根据听众的需求和利益期望组织沟通信息、调整沟通方式的有关技巧。前文说过，沟通需要培养批判性思维，而批判性思维的宽容原则需要沟通者"站在对方的立场上"进行理解，也就是要换位思考，只有分析听众、了解听众才能真正做到换位思考。

失败的沟通往往因为沟通者没有建立以听众为导向的沟通理念，仅仅关注自己的价值取向，忽略听众的关注点、经历、地位、知识结构等，把自己的观点强加给别人，或者导致信息的发送与理解的偏差。

因此，听众策略分析是沟通过程中重要的环节。

听众策略分析主要包括两个问题：听众特点分析、激发听众兴趣。

一、听众特点分析

（一）听众是谁

对听众的特点分析，首先要解决"以谁为中心进行沟通"，具体可以从以下两个方面入手。

1．了解听众的范畴

在很多沟通场合中，沟通者可能拥有或考虑到会拥有多个不同的受众（群），当对象超过一人时，就应当根据其中对沟通目标影响最大的人或团体调整沟通内容。一般来说，听众包括以下五类。

（1）主要听众。主要听众又称直接听众，是那些直接从沟通者处获得信息的人或群体。他们可以决定是否接受沟通者的建议，是否按照沟通者的提议行动。各种信息只有传递给主要听众才能达到沟通目的。

（2）次要听众。次要听众又称间接听众，是那些间接获得信息，或受到信息波及的人或群体。他们可能会对沟通者的提议发表意见，或在沟通者的提议得到批准后负责具体实施。

（3）守门人。守门人是沟通者与最终听众之间的"桥梁听众"。他们有权阻止沟通者的信息传递给其他听众，因而他们也有权决定沟通者的信息是否能够传递给主要听众。

（4）意见领袖。意见领袖是听众中有强大影响力的、非正式的人。他们可能没有权力阻止传递信息，但他们可能因为拥有政治、社会地位和经济实力，而对信息的实施产生巨大的影响。

（5）关键决策者。关键决策者是最后且可能最重要的、可以影响整个沟通结果的关键人物或群体。沟通者要依据他或他们的判断标准调整信息内容。

2．了解你的听众

（1）分析听众中的每一位成员。

听众的教育层次、专业水平、年龄、性别以及兴趣爱好如何？听众的意见、喜好、期望和态度各是什么？

（2）对听众做整体分析。

通过分组的方式对听众进行框架式分析。例如，听众的群体特征是什么？他们的立场如何？他们的共同规范、传统、行为准则与价值观怎样？

（二）听众了解什么

关于听众了解什么，你需要特别了解以下三个方面的内容。

1．听众对背景资料的了解情况

听众需要了解多少背景资料？对于沟通的主题他们已经了解多少？所用到的

专业术语他们能理解吗？

若听众对了解背景资料的需求较低，就不需要在无谓的背景资料介绍上花费时间；若听众对了解背景资料的需求高，则应该准确地定义陌生术语，将新的信息与其已经掌握的信息结合起来，并给出非常清晰的结构。

2．听众对新信息的需求

对于沟通的主题，听众还需要了解什么新信息？还需要多少细节和例证？对于新信息需求高的听众，应提供足够的例证、统计资料、数据及其他材料；对于新信息需求低的听众（他们倾向于依赖专家意见，把做出判断的权力交给沟通者），主要向这些听众提供决策的建议。

3．听众的期望和偏好

听众更偏向于哪一种沟通的风格、渠道？听众在文化、组织和个人风格上是否有偏好？例如，是正式沟通还是非正式沟通？直接沟通还是委婉沟通？互动性还是非互动性交流形式？

听众在渠道选择上的偏好是什么？例如，是书面还是口头？小组讨论还是个人交谈？

（三）听众感觉如何

要提高沟通的说服力，你还要分析听众的情感反应。

1．听众对你的信息感兴趣的程度

如果听众兴趣高，那么你可以直奔主题；如果听众兴趣低，那么你就需要做铺垫和互动，分享控制权。

2．听众的态度

听众可能出现三种意见倾向：正面、负面或中立。

若估计听众会表现出正面或中立的意见倾向，沟通者只需强调信息中的利益部分以加强他们的信念。

若估计听众会表现出负面的意见倾向，则沟通者需要运用以下几个技巧。

（1）将预期的反对意见提出来，并做出反应"你可能会……，但……"。

（2）先列出听众可能同意的几个观点，逐渐得到听众对整体构想的认可。

（3）尽量减少关于说明或要求方面的篇幅。

（4）避免使用会激怒听众的言论。

（5）将要求限制在可能范围内最小的程度，如一个试点项目。

3．你所要求的行动对听众的难易程度

你希望的行动对听众来说，完成的难易程度如何？他们是否会感到过于耗时、过于复杂或过于艰难？

若你估计行动对听众比较难，则一定要强化你所希望的行动对于听众的利益和信念。

若过于艰难，则要采取下述对策。

（1）将行动细化为更具体的步骤，"积跬步以至千里"。

（2）尽可能地简化步骤，如设计便于填写的问题列表。

（3）提供可供遵循的程序清单和问题检核单。

二、激发听众兴趣

（一）通过可信度激发听众兴趣

运用可信度激发听众兴趣，前提是沟通者要设法提高自身的可信度。沟通者提高可信度的策略已经在"沟通者策略"中论述过。

（二）通过明确利益激发听众兴趣

人们往往对关系自身利益的信息更感兴趣。通过听众利益激发其兴趣时，沟通者需要注意以下两点。

1．要明确听众的利益

沟通者要换位思考，从听众角度了解不同的听众以及他们所期望的不同利益。利益包括显性利益和隐性利益。显性利益更多是与满足物质层面需求相联系的。例如，汽车可以代步、可以节约时间，这是比较容易识别的利益，沟通时能够明白告知。隐性利益往往是与自我认知、自我实现等精神满足相联系的，需要深入了解和发掘。例如，汽车还可以使人放松身心、体现一种自由的生活方式、满足人的控制欲等。

2．传递恰当的信息，使利益能被听众明确感知

利益的描述一定要形象、具体，这样听众才能有真正的感受，才能真正激发其兴趣。请看以下例子。

假设有以下两个场景，每个场景中都有一位客户走进计算机用品店向销售人员询问关于笔记本电脑的信息。

场景一

客户：你好，我想要一款外观轻巧、速度快，并且带有 DVD 驱动的笔记本电脑。

销售人员：您可以考虑××公司的酷睿 2 双核处理器。

客户：你能告诉我更多细节吗？

销售人员：××公司的双核处理器有两个内核，性能卓越，可以更快地同时处理数据。

客户：哦……我再到其他地方转转。

场景二

销售人员：您好！要我帮您挑选点什么吗？

客户：嗯，我想要一款外观轻巧、速度快，并且带有 DVD 驱动的笔记本电脑。

销售人员：您找对地方了。我们有很多性能好的小型笔记本电脑，速度快得让人觉得不可思议。您考虑过××公司的酷睿 2 双核处理器吗？

客户：还没有，这是什么？

销售人员：假设微处理器就是您的计算机的大脑，现在，××公司设计的这些芯片，可以让您拥有一台有两个大脑的计算机。这意味着您可以同时进行很多有趣而且富有成效的工作。比如，当您的计算机在全盘扫描病毒时，您可以同时下载音乐，并不会降低系统的运行速度。计算机的应用程序将运行得更快，您可以同时编辑多个文件，计算机的 DVD 的播放效果也会比以往机型的播放效果更好。另外，电池的续航时间会更长！还有呢，瞧瞧这显示器，简直是无与伦比的时尚、绚丽！来，我给您演示一下这些笔记本电脑吧！

客户：太棒了！

第一个场景中的销售人员无疑是失败的，客户并没有从他的话语中感受到产品的好处；而第二个场景中的销售人员用简单平实的语言、切实可感的例子使产品和客户关联起来，回答了客户唯一真正关心的重要问题："我为什么要关注它？"

因此，利益的描述一定要具体、形象，使听众能深切感知。

（三）通过信息结构激发听众兴趣

无论是口头沟通还是文字沟通，沟通者组织的信息结构，都会对信息传递的结果产生影响。组织有策略性的信息结构，将会对听众产生积极影响，反之将会对听众产生消极影响。

一般的信息结构都由开头、正文和结尾三大部分构成。

开头也称开场白，是信息沟通的关键。能否在开场的 10 秒内吸引听众，将决定这次沟通的成败。除了要引起听众的兴趣，开场白还要发挥引入主题的作用，通过合适的方式引出正文，让听众一直保持兴趣。

正文是信息内容的主体。这部分需要清晰的逻辑层次、鲜明正确的观点、有说服力的证据材料、严谨的前后呼应。在主题内容不止一个的情况下，沟通者需要确定先安排哪个主题内容，后安排哪个主题内容，从而构成整体内容的逻辑关系，切忌逻辑混乱、观点不清、论据不足。

结尾是激励听众的重要部分。一方面要做到前后呼应，强调总体信息的主题思想，加深印象；另一方面要提供必要的行动指导，简化听众实现共同目标的步骤，这对听众的后续行动具有很好的激励作用。

第三节　信息策略

　　同样的思想，用不同的信息或结构来表达，听众的兴趣度就会不同，能记住的程度也不同。非常典型的例子就是做广告。成功的沟通者会在沟通之前，思考如何完善沟通信息的组织结构，使得听众听得懂、能理解、能接受、记得住。这方面的工作主要需要解决好以下两个问题。

　　（1）怎样强调信息，引发听众记忆？

　　（2）如何组织信息，使无序的信息变得有序？

一、怎样强调信息

　　强调信息的目的是让听众记得住。根据对听众记忆曲线的研究，沟通的开始和结束部分最易被听众记住。图2-3所示为听众记忆曲线。

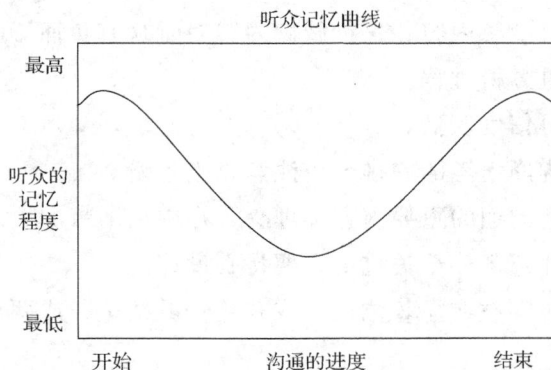

图 2-3　听众记忆曲线

　　因此，强调信息的策略有以下两种。

（一）直接切入主题策略

　　直接切入主题策略，即在开头强调重要内容。例如，"公司决定下月开始采取以下措施：（1）＿＿＿，（2）＿＿＿，（3）＿＿＿。其原因在于：（1）＿＿＿，（2）＿＿＿，（3）＿＿＿"。

　　直接切入主题策略的优点如下。

　　（1）增进听众对全部信息的掌握。听众一开始就了解结论，有助于听众吸收和理解全文内容。

　　（2）以听众为导向。直接切入主题策略强调了分析的结果或最终的做法，使得整个沟通面向听众，而不是沟通者以自我为中心。

（3）有利于节省时间。

虽然直接切入主题策略适用于大部分的沟通场合，但需要注意的是，当你传递一些可能给听众带去不良感受或反抗意识的敏感信息（如坏消息）时，直接切入主题策略就不太适用。

（二）间接切入主题策略

在结尾时，重点说明重要内容，称间接切入主题策略。例如，"受以下因素影响：（1）＿＿＿，（2）＿＿＿，（3）＿＿＿。公司决定下月开始采取以下措施：（1）＿＿＿，（2）＿＿＿，（3）＿＿＿"。

间接切入主题策略的优点如下。

（1）循序渐进，以理服人。

（2）缓和观点不同可能引起的冲突。

（3）逐步转变听众的态度。

这种策略在以下场合经常使用。

（1）信息中含有敏感内容，这种敏感内容对听众有负面影响。

（2）听众很注重分析过程。

（3）沟通者的可信度较低。

总的来说，在沟通内容的安排上应注意以下策略。

（1）千万不要将沟通的重要内容"埋葬"在中央地带。

（2）开场白和介绍部分至关重要，要特别设计。

（3）应将重要内容放在显著位置，或开头，或结尾，或两者兼有。

二、如何组织信息

沟通者在沟通之前，会遇到很多素材或信息，或好或坏，或完整或零碎，或论点或论据，或新或旧。只有把这些无序的信息进行合理组织，使之变得有序、有说服力，并能让听众理解和接受，才能实现有效沟通。

以写作为例，组织信息的步骤一般如下。

（1）确定信息沟通的目标、主题思想。

沟通者需要确定沟通要达到什么目的，主题是什么，对关键的概念要清楚定义。确定沟通目标和主题思想实例如表 2-4 所示。

表 2-4　确定沟通目标和主题思想实例

一般目标	具体目标实例	题目实例	主题思想实例
告知	教会员工如何使用新的客户服务系统	新客户服务系统	提供明确的操作步骤

一般目标	具体目标实例	题目实例	主题思想实例
说服	说服高层管理人员增加研发经费	研发资金	在研发上竞争者比我们投入了更多的资金
征询参与	为在公司范围内将利润与工资挂钩的激励制度征求意见	激励工资	将利润与工资挂钩能激励员工、减少工资成本

（2）收集相关的事实材料作为论据，并对论据资料进行筛选。

为了形成或说明观点，沟通者需要了解相关的背景资料。这些信息可以帮助沟通者更有力地告诉读者或听众，沟通者的观点不是空中楼阁，是有充分理由的，是有理论基础或现实基础的，是站得住脚的。衡量信息的指标有科学性、典型性、可靠性、准确性、全面性、专业性、针对性等。沟通者需要根据这些指标，对论据资料进行去伪存真、去粗取精的筛选。

（3）提炼论点。

选出的材料要进行分组、归纳，综合分析。根据大量的背景资料，沟通者才能逐渐加深对某一问题的认识，得出或否定某些看法，提出自己的见解，形成新的论点。注意论点和论据之间的相关性，保证所阐述的理由和引用的事实依据与论点之间存在高关联，能对其观点、思想和建议起到强大的支持作用，切忌"两张皮"。

（4）拟定提纲。

拟定提纲的过程，实际上是组织观点、理清思路、显示论述层次以及论证方法的过程，沟通者需要按照论点之间的逻辑关系（如因果关系、主次关系、递进关系、平行关系、前后关系、空间顺序等）组织观点，形成整体的框架设计。

拟定提纲要求项目齐全，能初步构成文章的轮廓。项目包括：题目，绪论，中心论点所隶属的各个分论点，各个分论点所隶属的小论点，各个小论点所隶属的论据材料（理论和事实材料），每个层次采取哪种论证方法，结论意见。

（5）撰写初稿。

在准备充分的材料、巧妙的构思和拟定完整的提纲的基础上，沟通者便可以完成撰写初稿的任务。

在撰写初稿时，沟通者要时刻提醒自己注意中心论点与分论点之间的关系，始终保持论点的守衡、思路的连贯，使分析透彻、推理判断合乎逻辑。

（6）修改完善。

修改是对初稿的润色加工，是对疏漏的补充，是对布局的审核，是对用词的推敲。

文章的修改可以从观点、材料、逻辑层次、语言、格式五个方面着手去修改。

① 审视观点。文章的修改首要的是审查主题是否突出，观点是否明确。

② 检验材料真伪。对材料进行"质"的鉴别，审核材料是否典型、是否真实可靠，材料与主题是否统一。

③ 考察逻辑层次。文章的逻辑层次考察是一种推理顺序的验证。要看文章的每个论点的论证是否充分，论证层次间的关系是否严密，各部分的转接过渡是否自然。同时，逻辑层次的考察也是对文章整体结构的审定。修改文章的整体结构要把注意力放在"序"的排列上。这个"序"不仅包括总体的部分顺序，还包括各部分的层次和每一层次中的语言顺序。

④ 进行语言修饰。在文章的语言表达上，问题主要表现在三个方面：一是缺乏精确的语言表达，有结论性的语言，却缺少分析性的语言；二是语言表达词不达意，逻辑性不强；三是文章的语言重复、啰唆，有些是"正确的废话"。因此，在修改时，在解决通顺、无错别字的基础上要考虑语言的精确、形象、生动和优美，还特别要注意变换句式、巧用词语、善于修辞、多用短句，使语言能准确表意、更具文采，增强文章的感染力和可读性。

⑤ 进行格式检查。检查文字、行款格式有无错误，标点、符号、表格、数据、插图等使用是否得当和准确，错别字是否都已得到改正，排版格式是否正确。

第四节　渠道策略

如果有一天，你收到了一位久不见面的同学发来的信息，邀请你下周参加他的婚礼，你去还是不去呢？上级用 QQ 给下级发信息要求晚上加班，下级只发了一个哭脸的表情，你认为合适吗？有些孩子不愿走出卧室，用网络和客厅里的父母沟通，这是时代的进步还是倒退呢？

现在沟通者可以选择的渠道非常多，除了传统的文字、面谈、电话、传真，网络也成为人际沟通非常重要的沟通渠道。正因为可选渠道越来越多，我们更需要慎重对待渠道的选择问题。

一、常用的沟通渠道

常用的沟通渠道及其优缺点如表 2-5 所示。

表 2-5　常用的沟通渠道及其优缺点

渠道类别	优点	缺点
传统的文字	具有可编辑性、详细性、时效性、隐私性、永久性和可记录性	写作的时间性，信息是否被接收和接收时间不确定，反馈不及时，缺乏灵活性

渠道类别	优点	缺点
面谈	容易建立关系，针对性强、互动性好、反馈及时、可信度高，非语言沟通发挥空间大	正式性稍差，地点同一性，要求立刻反应和反馈，对沟通能力要求高
电话	效率高、适合处理琐碎事务，即时性和互动性好、成本低、地理灵活性高，容易建立个人关系	缺少非语言沟通、手段单一，缺少正式性和严肃性，可记录性差
电子邮件	具有时效性、群发性和表达符号的多样性	不易控制，可读性不如传统的文字，无法追回，可能被滥用
传真	具有时效性、群发性和表达符号的多样性	不易控制，可读性不如传统的文字，无法追回，可能被滥用，缺乏私密性
互联网	时间的广泛性、地域的广泛性、阅读对象的广泛性、信息表达的多媒体化和生动性	私密性差，控制程度低，单向性强，针对性低
会议沟通	交互性好、可控性好，有利于大家讨论，可用非语言沟通	费用高，地点固定，不够灵活，需要事后整理
群体演讲	沟通对象的特定性，可用非语言沟通，交互性好、可控性好	可记录性差，地点局限
视频会议等IT渠道	地点灵活、手段多样化、成本低、效率高	有距离感，互动性差，非语言沟通少

二、渠道选择的原则

（一）传递信息的能力

沟通渠道传递信息的能力体现在三个方面：同时处理多种线索的能力、提高反馈速度的能力、个性化程度。各种渠道的信息传递能力如图 2-4 所示。

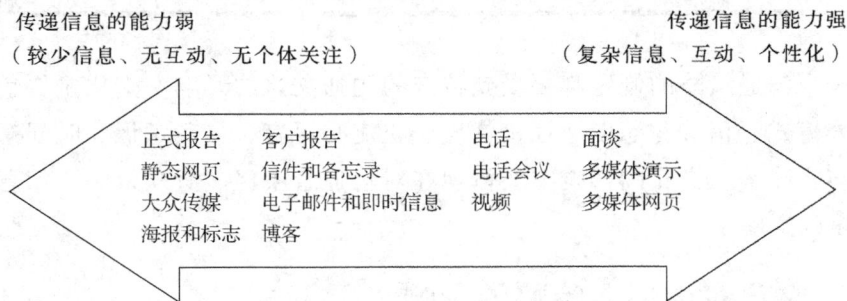

传递信息的能力弱
（较少信息、无互动、无个体关注）

传递信息的能力强
（复杂信息、互动、个性化）

正式报告	客户报告	电话	面谈
静态网页	信件和备忘录	电话会议	多媒体演示
大众传媒	电子邮件和即时信息	视频	多媒体网页
海报和标志	博客		

图 2-4 各种渠道的信息传递能力

（二）速度

电话和网络等即时通信工具，沟通反馈速度都很快。非正式沟通渠道比正式沟通渠道沟通反馈的速度更快。

（三）受众多少

如果需要将信息传递给一个人，可选择面谈、计算机视频、语言信箱、传统书面方式、传真、邮件等。如果需要将信息传邮件给团体，则可选择报告、电子公告板、QQ 群、微信群、电话会议、群发电子邮件等。

（四）反馈顺畅

有些渠道的反馈很快，如面谈、电话、座谈会。有些渠道的反馈不太好，如书面、电子邮件、语音信箱等。

（五）保密性

保密性与听众多少有关系，听众越多的渠道的保密性越差，因此保密性要求高的信息通过网络传递就不太合适。正式渠道，如面谈、会议、报告、各种文件等，保密性比非正式渠道要高。

（六）成本

有很多沟通渠道是相对廉价的，如各种即时通信软件。

（七）保存性

书面的形式无疑比口头的形式更容易保存。

（八）听众偏好

渠道选择还要考虑听众的偏好。例如，有些上级喜欢正式的书面沟通，有些上级可能喜欢直截了当的电话沟通。

第五节　文化策略

每一个沟通策略的制定都要受到特定的沟通文化的影响。文化主要包括价值观、思维模式、信仰与态度、性格气质、交流与语言、自我意识、时间意识、工作习惯与实践等。文化的影响主要体现在对沟通者策略、听众策略、信息策略、渠道策略的影响上。

一、文化对沟通者策略的影响

文化可能影响沟通者的沟通目标、沟通者的可信度和沟通形式。

在沟通目标方面，由于不同文化对人际关系的态度不同，在注重人际关系的文化中，沟通目标不仅要解决问题，还要维持良好的人际关系，维护个人的"面子"。再如，不同文化对时间的态度不同，懒散、松懈、随意的文化中沟通目标的设定与准时、精确的文化中的沟通目标也会有差异。

在可信度方面，在注重人际关系的文化中，感情的可信度深受重视。在尊崇事实和以任务为重的文化中，逻辑的可信度地位更高，而有些文化更注重人格。

在沟通形式方面，在集体主义观念强的文化中，沟通者倾向于参与、征询等沟通形式。在个人主义观念强的文化中，沟通者倾向于告知和说服的沟通形式。独裁的文化更倾向于单向沟通，民主的文化更倾向于双向沟通。

二、文化对听众策略的影响

在听众的特点分析方面，文化是一个非常重要的分析因素。不同文化背景的听众，对沟通信息的了解程度不同，对信息的感受不同，对信息的期待也不同。

在激发听众兴趣方面，不同文化背景的听众，由于利益点不一样，激发听众兴趣的方式、方法也有差异。例如，有些文化强调物质财富，而有些文化注重工作关系。

三、文化对信息策略的影响

文化差异导致信息结构的差异。例如，慢节奏文化喜欢间接切入主题；快节奏文化喜欢直接切入主题；权威文化喜欢自上而下；开放文化喜欢自下而上；东方文化重礼仪，多委婉；西方文化重坦诚，喜直接；东方文化重心领神会，多自我交流；西方文化重沟通交流。

四、文化对渠道策略的影响

文化对渠道选择也有很大影响。例如，重个人信义的文化，偏向于口头沟通；重事实与效率的文化，偏向于书面沟通。

在经济全球化的大背景下，密切的跨文化沟通是当今世界的一个重要特征。沟通者可以从以下几个方面入手来克服跨文化沟通的障碍。

（1）培养批判性思维，提高全球意识。人难免用自己的价值观来分析和判断其周围的一切，甚至有种族偏见和歧视，这些都是跨文化沟通的严重障碍。只有带着虚心、平静、理性的心态才能真正实现有效沟通。我们要学会接受和尊重不同的文化。

（2）掌握不同文化的知识和外语工具，多了解自己文化和其他文化的差异，这样会提高跨文化沟通的有效性。

（3）在行为上不断训练自己和不同文化背景的人交往，锻炼自己的能力，尤其是倾听能力，确认自己听到的是对方真正的意思。

在进行沟通活动前，我们可以用沟通策略检查表系统思考沟通策略从而制定具体的沟通方法。表 2-6 所示为沟通策略检查表。

表 2-6　沟通策略检查表

沟通策略	检查项目
沟通者策略	你的沟通目标是什么
	你的可信度是什么（人格、情感、理性）
	你选择何种沟通形式（告知、说服、征询或参与）
听众策略	他们有什么特点：他们是谁？他们了解什么？他们感觉如何
	如何激发他们的兴趣
信息策略	怎样强调信息？直接或间接
	如何组织信息
渠道策略	书面还是口头表达？正式还是非正式？是否需要立即反应
文化策略	文化如何影响沟通者策略（目标、风格、可信度）
	文化如何影响听众策略（听众的选择和激发）
	文化如何影响信息策略
	文化如何影响渠道策略

案例分析

惹事的商店

2015 年 3 月 11 日，一张某中学商店经营权竞拍现场图在网上疯传，图中的一块大屏幕上显示着资产编号、资产地址、租赁面积、起始价、竞得人、成交价等信息。

此事之所以会引发较大的社会轰动：一是此中学是一所很多学生梦寐以求的省级知名高中，历年高考成绩优异，重点、本科录取率长期名列前茅；二是图片上大号红色字体注明的"173 万元/年的租金"让网友们大为惊讶。

一个学校中面积为 172 平方米的商店，年租金高达 173 万元，能经营得下去吗？在围观之余，网友开始为竞得人算起账来。

"扣除周末和寒暑假，平均每天将近 4 万元的营业额才能保本。"网友"快环外一小民"分析说，按日用品 20% 的利润计算，商店一年的营业额要 700 多万元才能平本，加上人工、水电等开支，营业额需七八百万元。学校有 3000 多名学生，意味着平均每人每天至少需要消费 10 元以上。

不过，也有网友表示，学生的消费水平不容小觑，有的学生一天在学校花几十或上百元"毫无压力"。此外，竞得人肯定核算过了成本，"觉得做得下来才拍的"。

网上流传的这一消息是否真实？当地知名报社的记者通过多个渠道证实，其实早在 2015 年 3 月 2 日，此商店公开竞拍招租的公告就已经发布。此次竞拍招租活动是由本市的某国有资产经营有限责任公司，面向社会对商店进行公开竞价招租，但目前还未签约。某国有资产经营有限责任公司是本市公共事业投融资主体，直属市人民政府领导，市人民政府授权市国有资产监督管理委员会履行出资人职责，主要承担管理及运营公共资产的职能，并负有保值、增值的责任。

随后，记者联系上一名亲历竞拍过程的商业人士。据该人士介绍，173 万元的竞拍价是真的，一共有 8 名竞价人参与竞争，大家用的是电子竞拍器出价，50 万元起价竞拍，加价 1 次最低 1 万元，由屏幕显示最新、最高竞报价。竞价开始后，大家在自己的座位上按键出价，屏幕上显示的价格以 5 万元、10 万元的增幅快速刷新，飙升得很快。拍卖价到了 130 万元时，屏幕上显示的价格刷新速度略有减缓。最后，经过 44 轮的竞价后，以 173 万元成交。

"130 万元后，竞价速度减缓，估计许多人都在重新评估、计算成本。而有的人直接放弃了。"一名参与竞拍的企业负责人说，他们公司的报价都没上过屏幕，价格很快就刷到高位，他们连举牌的机会都没有。最终，该商店被一家公司以 173 万元的价格竞得。

记者了解到，竞拍者参与竞拍需缴 10 万元竞拍保证金，之前曾有过竞拍者拍得标的最终不签约的情况，但如果反悔，竞拍保证金将无法取回。相关人士表示，2015 年 3 月 11 日出竞拍结果，2015 年 3 月 15 日才是签约日期。

一个学校的商店的年租金为 173 万元，其能否盈利？

据上述参与竞拍的企业负责人分析，学校有寒暑假、周末休息日，这样算来商店一年的营业时间只有 260 多天。按年租金 173 万元计算，每天的营业额近 4 万元才能支撑租金成本。

此外，学校对商店经营还有一些要求，如食品需是预包装食品，一些便利店、小超市常见的如"关东煮"这样的高利润食品不能卖，其他商品的价格也需向外面部分大超市看齐。如此看来，以 173 万元的年租金拿下商店，或许日子会比较艰难，不知道竞得人将会怎么经营。

但也有业内人士表示，有竞拍者事前就评估分析，最终的价格会达到 150 万元/年至 160 万元/年，173 万元的最终竞拍价与估算的相差不太大。此外，有消息称，几年前这个商店的年营业额就达到 500 万元。也就是说，在这样的位置，拍出这个价格不算太夸张。

该管理人员说，如果这个商店的年销售额超过 400 万元就不亏本了，达到 450 万元就可以赚钱了。但学校的环境也有些特殊，食品安全系数要求很高，还要处理学校内部的各种关系，会很累。如果是独家经营，基本不会亏本；如果有别家商店竞争，还得评估竞争关系。能不能赚钱，要看商店的营业额。

随后的两天，网络、报纸纷纷转载该消息，还出现了标题为《中学高价租金商店 别让学生成挨宰的"唐僧肉"》的报道。

问题：小组讨论，对照沟通策略检查表，制定涉事中学面对此次公共沟通危机的沟通者策略、听众策略、信息策略、渠道策略、文化策略。

课后实训

一、沟通游戏

纸塔练习

（一）游戏流程

（1）全班同学每5～7人为一组；

（2）给每个小组分发任务资源：报纸10张，胶水1瓶，曲别针20个，剪刀1把，裁纸刀1把；

（3）要求每个小组在30分钟内建一座纸塔。

（二）游戏规则

（1）不能使用任务资源以外的物品；

（2）任务完成后，从每个小组中选取一位同学组成评委会，从稳定性、高度、美观性、经济性4个指标对每个小组的纸塔进行打分。指标权重分别是：稳定性0.4、高度0.25、美观性0.2、经济性0.15。

（三）小组讨论

从沟通者策略、听众策略、信息策略、渠道策略、文化策略评价本次小组合作的效果和效率，并思考如何改进。

二、情景操作题

你是一位刚从学校毕业才到公司报到的年轻人，公司每年都要召开一次对新员工的欢迎大会，参加大会的除了刚分配来的员工，还有不同年龄层次的老员工以及公司的主要领导。很荣幸，公司安排你在这次大会上代表全体新员工演讲。你也认识到这是一次只能成功不能失败，而且对你的发展可能是一个机遇的重要演讲，可你从来没有在这样大的场合中演讲过，你想到这些就感到很紧张。那么，你将采取什么措施来最大限度地提高自己的可信度？

三、分析题

有一位少年去请教智者："我怎样才能成为让自己愉快，也能给别人带来快乐的人呢？"智者送他四句话："把自己当成别人，把别人当成自己，把别人当成别人，把自己当成自己。"

谈谈你对这四句话的理解。

第三章　倾听

学习目标

1. 认识倾听的含义，提高倾听意识；
2. 掌握倾听的三个层面，并在倾听时能从这三个层面很好地反馈；
3. 培养良好的倾听习惯和技巧；
4. 掌握倾听中的建设性反馈的技巧。

引导案例

电话初访

以下是销售员李泉与某汽车公司采购部经理张明的电话对话。

李：张经理，您好，我是温州瑞华汽车塑品公司的李泉，打电话给您是想给您寄一份材料。我们主要生产汽车仪表盘，福特轿车在国内采购的仪表盘就是我们生产的。希望能有机会为您服务。

张：我们去年已经订购了，这都什么时候了，你们才来电话，今年不要了。

李：张经理，其实是否签单、是否订货都不重要，您是甲方，我是乙方，咱们以前也没有打过交道，我这样贸然给您打电话的确很唐突，还请您原谅。

张：没有关系，都是做生意嘛，现在的确不考虑这件事情了，年底你再联系我。

李：好的，年底我给您打电话。现在不谈采购的事情，但有机会我得向您学习、请教呢！眼下仪表盘加工企业的水平参差不齐，客户需要和关注的是什么，我很想听听您这样的专家的意见。不过也不能耽误您太多的时间，周末您有空吗？……

问题：在看不到张经理的情况下，李泉如何通过倾听，把握对方的心理，实现了电话初访的目标？

明尼苏达大学教授尼科尔斯和史蒂文斯研究发现，平均每个人每天花费70%的时间参与各种各样的沟通活动。更具体地说，研究人员发现，我们每天花费在沟通上的时间，其中 45%用来倾听、30%用来说、16%用来阅读、9%用来写作[①]。可见，倾听很重要。会说话的人是听着说，不会说话的人是抢着说。

可是在现实中，天生就掌握了倾听艺术的人，可谓凤毛麟角。如果谈话的人

[①] 奥罗克. 管理沟通——以案例分析为视角[M]. 北京：中国人民大学出版社，2011.

没有我们的学识高，我们可能会虚与委蛇地听；如果谈话的人说话冗长烦琐，我们可能会不客气地打断其叙述；如果谈话的人言不及义，我们可能会明显地露出厌倦的神色；如果谈话的人缺少真知灼见，我们可能会讽刺挖苦，令他难堪……

大多数人听人说话时往往是左耳朵进、右耳朵出，能做到真正听到并理解的只是很少的一部分人。

那么，如何才能成为很好的倾听者呢？

第一节　倾听的含义

人们经常说"我写作能力不行""我口才不好"，但你几乎没有听到有人自我批评"我不会听"。为什么？因为很多人并不理解什么是真正的"倾听"。

一、何谓倾听

"听"是与生俱来的听见声音的能力，是人的感觉器官对声音的生理反应。倾听和本能的"听"有何不同呢？我们先来看看不同层次的"听"。

忽略听，即听而不闻，不做任何努力去倾听。

假装听，即做出假象倾听（"嗯，……是的……对对对……"）。

选择听，即只听你感兴趣的内容。

专注听，即认真地倾听讲话，同时与自己的亲身经历做比较。

用心听，即设身处地地倾听，用心和脑来倾听，以理解讲话的内容、目的和情感。

真正的倾听是"用心听"，是在对方讲话的过程中，通过视觉和听觉的同时作用，接收和理解对方信息、思想及情感的过程。

倾听不是专注听，等待开口说自己的事，也不是为了评价对方、反驳对方。倾听需要同理心、换位思考，尽最大可能从对方角度看问题。倾听是为了理解，为了求同存异，为了帮助对方。

不好的倾听习惯与良好的倾听习惯对比如表 3-1 所示。

表 3-1　不好的倾听习惯与良好的倾听习惯对比

不好的倾听习惯	良好的倾听习惯
喜欢批评，打断对方	了解对方心理
注意力不集中	注意力集中
表现出对话题没有兴趣	表现出对话题感兴趣
没有眼睛的交流	观察对方的身体语言
反应过于情绪化	辨析对方意思并给予反馈
只为了解事实而听	听取对方的全部意思

二、倾听的障碍

喝热水为什么不好了？

女：亲爱的，我感冒了。

男：喝点热水就好了。

女：我来例假了。

男：喝点热水就好了。

女：我胃疼。

男：喝点热水就好了。

女：我们分手吧，你不适合我。

男：我心里会疼的。

女：你喝点热水就好了……

为什么倾听那么难呢？原因是多方面的。

（1）知觉选择性。

人们按照需要、目的和兴趣，在纷繁多样的作用于自己的客观事物中，主动而有意地选择少数事物或某一部分作为知觉的对象，而把周围其余的事物当成知觉的背景，只产生比较模糊的知觉映像。人们在听的时候，也免不了带着选择性，只听自己熟悉的、喜欢的、需要的、感兴趣的信息，导致信息不完整，以偏概全。

倾听的障碍

（2）心智时间差。

你可以随便拿出一本书，试一试，你一分钟能读出的字数和你一分钟能看的字数有多大差别。理论上，大脑思考的神经脉冲速度要比说话的肌肉收缩速度快，也就是人们"想"比"说"的速度更快，因此在倾听的时候，你的大脑有很多的空闲时间去想别的事情，也就是"分神"，你需要控制自己的大脑不要开小差。

（3）心理定势。

人们的活动受积累的经验影响。我们从经历中建立了牢固的条件联系和基本联想，思想中有根深蒂固的心理定势和成见，很难冷静、客观地接受说话者的信息，这就不难理解为何人们缺乏倾听的耐心而喜欢打断他人的说话了。请看下面的例子。

一个顾客匆匆地来到某商场的收银处。

顾客说："收银小姐，刚才你算错了50元……"

收银员满脸不高兴："你刚才为什么不点清楚，银货两清，概不负责。"

顾客说："那就谢谢你多给的 50 元了。"

（4）生理差异。

男女性别差异也会导致倾听障碍。女性的主要沟通方式是"关系式"，即以表达情感为主，意图通过分享私人情感、带有"移情"态度的倾听，拉近、建立并保持与对方的紧密关系。男性的主要沟通方式是"报告式"，即以事实陈述为主，意图吸引他人注意力、获取更多信息、赢得对话主动权并建立自己的身份地位。

美国心理学博士约翰·格雷在其颇有影响力的《男人来自火星，女人来自金星》一书中说："女人多采取最高级的语法，用隐喻和概念化的诗一般的语言来表达她们的感觉；而男人的表达则是简短的讯号或沉默。由于我们不了解这些不同，才会在日常生活中经常引起误解和矛盾。"如女性说"人家都不注意我"时，其实是想发泄一下自己因少有人注意而产生的挫败感，而男性却极有可能理解成是针对自己的抱怨和指责。这些差别经常会造成男女之间的误解。

男女沟通的差异对比如表 3-2 所示。

表 3-2　男女沟通的差异对比

女性的说法	男性的说法
没有一件事做得好	你是指我做错了吗
我累得什么事也不能做了	真荒谬，又不是没人帮你
我想把所有的工作都忘得一干二净，太烦人了	如果你不喜欢你的工作，辞职算了
你不再爱我了	我当然爱你，不然怎么会在这儿，你真无聊
我想浪漫一点	你是说我不浪漫吗
我们从来没有出去过	不对，上个星期我们才出去过

（5）缺乏倾听教育。

很多人并没有重视倾听。在忙碌的工作、生活中，人们喜欢用一种轻松的、无须记忆任何东西的方式"倾听"，甚至认为"听"是一种本能，无须学习，不用掌握倾听的技巧。

第二节　倾听的层面

一、倾听的三个层面

保罗·瓦茨拉维克（Paul Watzlawick）的沟通理论认为，谈话有三个层面：

事务层面、关系层面（或情感层面）和行动层面。

例如，"我今天丢了工作"这么一句话，分别有事务、关系、行动三个层面。

第一个层面是这句话本身传递的不掺杂情绪的信息——他辞职了或者被老板辞退了。这是完全事务性的表达。

第二个层面是这句话蕴含的潜在情绪，它包含了一个人丢了工作的失落、害怕、难过等情绪。

第三个层面是行动层面，就是我们可以怎样做，是对方想说但是没有说出来的事情。这往往是所谓的"言外之意"。一般来说，人们不明白说出话语真实的动机，可能是出于以下"背景"因素：①因个性或面子不愿直说；②持有不同观点又不便直说；③由于特定环境而不能直说。

例如，对方丢了工作，又不好意思直说请你帮助。那么我们应对的措施，可以是调整对方的情绪，做一些令对方开心的事，也可以是想办法做一些帮助对方得到新工作有关的事情等。

针对例句，对对方的理解也可以从以下三个层面展开。

第一个层面的理解，复述事实，用另一种方法表达对方所说的话，表示自己在听，知道对方说的事情了。记住，把对方说的话原封不动地重复一遍，等于把对方的意思打回去，这并不是真正的理解。用自己的话重新总结一下对方的意思，对方会有被尊重的感觉。若对方说，"我今天丢了工作"，你可以回应说，"你被老板辞退了"。

第二个层面的理解，用陈述句复述对方的情绪或情感，表示你理解其处境和心情。可以表达"我跟你一样感到很难过"或"我能理解你碰到这样的事会有多么的气愤"等。

第三个层面的理解，行动帮助，提供对方期望你能做的、你也能做的但对方没有说出来的帮助。如可以这样表达："我可以今天晚上在网上帮你找工作。"

二、常见的不恰当的倾听反馈

讨论

为什么多说也没什么用？

儿子："上学真是无聊透了！"

父亲："怎么回事？"

儿子："学的都是些不实用的东西。"

父亲："现在的确看不出好处来，我当年也有同样的想法，可是现在觉得那些知识还挺有用的，你就忍耐一下吧！"

> 儿子："我都已经耗了 10 年了，难道那些 X+Y 能让我学会修车吗？"
>
> 父亲："修车？别开玩笑了。"
>
> 儿子："我不是开玩笑，我的同学王明辍学修车，现在月收入不少，这才有用啊！"
>
> 父亲："现在或许如此，以后他后悔就来不及了。你不会喜欢修车的。好好念书，将来不怕找不到更好的工作。"
>
> 儿子："我不知道，可是王明现在很成功。"
>
> 父亲："你已尽了全力吗？这所高中是名校，应该差不到哪儿去。"
>
> 儿子："可是同学们都有同感。"
>
> 父亲："你知不知道，把你养到这么大，你妈和我牺牲了多少？已经读到高二了，不许你半途而废。"
>
> 儿子："我知道你们牺牲很大，可是不值得。"
>
> 父亲："你应该多读书，少看电视……"
>
> 儿子："爸，唉……算了，多说也没什么用。"

人们经常感叹知音难求，的确，善于倾听和理解他人非常难得。现实生活中，人们总是难以克服"人性的弱点"，喜欢批判、热衷建议，没有倾听、缺乏理解，最后导致彼此之间产生隔阂。

常见的不恰当的倾听反馈主要有以下几种。

1. 评判多于理解

我们都有本能的欲望想去判断、评判、同意（或不同意）别人的话或行为。听完别人的话，我们的第一反应就是从自己的立场出发做出评判，如以下对话。

A（沮丧地）：我今天早上睡过了头，迟到了。

B：你总是太拖拉。你应该早点起。

又如：

A：老板又要我免费加班，我真受不了了。他是不是看我特别不顺眼？！

B：你不应该那样想，老板可能看你不错才叫你加班的。

评价可能会引发截然不同、相互排斥的想法、感觉和判断。虽然在所有谈话中，相互评判屡见不鲜，但是在当事人情绪或者情感比较激烈的场合下，评判的影响就被放大了。对方会认为你是在批评或否定他，可能会导致激烈争吵。

2. 同理心不足，忽略情感

同理心就是在人际交往过程中，能够体会他人的情绪和想法，不对他人进行评论，理解他人的立场和感受，并站在他人的角度思考和处理问题。

同理心体现在两个方面：一是对他人情绪的认知（知觉技巧）；二是对他人情绪的反应（沟通技巧）。因此，同理心的表达即为：简述语意+情感反应，"因为……（简述事实内容），你觉得……（情绪字眼），我能体会你的感受（听者体会到的感受）"。

但是，很多人在倾听时只听信息，只关注问题，却没听懂对方的情感，甚至用自己的感受投射对方，并以建议或指导代替理解。也许本意是想安慰对方，可是当这样说的时候，是对对方行为和想法的不认可，因为对方真正接收到的信息是你不接受他自然而然的情绪，这种对话方式会使对方在任何一个层面都受到伤害，甚至会使对方产生挫折感。如以下对话。

A（沮丧地）：我今天丢了工作。

B：没什么大不了的，你可以再去找啊。

又如：

A：老板又要我免费加班，我真受不了了。他是不是看我特别不顺眼？！

B：你太敏感了，你别想那么多。你不应该跟自己的老板太计较！

3. 主角换成了"我"

人有"以自我为中心"的倾向，因此听完对方的话后，很容易跟自己的情景做比较，并用"我"为主语进行反馈。如以下对话。

A（沮丧地）：我今天丢了工作。

B：我今天也很糟糕，和你一样倒霉。

又如以下对话。

客户（愤怒地）：你们的产品质量太差了，我要退货。

客服人员：不会吧，我自己也买过，用得好好的……

这种谈话方式，虽然有时候仿佛在情感上和对方站在了同一面，但是因为同时带入自己的经历，注意力从对方讲述的事件中跳出来了，所以并不是一种有效积极的倾听。

第三节　倾听的技巧

讨论

父亲听懂了吗？

儿子："上学真是无聊透了！"

父亲："你觉得上学很无聊？"

儿子："没错，学的东西根本不实用。"

父亲："你觉得学的东西对你没什么用？"

儿子："对，在学校里学的对我不一定有用。你看王明，他现在修车的技术一流，这才实用。"

父亲："你觉得王明的选择是正确的？"

儿子："嗯，从某个角度看确实如此。现在他收入不错，可是几年后，或许会后悔。"

父亲："你认为将来他会觉得当年做错了决定？"

儿子："一定会的，现在的社会里，受教育程度不高会吃亏的。"

父亲："你认为教育很重要？"

儿子："对，如果高中都没毕业，一定找不到工作，也上不了大学。有件事……我真的很担心，你不会告诉妈吧？"

父亲："你不想让你妈知道？"

儿子："不是啦！跟她说也无妨，反正她迟早会知道的。今天学校举行英语阅读能力测验，结果我只有小学程度，可是我已经高二了！"

父亲："所以，你很希望能够提高英语阅读能力，是吗？"

养成良好的倾听习惯需要掌握倾听的技巧。

一、专注的技巧

正如前文所言，由于大脑处理信息的速度快于说话的速度，你必须时刻控制大脑不分神，因此倾听是很辛苦的事情。如何保持专注的倾听呢？

（一）做好倾听的准备

排除内在的和外在的干扰因素。内在的干扰因素包括心理压力、情绪不佳、身体欠安等因素；外在的干扰因素包括不合适的时间、地点、环境等。太多的干扰因素没有得到消除或弱化的时候，不妨改期沟通。

（二）保持恰当的距离

双方的距离既不要太近也不要太远。判断距离恰当与否的办法是要看与你谈话的人在距离上是否感到舒服。如果他向后退，说明你离得太近了；如果他向前倾，说明你离得太远了。

（三）保持坦然、直率的姿势

手臂不要交叉，不要僵硬不动，要随着讲话人的语言做出反应。坐着的时候，要面对讲话人，身体略向前倾。表现感兴趣的技巧是随着讲话人的姿势不断调整自己的姿势。

（四）用目光表示感兴趣

柔和地注视讲话人，可以偶尔移开视线。不要无表情地瞪视，不要长时间地看别处或不断地在房间中巡视，表现出好像你对其他东西感兴趣。避免明显的粗鲁行为，如阅读、看表或盯着窗外等。

二、鼓励的技巧

鼓励对方开口表示我们乐于接受别人的观点和看法，这会让讲话人有一种受尊重的感觉，有助于我们建立和谐、融洽的人际关系。

（一）善于引导对方

在交谈过程中，你可以说一些简短的鼓励性的话语，如"哦""嗯""我明白了"等，以向对方表示你正在专注地听他说话，并鼓励他继续说下去。当谈话出现冷场时，你可以从三个角度来设计问题，从而引导对方进行深入思考和解答。

① 引导对方讲出更多证据。例如，"你所讲的观点有哪些数据作为支撑？""你能为你所讲的观点举一个恰当的例子吗？"

② 提示对方把各种观点联系起来。例如，"你的观点和其他人的讨论结果之间有什么关系吗？"

③ 引导对方进行概括总结。例如，"对于今天的讨论结果你还有更好的理解吗？""您能用一句话概括您的观点吗？"

（二）给予真诚的赞美

赞美可以使对方感到自己被认可、被承认、被接受和有价值，可以有效地激发对方的谈话兴致。例如，"你说的这个故事真棒""你这个想法真好""你的话对我很有启发"等。

> **讨论**
>
> **赞美如何把握分寸？**
>
> 员工：经理，上次您在会议上的讲话实在是太棒了！您讲得绘声绘色、口若悬河，我们是佩服得五体投地呀！
>
> 经理：……

赞美必须客观具体、真心诚意，不能言过其实、含糊其词、笼统敷衍。赞美还要注意不要只夸赞一个人而冷落了另外的人，不要厚此薄彼。

（三）问开放式的问题

要想让谈话继续下去，并且有一定的深度和趣味，就要多提开放式问题。开放式问题，不是一两个词就可以回答的。这种问题需要解释和说明，同时向对方表示你对他说的话很感兴趣，还想了解更多的内容。对方会感到放松，因为他知道你希望他充分表达自己的想法。

（四）适时提出疑问

在倾听过程中，要适时地提出一些切中要点的问题或发表一些意见和看法来回应对方。此外，如果有听漏或不懂的地方，要在对方的谈话暂告一段落时，简短地提出自己的疑问。

（五）恰当运用肢体语言

激发对方谈兴的肢体语言主要包括自然微笑、身体略微前倾、时常看对方的眼睛、微微点头等。

（六）恰当的沉默

沟通时，听完一段叙述后，可以稍稍停顿一下，让对方能够有时间思考自己说的话并决定如何反应。沉默向对方表明"我感觉到了我们都需要时间考虑这个问题，我尊重你处理问题的能力，而且我会耐心等待"或"我十分理解你表达的意思，我不想打断你的思路"。

三、跟随的技巧

跟随既能保证自己倾听的准确性，同时也能表明对讲话人的重视。

（一）复述内容

复述内容可以检验自己是否正确地理解了自己听到的话，鼓励对方详细解释他的意见，并表明你在倾听。

如果对方说的内容较多，需要把握对方话语主干的环节衔接，虚化旁支细节。叙事的成分，把握事件的起因、过程、结局；抒情的成分，把握发展、起伏、跌宕等情绪波动曲线；议论的成分，把握总论点与分论点之间的内在联系。

在倾听的过程中对这些主要思想进行组织，不要先评判它们的对错。向对方重复几个关键词或总结主要思想，例如，"这就是说，你提出三条建议……""你主要担心的似乎是……""你的意思是说……"。

（二）复述情感或情绪

运用同理心倾听，体会讲话人在说话时的情感或情绪，听出"字里行间的意思"。注意讲话人的音调、音量、面部表情以及肢体动作。想象如果自己处于那个环境会有什么感想，重复对方的情感或情绪表示自己理解其心情。例如，"你好像不喜欢新制定的公司制度""你似乎对小组的合作现状感到失望""你真的感到不开心，是吗？"

（三）记笔记

好记性不如烂笔头，记笔记能够说明你确实对正在讨论的话题感兴趣，并准备追随讲话人的思路。笔记不需要记很多，事先应该描绘心理大纲，这样才不会失去与交谈对象的目光交流和联系。

第四节　倾听中的建设性反馈

你在生活、学习和工作中，有没有遇到下列情形？一片好心想给别人提建议或意见，反而得罪了人。或者，别人给你提意见或建议，你觉得不对，心里很不服气，为自己辩解了几句，最后大家都不高兴。

倾听中难免需要给对方一些负面的反馈，可是我们发现，即使一个听上去无伤大雅的评价或建议，如"你今天的衣服很不一样哦"，也能让听者感到被嘲讽、被亏待或受到威胁，进而愤怒、焦虑。如果在给他人提醒、指导、建议和批评时没有技巧，那么可能会好心办坏事，破坏双方的关系。提供和接受建设性的批评意见，均需要经过练习，反馈双方都应该学习一些技巧。

☕ **讨论**

晏子如何劝谏？

齐景公好弋，使烛邹主鸟而亡之，公怒，诏吏欲杀之。晏子曰："烛邹有罪三，请数之以其罪而杀之。"公曰："可。"于是召而数之公前。曰："烛邹！汝为吾君主鸟而亡之，是罪一也；使吾君以鸟之故而杀人，是罪二也；使诸侯闻之以吾君重鸟而轻士，是罪三也。数烛邹罪已毕，请杀之。"公曰："勿杀，寡人闻命矣。"

一、建设性反馈的含义和特征

（一）建设性反馈的含义

建设性反馈是指当被指导者的行为没有达到期待的结果时，具体指出问题所在，并提示改善方向，即可以帮助其树立行动计划的反馈。

倾听中的
建设性反馈

（二）建设性反馈的特征

建设性反馈有以下三个特征。

1. 解决现实问题

建设性反馈是针对对方存在的问题而提出的，不仅仅是为了讨他人喜欢或是被社会认可。

2．实现信息的准确传递

沟通者要围绕沟通目标，准确、高效地传递信息，保证信息被对方接收和理解，而不是模糊不清或偏离主题。

3．保持积极的人际关系

在解决问题的前提下，保持良好的人际关系。

给予建设性反馈需要我们用一种表示尊重与支持的方式陈述我们的反馈，并且给他人主动解决问题留出余地，而不是决定别人该做什么。

接受建设性反馈需要我们客观地聆听别人，不打断别人，当你觉得受到"攻击"时，避免有情绪化反应并虚心接受他人的批评。

二、给予建设性反馈的技巧

如何让忠言不逆耳呢？在这里，"五步骤法"可以让你在给他人提出建设性反馈时取得较好的效果。

建设性反馈的技巧

（一）表达你积极的沟通意图

一个明确、积极的沟通意图有助于表明你是客观且尊重对方的，从而使对方更容易听取你的反馈。积极的沟通意图应该指向沟通双方的共同目标。例如：

"我们需要如期完成这个发货计划，但我们现在晚了，让我们看一下能做什么。"

"我们能否讨论一下新的结账程序？我认为这个新的结账程序并没有达到我们的目标——更快地为客户服务。"

（二）描述你所观察到的不良情况

要使反馈生效，需要让对方相信你说的话是真实且有依据的。要做到这一点，你的意见必须是明确且具体的，简单地陈述事实而不做评价或解释。这里需要注意以下两点。

1．描述不良情况要具体简明

尽可能地使用事实和数字来描述不良情况，这样才有说服力。但要注意不能太冗长，否则就会变成"数落"。

"笼统抽象的描述"和"具体简明的描述"的范例如表3-3所示。

表3-3　"笼统抽象的描述"和"具体简明的描述"的范例

笼统抽象的描述	具体简明的描述
你交来的记录不完整	我仔细核对了你交来的记录，发现少了13个数据
你的工作台总是乱七八糟	有些工具没有放在恰当的位置上
你从未按时交给我	时间只剩一半了，可计划只完成了1/3
你车技真够差的	我注意到你刚才没打转向灯

2. 描述不良情况要对事不对人

如果批评话语的主语是"你",那么对方很容易理解成这种批评是针对他的。如果主语换成"事"或"行为",那么批评针对的就不是某个人了。

"对人"与"对事"的范例如表 3-4 所示。

表 3-4 "对人"与"对事"的范例

"对人"的反馈	"对事"的反馈
你的工作没有条理	工作要注意轻重缓急
你车技真够差的	拐弯一定要打转向灯
你从未按时交给我	工作进度要跟上,否则会影响团队绩效
你没有按我们同意的方式安排这些项目	这些项目没有按我们同意的方式安排

(三)说明不良情况的恶劣影响

这一步,你需要客观、冷静地提醒对方,其不良行为带来了一些需要重视的后果。这里需要注意以下四点。

1. 将后果与共同的工作目标联系起来

你的沟通目的是要解决问题、达成共同目标,因此时刻提醒自己和对方,别忘了这个目的。例如,"进度比计划落后了 3 天,这样会影响我们部门的绩效"。

2. 把握分寸,点到为止

被人批评是一件很不光彩的事情。所以,批评别人时,要把握分寸,给他人留空间、留面子。选择几个至关重要的后果来提醒说明,否则你的反馈可能被视为"数落"和"攻击",而不是一种支持,尤其是对职位比你高的人或自尊心很强的人。尝试使用以下商量式的语气。

"或许,我们可以试试别的办法……"

"这是不是唯一的方法呢?"

"倘若采用别的途径又如何呢?"

"我们可否从这个角度来看……"

3. 保持客观的语气

描述一个行动或行为的负面后果会使你情绪激动,尽量用客观描述而不是主观评价。情绪化和防御性的语气没有积极作用,它往往将人们导向对立状态。相反,客观、冷静的描述性语气往往具有建设性,它鼓励人们用积极的态度,努力寻找解决问题的思路。

讨论

如何表达对约会迟到的朋友的不满?

简单地问"你为什么迟到了?"容易被看成是情绪强烈、责备和具有威胁性，不妨客观地说"由于你没能准时到场，我们误了车。以后如果再有类似情况，请事先通知我们一声好吗？"

4. 慎用负面消极的字眼，用正面积极的字眼

没有人喜欢被直截了当地严厉批评，我们需要把否定词包装一下，让我们的批评委婉一些。例如，"小刘，这个报告写得太啰嗦了"。不妨改为"小刘，这个报告可以更精练一些"。"负面消极"与"正面积极"的对比范例如表 3-5 所示。

表 3-5 "负面消极"与"正面积极"的对比范例

负面消极	正面积极
今天修好你的笔记本电脑是不可能的	你的笔记本电脑周二就能修好，你想在那之前先租一台使用吗
之前你没有提供全部的必要信息	请检查被标红的部分，这样我们可以尽快地处理你的订单
我对整理这些数据感到厌烦了	如果我使用新的系统，效率会更高的

（四）征求对方的答复，并倾听

你需要了解对方的想法，否则就有将谈话变成单方演讲的危险，也就不能达到解决问题或互相学习的目的；这需要运用到倾听的各种技巧。

（五）一起讨论解决方法

请注意，建设性反馈是一种建议，而不是批评。你需要将这个过程看成一次对话交流，而不是单方面倾诉。双方可以交换意见，一起讨论，讨论的中心不在于问题而在于解决方法。这样不但可以引向问题的解决和互相学习，而且确保了客观的意见交换。这里特别需要注意的是，每当你提出选择方案时，只需说明你自己尝试如何去解决问题，尽量避免表现得像一个专家。如果需要对方负责改进，请让他负责行动，这是建立责任心的办法。

三、接受建设性反馈的技巧

在现实生活中，很多负面反馈会激发接收方的情绪反应。一份批评性的业绩评估、一条友善的建议，甚至一句可能算不上反馈的模糊评语，如"哦，你的演示确实有点意思"，都可能会导致人际关系紧张或沟通中断。

根据 2014 年 1 月《哈佛商业评论》中希拉·赫恩、道格拉斯·斯通的文章《学会聆听逆耳忠言》一文可知，点燃人们情绪的导火线主要有以下三种。

（1）"事实诱因"（Truth Triggers），这主要来自反馈的内容。如果评估和建议的内容有失偏颇、没有帮助或完全与事实不符，你会觉得受到误解，感到愤慨。

（2）"关系诱因"（Relationship Triggers），这和给予反馈的人有关。在和人互动时，你的立场常与你对对方的看法（他对这个话题的发言没有可信度！）以及

你们以前的互动（我辛辛苦苦一场，你还挑三拣四？）有关。所以，同样的反馈，你可能会因为不同的反馈者而产生不同的反应。

（3）"身份诱因"（Identity Triggers），这和你的自我认识有关。无论反馈是对是错，明智或愚蠢，只要这些反馈令你感到自我被否定，那么都可能让你的情绪大起大落。这时，你会反应强烈，无法冷静并充满防御性。

如何接受建设性反馈呢？

（一）冷静而仔细地聆听

先了解全局，再选择回答。完全投入地倾听，发现反馈中的真知灼见。你仔细地聆听表示你愿意共同解决问题，这能使批评者感觉良好，并有助于使其迅速"降温"。

（二）区分"事"与"人"

如果反馈正确，建议合情合理，那么理论上是谁提供反馈并不重要，但事实并非如此。当引发"关系诱因"时，你会将反馈内容和你对对方的情感（或对方发表意见的时间、地点与方式）掺杂在一起，这将导致学习短路。为防止这种短路，你需要学习将事与人分开，再分别思考。

（三）将信息归为辅导型反馈

在反馈中，有些属于评估型反馈（如"你的等级为 4"），有些属于辅导型反馈（如"你可以按以下方法提高"），两者都很重要。评估型反馈能反映你现在的处境和需要达成的目标。辅导型反馈能帮助你学习和提高，让你更上一层楼。

这两种反馈有时不是很容易区分。例如，一位董事给财务总监万琳打电话，让她在下季度的演示中，不要再先做内部预测，而是先做分析师预测。董事到底是在提供善意的辅导，还是在间接批评万琳的惯常方式？

人们内心存疑时，往往会朝最坏的方向想，连他人善意的提醒也能被当成对自己的恶意批评。如果你觉得别人在批评你，很容易引发"身份诱因"，随之而来的焦虑感将让你无法学习。所以，只要可能，就将信息归为辅导型反馈。你需要学习把反馈看成一种从新视角下得出的建议，而不是别人对你以往表现的控诉。

📋 案例分析

员工为什么不听话

一天早上，青年工人小李上班迟到了几分钟，被他的科长见到了。科长很生气，怒气冲冲地说："我们科内就数你最不卖力，每一次迟到、早退都有你。如果再这样，你干脆不用来上班了。"小李听完科长的话，不觉无名火三丈高，对科长回敬道："你算老几？不过一个小小的科长，你管好自己就行了，别在我面前指手画脚，我可不吃你这一套。"接着，两个人大吵起来。

这时，经理闻讯赶来，马上制止了这场吵闹。临走时，他拍拍小李的肩膀说："请你午休时来我办公室一趟。"

中午，小李来到经理办公室，经理亲自为他搬来一把椅子，倒了一杯茶，请他坐下来慢慢谈。原以为要挨一顿批评的小李，看到经理态度和蔼，脸色开始好转了。聊了一会儿家常后，经理问小李："你为什么和科长吵架？"

"他一直看不惯我，"小李把心里话全说出来了，"平时我工作手脚快，别人没干好，我干好了，他却说我工作不认真。我有电工技术特长，希望他在安排工作时考虑一下，他不但不支持，反而常常讽刺我。"

"那么，今天上午你为什么迟到呢？"经理温和地问道。小李的脸顿时红了，不好意思地说："昨晚与朋友看电影，睡觉晚了一点，早上起不来。"

"这样说来，今天上午的争吵是你不对。"经理严肃地说。

"是的，是我不对，我迟到了应该被批评。如果换成别人批评我，我一定会虚心接受的，但我就是不买科长的账。"小李轻声地说。

"好吧，"经理站起来轻轻地拍小李的肩说，"你无故迟到是不对的，要正确地对待科长的批评，不要太计较他的态度，科长那里我会找他谈一下，请他注意一下工作方法。另外，我们准备研究一下，争取把你这样的有专门技术的工人调到能发挥专长的岗位上去。如果想通了，不妨找科长承认一下错误。"

小李走出经理办公室时，心情十分舒畅。第二天吃午饭时，他还特意和科长一起吃饭，承认了自己的错误，之后工作也明显积极认真起来了。

问题：经理的倾听技巧有哪些？

课后实训

一、沟通游戏

信息接力棒

（一）游戏流程

（1）主持人选取不太热门的故事一则；

（2）随机抽取5名同学作为游戏成员；

（3）1号同学留在教室里，其他人离开教室；

（4）主持人把故事读给1号同学听，不允许做记录及提问；

（5）接下来请2号同学进来，让1号同学把自己听到的内容告诉2号同学，2号同学同样遵守游戏规则，以此类推；

（6）请最后一名同学复述自己听到的故事。

（二）游戏规则

听故事的时候，不允许做记录及提问。

（三）小组讨论

（1）每个传递者都会不可避免地漏掉一些信息，统计一下他们漏掉最多的信息是什么？

（2）故事在传送中，是否出现了错误和人为的篡改？

（3）在日常生活中，我们该如何加强记忆和理解能力？

二、情景操作题

（一）积极倾听

积极倾听，对下列话语做出三个层面的反馈。

（1）顾客对超市经理投诉："你们的产品质量太差了！"

（2）员工对老板说："我们听说又要换另一种做法，又要把设备拆一遍，大家都很不情愿啊！"

（3）同事跟你说："我现在特别忙。"

（4）儿子对妈妈说："全班没一个同学喜欢我。"

（5）好朋友对你说："今天向人表白又被拒了……感到很难过……"

（二）培养同理心

针对以下情景，尽可能多地从各种角度为对方寻找善意的理由，培养同理心。

（1）同学小张从不理别人，可能的原因是什么？

（2）同宿舍的小王总爱占便宜，可能的原因是什么？

（3）小李总爱挑人毛病，可能的原因是什么？

（4）父母总希望你考公务员，可能的原因是什么？

（三）积极的说法

请用积极的说法代替以下消极的说法。

（1）"这样做真的很笨啊！"

（2）"我们这次任务失败了。"

（3）"已经过了时间，你不能退货。"

（4）"这个产品并不比上次那个差。"

（5）"这不是我管的。"

（6）"抱歉，那个机型都卖完了。"

（四）给予建设性反馈

（1）下属在准备一份提交给客户的资料时搞错了资料里的一个数据，作为上级的你要批评她。

（2）在年终的绩效考评中，小李因为以往表现有欠缺被评为 C 等，他有点想法。如果你是其领导，要找小李谈心，应如何谈？

（3）同事晓丽家里出了点事，心情很不好，工作中出了很多差错，你需要提醒她。

（4）你的学生小丽容貌姣好，喜欢在直播软件中直播化妆教程，粉丝众多，是小有名气的"网红"，依靠直播带货，收入不菲。本学期，她学习成绩直线下滑，同学反映她经常逃课，利用上课时间去选购直播货品。同时，小丽舍友找到你要求将她调出宿舍，原因是她经常晚上在宿舍直播到很晚，影响了舍友正常的作息，舍友对此意见很大。作为她的辅导员，你将如何与小丽谈话？

（五）倾听时的引导词

表3-6所示为填入引导词，在该表中填入倾听时常用的引导词。

表3-6　填入引导词

	目的	常用的引导词
鼓励	表明你很感兴趣 鼓励对方继续发言	如："你说的对我很有帮助，能再说得详细些吗？" ……
复述或重新释义	核实自己对某问题的理解 表明正在听或已经理解了对方的话 鼓励对方更深入地分析情况，并展开讨论	
总结	集中于讨论对象 确定优先次序 备注主要观点并达成共识	
阐明内容	得到更多信息 帮助人们澄清观点 使观点更具体	
表达情绪	表明理解人们对事态的感受 帮助人们表达他们的感受 表达感觉或赞赏	

第四章 演讲

学习目标

1. 认识演讲的本质和特点；
2. 掌握认知规律及其在演讲中的应用；
3. 有效地安排演讲的结构，能在公众场合有效演讲；
4. 熟练运用演讲中的有声语言和身体语言技巧，提高个人演讲技能。

引导案例

一场失败演讲引发的震荡

2016 年 7 月 1 日，2016 国际体验设计大会峰会演讲在北京国家会议中心举行，峰会演讲环节可以说是持续 4 天的大会最重磅的环节。

这届峰会演讲嘉宾包括知名的江南大学设计学院教授、frog 创意总监、Uber 美国总部全球产品设计总监、微软美国总部首席设计官兼副总裁、GE 首席用户体验官等当今交互设计界大家和优秀产品的操刀手。

国内嘉宾部分，分别来自一些知名公司的体验设计总监。

峰会演讲中，某知名公司体验部总监××因为演讲内容过于缺乏内涵，一度被在场观众要求下台，随后又引发了业内人士在知乎等社交网络上的嘲讽。2016 年 7 月 2 日，知乎上一篇文章的回答中多是对××的嘲讽，主要集中在说话不文明、PPT 制作能力只有广告公司实习生水平、对女性性别歧视、用外貌抹杀女性设计师的工作能力等方面。

2016 年 7 月 4 日早间，××因抵不住压力，在公司内网的论坛道歉。他发帖称，上周五参加外部会议演讲，因为个人重视程度不足、内容重复、演讲语言和穿衣不恰当，以及事后在朋友圈未控制好情绪等，给公司形象造成了损害，向大家郑重道歉，并表示下次会改正。但是，××遭到了同事的无情吐槽，建议其辞职。

2016 年 7 月 4 日，公司的人力资源部门宣布已将××从高管团队除名。此事告一段落。

问题：如何才能成功演讲呢？

古人云："一言之辩，重于九鼎之宝；三寸之舌，强于百万之师。"几乎没有谁不希望自己有强大的演讲能力，这不仅需要刻苦地练习，还需要掌握演讲的规律。

第一节　演讲的本质和特点

演讲是指就某些问题、事件面对广大听众发表自己见解的讲话。通过演讲，我们可以运用有声语言和非语言沟通方式，借助投影仪等直观的视听辅助工具，有效地陈述观点、发表意见、抒发情感、影响听众、感染他人，实现组织目标。

一、演讲的本质

演讲是讲话，但不是随意讲话。演讲有三种传播手段：一是有声语言，由语言和声音两种要素构成，要求吐字清楚、准确，声音清亮、圆润，语气、语调、节奏富于变化；二是态势语言，包括演讲者的姿态、动作、手势和表情，要求准确、鲜明、自然、协调；三是主体形象，体现在演讲者的体形、容貌、服饰、举止神态上，要求装饰朴素得体、举止优雅大方。所以，演讲的本质是一种通过充分调动演讲者的语言艺术和形象魅力，从而增强感染力的沟通方式。

演讲是"讲"和"演"的统一，以"讲"为主，以"演"为辅。如果只有"讲"而没有"演"，缺少感人、动人的主体形象及表演活动，就会降低演讲的艺术性和感染力。如果只有"演"而没有"讲"，不注意口头语言强大的传播沟通作用，就失去了演讲最重要的功能。所以，"讲"与"演"这两个演讲的要素是缺一不可的，只有和谐地、有机地统一在一起，才能构成完整的演讲手段，才能圆满地完成演讲。

二、演讲的特点

（1）现实性。演讲属于现实活动范畴，不属于艺术活动范畴，演讲不同于相声、评书、戏剧、朗诵，它是演讲者通过对社会现实的判断和评价，直接向广大听众公开陈述自己的主张和看法的现实活动。

（2）工具性。演讲是人们交流思想的工具，任何思想、任何学识、任何发明和创造，都可以借助演讲来传播。演讲是经济、实用、方便的传播工具，人人可用。

（3）艺术性。演讲的艺术性在于它具有统一的整体感和协调感，即演讲中的各种因素（语言、声音、表演、形象、时间、环境）形成一种相互依存、相互协调的美感。具有艺术感染力的演讲，逻辑清晰、条理清楚、语言优美、感情充沛，有充分的鼓动性，听众过耳不忘。

（4）鼓动性。演讲的目的就是传递信息，影响听众，如果讲完后听众没有共鸣，演讲的目的就没有达成。可以说，鼓动性是演讲成功的标志。

第二节 认知规律及其在演讲中的应用

演讲需要演讲者在听众面前展现自己的声音、语言、姿态、风度，给听众留下深刻的印象，影响听众，激励听众。但声音传播有一个弱点：听众不容易记住演讲的内容，经常听了后面的内容忘了前面的内容。掌握认知规律有助于我们在演讲中运用规律，吸引听众，让听众记住演讲的内容。

人的认知过程是指人认识客观事物的过程，即对信息进行加工处理的过程，是人由表及里、由现象到本质地反映客观事物特征与内在联系的心理活动。认知是由人的感觉、知觉、记忆、思维和想象等认知要素组成的。

这里我们了解一些与演讲相关的认知规律。

一、认知规律

（一）注意规律

注意是心理（意识）活动对一定对象的指向和集中。注意是人类进行信息加工的一个重要成分。没有注意力的参与，信息的编码、存储和提取都是不可能实现的。实验报告显示，人类注意力的持续时间非常有限。以一个单位对象为标准，人类注意力的持续时间只有 3～24 秒。人的大脑时刻准备接受新的刺激。演讲实践也表明，听众很难聚精会神地倾听一场冗长的演讲。

因此，演讲者应有意识地掌握规律，持续吸引听众的注意力。

注意分为无意注意和有意注意。

无意注意是没有预定目的、不需要意志努力的注意。引起无意注意的因素有以下两个。

（1）刺激物的特性，包括刺激物的强度、刺激物之间的对比关系、刺激物的活动和变化、刺激物的新异性。

（2）人的内部因素，主要包括人的需要和兴趣、情绪状态、知识经验等。

有意注意是预先有一定的目的，并需要意志努力的注意。人们对学习和工作的目的、任务越明确，对其意义理解就越深刻；人们对完成任务、达到目的的愿望越强烈，就越能引起和保持有意注意。

（二）感知规律

人对客观世界的认识过程是从感知觉开始的。当客观事物直接作用于感受器，各种感受器能够区别出适宜的刺激，从而使大脑产生对这些事物个别属性的反映，这种反映就是感觉。而知觉是人对感觉信息的组织和解释的过程，是直接作用于感觉器官的事物的整体在大脑中的反映。

感知规律主要包含以下几个方面。

1. 强度律

感知的对象必须达到适当的强度（物理强度和生理强度），才能引起清晰的感知觉。一般人对雷鸣电闪是容易感知的，因为它的感知强度很高。而对于昆虫的活动，如对蚂蚁行走的声音就难以感知。因此，在实践中，我们要适当地提高感知对象的强度，并要注意那些强度很弱的对象。

2. 差异律

这是针对感知对象与它的背景的差异而言的。对象与背景的差别越大，对象就被感知得越清晰；相反，对象与背景的差别越小，对象就被感知得越不清晰。例如，万绿丛中一点红，这点红就很容易被感知；若在白幕上印白字，则几乎无法辨认。

3. 对比律

凡是两个显著不同甚至互相对立的事物，就容易被清楚地感知。因此，我们在观察中要善于用对比的方法，把具有对比意义的对象放在一起，甚至还可以制造对比环境。

4. 活动律

活动的物体比静止的物体容易被感知。例如，魔术师用一只手做明显的动作吸引观众的注意力，而另一只手却在用手法以达到他的目的。

5. 组合律

凡是空间接近、时间连续、形式相同、颜色一致的观察对象就容易形成整体而为人们清晰地感知。因此，在实际观察中，要把零散的对象或事物，按空间接近、时间连续、形式相同、颜色一致的形式组合起来进行观察，从而找出各自的特点。

6. 协同律

我们对客观事物的感知往往是通过多种分析器协同活动而实现的。例如，我们学习要做到"五到"，就是眼到、耳到、口到、手到和心到。

协同律也指同时运用强度、差异、对比等规律去观察对象。

（三）记忆规律

记忆是过去经历过的事物在人脑中的反映，是个体对其经验的识记、保持和重现。

1. 按照记忆印象的不同，记忆分为形象记忆、运动记忆、情绪记忆和逻辑记忆

形象记忆是以感知过的事物形象为内容的记忆。形象记忆可以是视觉的、听觉的、嗅觉的、味觉的、触觉的。正常人的视觉记忆和听觉记忆通常发展得较

好，在生活中起主要作用。

运动记忆是以过去做过的运动或动作为内容的记忆。运动记忆一旦形成，保持的时间往往很长久。在运动记忆中，大肌肉的动作不易被遗忘，而小肌肉的动作易被遗忘。

情绪记忆是以体验过的某种情绪和情感为内容的记忆。情绪记忆的印象有时比其他记忆的印象表现得更为持久、深刻，甚至终身不忘。在某种条件下，情绪记忆还可以引起习惯性恐惧等异常症状。

逻辑记忆是以语词、概念、原理为内容的记忆。这种记忆保持的不是具体的形象，而是反映客观事物本质和规律的定义、定理、公式、法则等。逻辑记忆是人类特有的，具有高度理解性和逻辑性。

2. 按照信息处理的先后顺序，记忆分为感觉记忆、短时记忆、长时记忆

感觉记忆又称感觉寄存器或瞬时记忆，是感觉信息到达感官的第一次直接印象。感觉记忆只能将来自各个感官的信息保持几十到几百毫秒。在感觉记忆中，信息可能受到注意，经过编码获得意义，继续进入下一阶段的加工活动；如果不被注意或编码，它们就会自动消退。

短时记忆也称工作记忆，是信息加工系统的核心。在感觉记忆中经过编码的信息，进入短时记忆后经过进一步加工，再进入可以长久保存的长时记忆。信息在短时记忆中一般只保持 20～30 秒，但如果加以复述，便可以继续保存。短时记忆中储存的是正在使用的信息，在心理活动中具有十分重要的作用。

长时记忆是指学习的材料经过精细复述之后，在头脑中长久保存的记忆。在长时记忆中，信息可能被永久保存。长时记忆将现在的信息保存下来供将来使用，或将过去储存的信息提取出来用于现在。它把人的活动的过去、现在和未来联系起来。它的信息主要来自对短时记忆的内容的复述，也有一些是将感知记忆中印象深刻的内容一次性印入的，特别是那些激动人心引起强烈情绪体验的内容，可直接进入长时记忆系统被储存起来。

信息都是通过短时记忆才转换到长时记忆中去的。将信息转入长时记忆的一条重要的有效途径是进行精细的复述，也就是将当前的信息和已有的知识联系起来，赋予它一定的意义，并对信息进行组织。

二、认知规律在演讲中的应用

（一）组织听众的注意力

1. 消除那些容易分散听众注意力的无意注意因素

新奇的东西容易被选择为注意的对象，因此在演讲中要尽量避免出现与演讲内容和演讲方法无关的新奇刺激，创建良好的演讲环境，减少干扰，防止分散听众的注意力。演讲现场及周围的环境要安静，现场内的布置要简朴，演讲者的穿着打扮要得体大方。注意避免可能使听众分心的小动作，如果你的双手经常胡乱挥动或把手插入口袋又拿出来，这些小动作都会分散听众的注意力。讲解 PPT 时，如果文字过多，听众就会注意文字而不注意听你的演讲。

2. 充分利用容易引起听众对演讲内容产生无意注意的因素

把你的演讲和听众的知识经验、兴趣点结合在一起。例如，在演讲中，要说明某机场每年的客流量，单纯地列举数字不如把数字与听众感兴趣的旅行话题联系起来。

运用生动的语言和表情，演讲手段丰富化，如使用多媒体、实物展示等方式。演讲内容要逻辑性强、结构严谨、内容丰富、重点突出，注意激发强烈的情绪体验。

3. 要着重培养听众的有意注意

（1）激发间接兴趣。在有意注意中，注意和兴趣的关系往往是间接的。这种间接兴趣是指对活动达到的目的、获得的结果感兴趣。如果演讲能结合听众的切身利益，能让听众了解到好处，那么他们就会产生有意注意。

（2）在演讲过程中合理地组织和调控现场活动。例如，及时地提出听众期待获得解答的趣味问题，积极进行思维活动，把智力活动和实际操作结合起来，让多种感受器协同活动等，都有利于引起和保持有意注意。

（二）感知规律的运用

1. 运用感知的强度律

演讲时，声音要洪亮，语速要适中，板书要清晰，要让听众听得懂、看得清。在制作、使用 PPT 时，大小、颜色、声音等必须能被全部听众清楚地感知。

2. 运用感知的差异律

对象与背景的差别越大，对象就被感知得越清晰；相反，对象与背景的差别越小，对象就被感知得越不清晰。演讲不能平铺直叙，要突出重点。声音要有变化，朗读时要有起伏，要突出重音，必要时甚至可以突然停下来，营造差异的情境。制作、使用 PPT 时，颜色对比要强烈。

3. 运用感知的对比律

凡是两个显著不同甚至相互对立的事物，就容易被清楚地感知。因此，在演讲中要善于运用对比的方法，把具有对比意义的材料放在一起。例如"过去"与"现在"的对比，"正面"与"反面"的对比等，以加深听众的印象。

4. 运用感知的活动律

在静止的背景中，活动的对象容易被感知，也容易吸引人的注意力。因此，演示实验、放幻灯片、演讲电影或录像等动态行为，可以起到很好的演讲效果。声音要抑扬顿挫，并配合适当的手势动作，以手势动作达到增强感知效果的目的。当然，这不是说在演讲时"动"得越多越好，多余的"动"反而会分散听众的注意力。此外，演讲内容和演讲方法也要体现出活动变化的状况。

5. 运用感知的组合律

根据接近原理，演讲中要对时间进行合理的组合，就应该做到针对不同内容，采用不同的语速，注意语言流畅，语句间要有必要的停顿。在内容上体现接近原理，就要做到条理清楚、层次分明，注意归纳总结，要有系统性。

6. 运用感知的协同律

人们在感知过程中，如果能有效地发动各种感知器官分工合作、协同活动，就可以提高感知的效果。17 世纪，捷克教育家夸美纽斯就曾要求人们尽可能地运用视、听、味、嗅、触等感官进行感知。有研究表明，在接受知识方面，看到的比听到的给人留下的印象更深。只靠听觉，一般能记住 15%；只靠视觉，一般能记住 25%；既看又听，一般能记住 65%。因此，我们在演讲时，如果希望听众印象深刻，就应根据演讲内容的特点，创设让听众说、看、摸的演讲情景，让听众尽可能多地发挥多个器官的协同作用，多方面收集信息。

（三）增强听众记忆

1. 巧妙呈现、吸引注意、化感觉记忆为短时记忆

人最初感知印象的深浅会关系到记忆的速度和牢固程度。最初的印象深刻，记忆就快，也会记得牢。储存的感觉记忆只有受到注意时才能转移到相对稳定的短时记忆。

演讲者个体形象让人耳目一新，演讲语言生动形象，有助于吸引听众的注意力，激发听众的兴趣，给听众以强烈的刺激，使感觉记忆的信息因为对主体的注意而快速进入短时记忆。例如：

毛泽东同志的《纪念白求恩》一文，在文章结尾说，"一个人能力有大小，但只要有了这点精神，就是一个高尚的人，一个纯粹的人，一个有道德的人，一个脱离了低级趣味的人，一个有益于人民的人"。这段话使用排比句式，使人们记忆深刻。

2. 复述巩固，化短时记忆为长时记忆

在短时记忆到长时记忆的过程中，复述起了重要作用。如果没有复述，信息就会丢失。复述分两种：保持性复述和精细复述。保持性复述是简单的重复。精细复述又称整合性复述，是将要复述的材料与过去已有信息联系起来，进行深层次加工整合，其是短时记忆转入长时记忆的主要方式。精细复述的效果比保持性复述的效果要好。

3．深度加工信息，化短时记忆为长时记忆

长时记忆的编码形式更多是语义代码，也就是信息的意义。因此，我们在演讲中，需要把语言精细加工、分类组织，建立严谨的逻辑结构，形成信息网络。只有这样，演讲者自己才能记住演讲稿，也能让听众听得明白、记得住。

第三节　演讲的结构

有效的演讲结构包括四个部分：开场白、主要论点的预览、论点的展开、结尾。

演讲的结构

一、开场白

记忆曲线告诉我们，一个好的开头很容易让听众记住。如果在演讲的开始，听众对你的讲话就不感兴趣，注意力就被分散了，那后面的言论再精彩也将黯然失色。一段精彩的开场白有三种作用：激发兴趣、确立自己的可信地位、预告听众你将要说什么。开场白要确保让听众相信，他们花时间来听你的演讲是值得的。

开场白的篇幅不能太长，入题要快。如何在一两分钟内有效地吸引听众、引出话题、建立信任、介绍要点呢？下面的七个技巧屡试不爽，不妨一试。

（一）开门见山

用简洁凝练的语言，鲜明地提出主题，吸引听众的注意力，点燃他们倾听的热情。这种演讲开篇方式，不转弯抹角，不过分渲染，直截了当，旗帜鲜明，很符合听众的心理需求。例如：

1944年9月8日，毛泽东同志在张思德追悼会上发表了《为人民服务》的演讲。演讲开篇，毛泽东同志开宗明义，直奔主题，明确提出："我们的共产党和共产党所领导的八路军、新四军，是革命的队伍。我们这个队伍完全是为着解放人民的，是彻底地为人民的利益工作的。"随之，他紧紧围绕演讲主题而展开阐释，层层深入，全面论述了为人民服务的深刻含义。在这篇举世闻名的演讲中，毛泽东同志第一次将"为人民服务"概括为党的根本宗旨。

（二）语出惊人

一个异乎寻常的场面、一个触目惊心的数据、一个耸人听闻的问题，会让听众蓦然凝神、侧耳倾听，更多地寻求你的讲话内容，探询你演讲的原因。例子如下。

想象一下现在是2050年，你已经65岁了。你刚刚收到一封来信，打开信封，里面是一张 100 万元的支票。不，不是你赢得什么彩票，而是你在过去的 40 年中每月仅仅投入了 100 元。

（三）提出问题

你可以通过提出与中心思想相关的问题来使听众投入你的开场白。提问题可以调动听众情绪，可以由此了解听众更多的信息，以及听众对某些问题的倾向性；也可以从听众的回答中获得灵感，帮助自己整理思路。例如：

1938 年 5 月 26 日至 6 月 3 日，毛泽东同志在延安抗日战争研究会上发表了《论持久战》的演讲。演讲以"问题的提起"小标题开篇，毛泽东同志采用设问的手法，接连提出七个问题："身受战争灾难、为着自己民族的生存而奋斗的每一个中国人，无日不在渴望战争的胜利。然而战争的过程究竟会要怎么样？能胜利还是不能胜利？能速胜还是不能速胜？很多人都说持久战，但是为什么是持久战？怎样进行持久战？很多人都说最后胜利，但是为什么会有最后胜利？怎样争取最后胜利？这些问题，不是每个人都解决了的，甚至是大多数人至今没有解决的。"

开篇七个设问，是全篇演讲的着眼点，是《论持久战》演讲内容高屋建瓴的提炼。这七个问题紧扣现实，抓得准确，提得尖锐，因此能够促使听众积极思考。

（四）利用幽默

幽默如果运用得恰当，在吸引听众注意力上能取得很好的效果。它有助于缓和现场气氛，使听众愿意继续听你的演讲。但需要注意的是，幽默不是简单的搞笑，更不是低级趣味的哗众取宠。

（五）设置悬念

人都有好奇的天性，一旦有了疑虑，非得探明究竟不可。在开场白中制造悬念，往往会收到奇效。例如：

有位教师举办讲座，这时会场秩序比较混乱，听众对讲座不感兴趣，老师转身在黑板上写了一首诗："月黑雁飞高，单于夜遁逃。欲将轻骑逐，大雪满弓刀。"写完后他说："这是一首有名的唐诗，广为流传，又选进了中学课本。大家都说写得好，我却认为它有点问题。问题在哪里呢？等会儿我们再谈。今天，我要讲的题目是《读书与质疑》……"

制造悬念不是故弄玄虚，既不能频频使用，也不能悬而不解。在适当的时候应解开悬念，使听众的好奇心得到满足，而且也使前后内容互相照应，结构浑然一体。

接上例，演讲即将结束，老师说："这首诗问题在哪里呢？不合常理。既是月黑之夜，怎么看得见雁飞？既是严寒季节，北方哪有大雁？……"

这样首尾呼应，能加深听众印象，强化演讲内容，令人回味无穷。

（六）讲述故事

用故事开头，显得平易近人，听众接受度高。这个故事可以是你看到的、听到的，也可以是你亲身经历的。但需要注意的是，故事型的开场白一定要摒弃复杂的情节和冗长的语言，否则，你的演讲就会头重脚轻，喧宾夺主。

（七）建立信任

听众之所以倾听你的演讲与你的可信度密切相关。你得让你的听众明白：你有资格站在这里阐述这个话题。例如：

你们中有多少人自己能够创办一家企业？又有多少人能自己负担创业时所需要的资金呢？像你们一样，几乎所有的企业家都需要资金来开创一家企业，我向你们保证，在这次演讲结束之后，你们会了解到一些有关贷款申请成功的信息。作为一名主要从事中小企业贷款的信托基金工作的职员，我专门负责审查并决定是否批准像你们这样的企业家所提出的创业贷款申请。

二、主要论点的预览

就像看书时你需要在仔细阅读正文之前翻一下目录一样，演讲需要先告知听众你演讲内容的大纲是什么，给听众一个概况的印象。例如，"在下面的 20 分钟里，我将对东南部、东部和中西部的销售进行介绍。"

这里需要注意以下两点。

（一）论点一般安排三个左右

美国心理学家米勒有关短时记忆容量的研究表明，人的短时记忆广度为"7±2"个项目。但是，后来有研究者认为短时记忆的容量被高估了，因为实验中的被试者能够利用其他信息源来完成任务，如回声记忆。当剥离其他信息源的干扰之后，研究者估计其真实容量只有"5±2"个。也就是说，人们最容易记住三个项目。有一个成语可以帮你记住这个观点——"三番五次"。

为什么"3"最容易被记住，还有一个解释："3"这个数字符合人类身体的节律性活动规律，如一日三餐。这和经由几十万年演化而来的基因的记忆吻合。

（二）论点顺序安排要遵守一定的逻辑

人的思维能力是有限的，任何一部分所消耗的思考力都将导致其他部分思考力的欠缺。如果论点罗列的时候没有遵守一定的逻辑，听众需要消耗大量的精力去理解思想之间的关系，那么他们就没有兴趣去记忆你说的话了。

你可以按照时间逻辑、空间逻辑、重要性逻辑、从陈述问题到分析问题再到解决方法的逻辑、从简单到复杂的逻辑等方式来安排论点。

三、论点的展开

这部分是演讲的主体，同时也是听众最疲倦、最容易分神的部分。为保证听众充分理解你的演讲，需要注意以下几点。

（一）严格遵循演讲预览

每一个主要论点必须与预览部分完全一样，如果前后不一致，听众必然会糊涂。

（二）限制主要论点的个数

每个大论点的分论点不要超过 3 个。正如前文所说，超过 3 个论点，人们便不易领会。

（三）使用清晰的承接词

说话比写文章更需要在章节或部分之间，使用清晰的承接词来表示意思的过渡（如内容预告、内容总结、话题转换等）。听众需要清楚的提示语才能把演讲前后逻辑搞清楚。演讲越长，过渡就越重要。建议不要用"第二""另外"等太过于简短的承接词，而应改为比较长的承接语。例如：

"我的第二个建议是……""这个问题的第三个答案是……""既然我们已经回顾了这些问题，那就让我们看一下它们的解决方法。"

（四）使用阶段性小结

"重要的事情说三遍"，重复的确是加深记忆的好办法。在每一主要论点结束时，使用阶段性小结，例如：

"刚才我们讨论了这个计划的第一部分：如何修改促销方式。接下来我们继续谈谈计划的第二部分：财务预算"。

阶段性的小结既可以重复讲过的内容，也是很好的过渡语。

四、结尾

一个有力的结尾和开场白一样，会给听众留下深刻的印象。可惜很多人对结尾不重视，常常在讲完主体内容后，便以"谢谢大家"或"我要说的差不多就这样了"匆忙潦草地结束了演讲。有效的结尾有以下几种方式。

（一）做个总结

在演讲结束时，对演讲的内容进行简单的总结，重新梳理内容，目的是使听众的印象得到加强。总结式结尾适用于许多演讲场合。

（二）前后呼应

在演讲结束时，呼应开场白，再一次点题，能产生一种叠加效应，加深听众印象。

（三）以行动方案结尾

提出希望或呼吁行动，激起听众情感的波涛和行动的愿望，带给听众一种蓬勃向上的力量。例如：

闻一多先生的《最后一次演讲》，没有停留在对李公朴先生的缅怀哀思上，而是以匕首投枪般的辛辣言词，控诉反动派的暴行，以全部身心去激发听众的义愤和同仇敌忾的斗志，号召大家"历史赋予昆明的任务是争取民主和平，我们昆明的青年必须完成这任务！"让反动派"看见一个倒下去，可也看得见千百个继起的！"

（四）展望未来

描述美好的未来景象，带领听众展望未来，使听众进入其中，产生强烈的共鸣。例如：

"这就是我们的希望，这就是我返回南方时所怀的信念！怀着这个信念，我们就能从绝望的群山中劈出一块希望之石；怀着这个信念，我们就能把我们祖国的嘈杂喧嚣变为一曲优美和谐的兄弟交响乐；怀着这个信念，我们就能共同工作，共同祈祷，共同斗争，甚至哪怕共同入狱。因为我们知道，有朝一日，我们终将获得自由……"

以上这段结尾连用了三个排比句，使演讲者的情感如同潮水一般汹涌澎湃，撼动了听众的心，使听众满怀信心和激情地走出会场，投身到争取自由的斗争中去。

第四节　演讲的表达技巧

一、语言表达技巧

（一）演讲的语言要求

1．清晰精练

清晰就是清楚明白、通俗易懂。要求演讲的主题、思想在头脑中要进行净化，形成明确的观点，理顺结构条理和前后顺序。只有思维清晰，表达才会清楚。

简洁与清晰有直接的联系，也就是说话干净利索，遣词造句准确精练，详略得当，不啰唆，不带口头禅。

2．上口入耳

演讲的语言要口语化，让听众听得明白，好理解，但需要注意以下几点。

（1）把长句改成短句。例如，"建于公元前 2700 年至公元前 2300 年的位于埃及首都开罗西郊的埃及金字塔是世界七大奇观之一"。句子太长，演讲者与听者都很费劲，应该改为"埃及金字塔是世界七大奇观之一，它建于公元前 2700 年至公元前 2300 年间，位于埃及首都开罗西郊。"

（2）把倒装句改为常规句。例如，"'雷峰夕照'的真景我也见过，并不见佳，我以为"（鲁迅《论雷峰塔的倒掉》）。在演讲中，为了保证意思的前后连贯，最好改为"我也见过'雷峰夕照'的真景，我以为，并不见佳"。

（3）把生僻词改为常用词。生僻词不易为听众熟悉和理解，应改为常用词。

（4）把单音节词换成双音节词。在写作中为了行文简洁，经常用单音节词，但在口语中为了更通俗易懂，要改为双音节词。例如，"经研究"改为"经过研究"。

（5）把精确的数字改为约数。口语中，不需把数字精确化，尤其是较大的数字和带有小数点的数字，用约数听众更好记。例如，"需每月还贷 2789.3 元"应改为"每月还贷大概 2800 元"。

3. 形象生动

演讲要用鲜明生动的语言，使抽象的事物具体化、深奥的道理浅显化、概念的东西形象化。这就要求演讲者善于把握运用人的第二信号系统的特点，用形象的语言调动听众的全部感官——听觉、视觉、嗅觉、感觉、味觉，使听众有身临其境的感受。"望梅止渴"就是一个很好的例子。同时，讲究修辞手法的运用（如比喻、比较、引用、设问、反问、排比等手法），对语言进行必要的修饰加工，使之更有感染力。

讨论

两种陈述，你听懂了哪一种？

——它配备了频率为 2.4 千兆赫的酷睿 2 双核处理器，内存容量为 2GB，主频为 1066 兆赫，内存类型为 DDR3 SDRAM，还配备了每分钟达 5400 转、容量为 250GB 的串口硬盘。

——它采用了酷睿 2 双核处理器，比 owerBook G4 的运行速度快 4～5 倍！它是有史以来运行速度最快的苹果笔记本电脑，也是有史以来最精致轻薄的笔记本电脑。它的新功能是令你惊讶的——独具匠心地采用 LED 背光技术的 15.4 英寸（39.116 厘米）宽屏显示器，用更少的空间提供相同的亮度，带给你如同电影院屏幕一般的显示亮度。这个显示器不仅品质高，还内置了一个 iSight 摄像头。现在即使在出差途中，你也可以随时召开视频会议。

（二）声音表达技巧

1．音量

演讲者发音要洪亮圆润，音量比平时要高，但不是声嘶力竭地高喊。专业的演讲者能使用胸腹联合式呼吸方法，这种方法的好处是能够让演讲者说话时气息稳劲、持久、自如，便于灵活控制。当然，这需要做长久的练习。

演讲者特别要注意两个音量的问题：不要在句子末尾降低音量，也不要在使用辅助图像时降低音量。

2．语气语调

语气语调就是指说话时声音的高低、轻重、快慢、停顿的变化。这种变化对于表情达意来说，具有非常重要的作用。同样一句话，由于语调轻重、高低、长短、急缓等的不同变化，在不同的语境里可以表达出种种不同的思想感情。一般来说，表达坚定、果敢、豪迈、愤怒的思想感情，语气急骤，声音较重；表达幸福、温暖、体贴、欣慰的思想感情，语气舒缓，声音较轻。只有这样，才能绘声绘色，传情达意。

语气语调的选择和运用，必须切合思想内容，符合语言环境，考虑现场效果。演讲者恰当地运用语气语调，必须事先准确地掌握演讲内容和感情。例如，闻一多先生的《最后一次演讲》，整篇的语气基调是愤怒的、激越的，犹如一篇犀利的战斗檄文、一个唤起人民觉醒的动员令。但其中也渗透着闻一多先生对李公朴先生及其家属强烈的爱，以及对光明的期待和追求。

3．语速

语速，即讲话时声音的快慢。语速一方面受演讲内容的控制，一般来说，说明性文字用正常语速，叙述性、描写性文字用较慢语速，议论、抒情性文字要或快或慢。另一方面，语速的快慢还要考虑到语言自身的形式特点。例如，散乱、冗长的句子和发音拗口的词汇，语速不宜太快；而整齐、富有韵律色彩的语句，说得快些，才听得顺耳。

4．重音

有些语句需要加以强调。一般在这些地方应该落重音：突出语句目的的中心词、体现逻辑关系的对应词（如转折、因果）、点燃感情色彩的关键词。

一般的演讲，尤其是议论型的演讲，其结尾段往往重音较多，甚至整段都是重音，以此来营造一种强烈的气氛，突出结尾概括的演讲的主要内容、中心意旨，把整个演讲推向高潮，给听众留下更深刻的印象。

5．吐字

吐字不清晰会让听众听起来比较费劲，同时演讲者为了弥补吐字不清晰的不足，往往会不自觉地加大说话音量，从而使声带过度劳累。演讲者应发音准确、吐字清晰，尽量把每个音都完整发出来。咬字头、立字腹、收字尾，切忌唇舌无力、字字粘连。

6．停顿

停顿常用来暗示演讲者的思索和演讲过程。演讲中的停顿有三种：语法停顿、逻辑停顿、心理停顿。

语法停顿和逻辑停顿的主要目的在于保证语意清楚明确、重点突出。语法停顿一般体现在标点符号上，在有标点符号的地方，要有一定时间的停顿。停顿的长短一般是句号>分号>冒号>逗号>顿号。

逻辑停顿要依据句子的逻辑结构来进行，使演讲内容得以准确表达。例如，"地方法院今天推翻了/那条严禁警方执行市长关于不允许在学校附近修建任何等级的剧场的指示的/禁令"（"/"表示短暂的停顿）。这是一个长句子，演讲时，如果不作停顿，势必累赘而影响语意表达。根据上面的分法停顿，就能给人在停顿中以思考，从而清晰地把握语意，避免了累赘感。

心理停顿不是为了服从语意表达，而是服从演讲心理情景的需要，是有意识安排的，时间不定，但比语法停顿、逻辑停顿要长。它常常用在强调信息、引发听众思考、使人咀嚼回味、控制听众情绪等时机。

7．节奏

节奏是指演讲者思想感情的波澜起伏在语音形式上的抑扬顿挫、轻重缓急、回环往复。节奏和语气不能混淆，语气是以语句为单位，节奏是以全篇为单位。演讲中的节奏主要有轻快型、持重型、高扬型、复合型等。

轻快型的节奏活泼轻快，适用于致欢迎词、宴会祝词、友好访问以及其他较为轻松随和的演讲场合。

持重型的节奏沉稳凝重，适用于一些严肃的会议开幕、工作报告、总结发言、理论报告等场合。

高扬型的节奏高昂洪亮、感情奔放，适用于鼓动性的宣传（如动员会、誓师会等）以及辩论性的发言等场合。

复合型的节奏随着演讲内容和情绪而转换，表述有起伏，适用于内容复杂、费时较长的演讲。

二、身体语言技巧

（一）站姿

站姿主要指站立时躯干的形态。演讲者应该站如松，切忌神情慌张、弯腰驼背、坐立不安、手足无措、摇头晃脑、频频抖脚。演讲者站立时两脚间的距离相当于平时走路的"一步"大小，身体略向前倾，并将重心落于双腿间，腰杆挺直但不僵硬，两肩尽量放轻松，气定神闲，从容不迫，双手自然下垂或在身前交叉。

（二）移动

演讲者在演讲时移动会使观众有参与感，不仅能舒缓演讲者的紧张情绪，还可以强调某些观点。但是，应该避免前后踱步和在屏幕前漫无目的地走动，因为这样会干扰观众的注意力，并且显得演讲者紧张且不自信。

移动应该是缓慢移动的方式。演讲者可以用积极的移动方法，如看着某人，并走过去对着他说话，也可以停下来讲述一个观点，然后慢慢地走到另一处。从最后一个点再缓慢地退回到起点，尽量直走直退。要在退回起点的时候，进行结尾性演讲。

走动的范围、幅度不宜过大，频率不宜过勤。大多数情况下，我们紧张时会加快动作的速度，包括手上的姿势。因此，为了表现一个更加沉着、放松和自然的形象，我们需要时刻提醒自己把速度放慢下来。

（三）手势

手势是身体语言的主要形式，使用频率最高，表现力、吸引力和感染力也最强。优美得体的手势动作，可以增强话语的形象性，强化内容焦点，易让听众跟随。手势还能调节自我情绪。

演讲中的手势分类如表 4-1 所示。

表 4-1　演讲中的手势分类

分类标准	手势类别	使用含义
按照手势的活动位置分类	上位手势	手势超过肩部的动作。这一区域活动的手势，表示理想、希望、喜悦、激动、祝贺等。上位手势的动作幅度较大，表示积极向上的、慷慨激昂的内容和感情
	中位手势	手势在肩部至腰部的空间位置活动的动作。中位手势表示叙述事物，说明事理，分享较为平静的情绪。其动作幅度适中，一般不带有浓厚的感情色彩
	下位手势	手势在腰部及以下活动的动作。下位手势表示憎恶、鄙视、反对、批判、失望、压抑等。基本动作是手心向下，手势向前或向两侧往下压，动作幅度较小，一般传递出消极、否定的信息
按照手势表达的思想内容分类	情意手势	用以表达感情，使抽象的感情具体化、形象化，使听众易于领悟演讲者的思想情感。如挥拳表义愤，推掌表拒绝等
	指示手势	用以指明演讲中涉及的人或事物及其所在位置，从而增强真实感和亲切感
	象形手势	用以模拟人或物的形状、体积、高度等，给听众以具体、明确的印象

演讲者的手势必须随内容、情感和现场气氛自然地表现出来，切不可生搬硬套手势。如果手势泛滥，着意表演，就会使人感到眼花缭乱，显得演讲者轻佻作态。

（四）面部表情

面部表情不要单一化，应与演讲内容吻合，自然真实，不要因为紧张而使其走样。如果感觉自己很紧张而导致表情僵硬，不妨在观众中寻找笑脸，在演讲时有意识地对着他们讲话，并有意识地控制自己的语速，放缓说话速度，可以稳定情绪，面部表情也得以放松，全身也能够放松。

（五）目光接触

目光接触有助于建立一对一的联系。可是很多演讲者面对人群演讲会十分紧张，他们可能会频频眨眼、眼神闪烁不定、只对着几个观众进行目光交流或紧盯某个人、看天花板、看地板、看投影仪、看白板、看稿、看表等。

这是为什么呢？

原因在于眼球的运动控制进入你大脑的画面。当你环顾演讲现场，瞬时看到的信息太多，大脑超负荷运转，顿时"头脑一片空白"。因此，你可以通过控制你的眼睛，控制进入大脑的信息量，让大脑运转速度慢下来，从而有意识地控制你的想法。其具体做法是：一次看着一个人讲话，同时通过与这个人目光交流来传递你的想法，避免大脑获取超负荷的视觉信息量。

演讲者需要掌握三个简单步骤：演讲前眼睛锁定一个人；向这个人传达一个完整的想法；停下来，深呼吸，再对下一个人传达下一个想法。

简单地说，目光交流的范围应覆盖全场，以 S 形或 Z 形适当游移，眼光要尽量遍及每位听众。一定要避免背对听众。如果你需要看幻灯片，也要尽量保持面对听众。

三、演讲控场与互动技巧

所谓控场技巧就是演讲者对演讲场面进行有效控制的技能和方法。在演讲的过程中，受各种因素的影响，听众的情绪、注意力及场上气氛、秩序可能会发生变化，如冷场、笑场、骚动等。演讲者要遇乱不惊，通过各种控场技巧有效地调动听众情绪，控制场上气氛及秩序，使其朝有利方向发展。

（一）演讲的控场技巧

1. 目光的控制

演讲者的目光到哪里，影响力就到哪里。运用目光控场主要有三种技法：点视法、环视法和虚视法。

点视法，即有目的、有针对性地重点注视某一局部听众。可对专心致志者表示赞许感谢；对有疑问者进行引导启发；对想询问者给予支持鼓励；对影响秩序者进行制止。运用这种方法针对性较强，因此目光含义要明确，同时要避免与听众目光长时间直接接触，以免对方局促不安和让其他听众感到受冷落。

环视法，即目光有节奏或周期性地环视全场。其目的主要在于掌握整个演讲现场动态，统筹全局，使全场听众产生亲近感。但一定要照顾全局，不可忽视任何角落的听众。

虚视法，即目光似盯未盯地望着听众。这种方法可显示出演讲者端庄大方的神态，也可引导听众进入描述的意境之中，还可烘托气氛。但应注意该方法使用不可频繁，以免给人以傲慢的感觉。

2. 声音的控制

为了使演讲产生好的效果，演讲者要调整语音、语调、语速、节奏等。例如，演讲者的声音突然提高八度，很可能会让开小差的、打瞌睡的人突然惊醒，然后认真听讲；或者演讲者突然降低音量，现场会慢慢安静下来，交头接耳的人也会停止讲话。

3. 动作的控制

演讲中用动作控场主要体现在大的动作、肢体语言的影响。大的动作可以很快集中听众的注意力；肢体语言一般可以用于提醒开小差、打瞌睡的听众，如轻拍肩膀等，既不得罪人，又可以对现场进行很好的控制。

4. 内容的控制

在演讲中，面对听众不耐烦的情形，演讲者需要进行内容的调整。例如，理论效果不好，就多举实例；这方面内容不吸引人，就换一个内容，或者提前结束演讲。

5. 问答的控制

如果现场出现冷场，演讲者可以与听众进行互动，也可以提问题，或让听众提问题，打破冷场的局面。

（二）现场互动技巧

1. 问答互动

许多演讲都有演讲者与听众之间的问答互动。

可将疑问抛给听众，让他们思考。在听众回答问题的时候，要积极倾听，鼓励认可，不要打断。当听众结束回答后，要对回答的细节进行认可和表扬。

可以在其他适当的时机（如演讲过程或演讲结束）让听众提问。这有一定的挑战性，需要事先有所准备，并注意不要被听众的问题牵着走而偏离主题。在回答问题的过程中，应该先复述听众提出的问题，这样可以争取到足够的思考时间，还可以避免其他人再问同样的问题，以便管理时间。

如果对问题的答案把握不大，不妨把问题抛回提问者或其他听众，并赞扬"这是一个引起了大家思考的好问题"。

在遇到带有消极表达的问题时，在回答之前应该通过提高抽象程度，对问题进行"化解"。例如，在被问到"为什么贵公司的股价严重低迷"这种消极问题时，你可以采用诸如"您是想了解我公司的股价趋势，对吗"的表达方式，将对方的问题换一种说法进行回答。

遇到不友善的问题时，你需要控制情绪，感谢提问者，并尽量找到与提问者的共同之处，再分析观点的利弊。

如果这个问题自己真的不懂，或很难解决，可以直接回答自己在这方面没有研究，如果听众关心，自己会回去查资料后再给予解答，这样听众反而会更加尊重演讲者。

> **讨论**
>
> **如何回答不好回答的问题？**
>
> 有人问："老师，我觉得您说的真的是没有用的内容。"你该怎么回答？

2. 游戏互动

有趣的游戏可以让听众兴趣盎然，现场气氛活跃。但需要注意的是，游戏必须简单易行，不需要很多道具和时间，而且与演讲的主题很契合。否则，大家的注意力就会被分散而忽略了演讲的重点内容了。

3. 幽默调侃互动

如果现场出现冷场或意外，演讲者可以调侃一下听众，或自嘲一下，这样能使尴尬的场面变得轻松、和缓。有一位演讲者，一次在讲到大家都倾耳静听时，突然一位听众的椅子腿折断了，跌了一跤。这种事件往往会分散听众的注意力而减弱演讲的效果。他急中生智，紧接椅子腿的折断声，大声呼道："诸位，现在都相信我说的理由足以压倒一切异议声了吗？"借此缓和了尴尬的气氛。当然，幽默语言的运用要点到为止，视情况而定，以免弄巧成拙。

案例分析

竞职办公室副主任演讲稿[①]

尊敬的各位领导、各位同事：

大家下午好！

非常感谢县委党组提供这次竞职岗位的机会。能够走上这神圣的演讲台，既让我心存感激，又让我无比自豪。

我叫××，中共党员，本科学历，省作家协会会员，来自××××处。曾担任县××局党委委员、办公室主任等职。2009 年从××县××局调入原省××厅××处，已近十年了。十年间，受到嘉奖 4 次、荣立三等功 1 次。

这次报名参加办公室副主任岗位竞职，我有以下优势：

---

① 王锐. 竞职办公室副主任演讲[J]. 应用写作. 2017（9）：59-60.

一是多年严格写作训练，提升了我的文字驾驭能力。一直以来，我把读书写作既当作良好的工作习惯，又当作业余的生活方式，迄今已在《湖南日报》《读者》等20多家报刊发表文学作品70多篇，在《健康报》《中国卫生》等报纸杂志发表理论文章和经验材料多篇，已公开出版文学作品集《醒着的村庄》。连续9年的全省农村卫生工作会议报告，以及省委省政府、原省××厅、省××委多份政策文件、调研报告的撰写，让我的文字工作水平在加班加点、挥洒汗水中，得到了同事和领导的认可，我也收获了快乐和成长。

二是多年综合岗位磨砺，提升了我的协调办事能力。我曾担任县××局办公室主任6年，在××处综合岗位9年，长期综合岗位的历练，使我养成了既重宏观又重细节、既重计划又重督办、既求真务实又严谨缜密的办事风格，曾经连续4年被县委、县政府评为优秀办公室主任。在陪同委领导、处室领导协调出台重要政策文件时，深切体会了领导们执着的精神，学习了他们的协调方法。

三是多年农卫工作实践，提升了我的卫生管理能力。我热爱卫生工作，也喜欢思考问题。近几年来，我协助开展了基层卫生事业发展规划、建设管理的谋划和实践，也参与了省委××号文、老年乡村医生生活困难补助、乡村医生本土化培养等政策文件的制定和实施，配合领导们做了一些打基础、利长远的工作。在农村卫生事业得到长足发展的同时，也从领导、同事们忙碌的身影中学到了宝贵的经验。

各位领导、各位同事，我深知成绩只能代表过去，未来仍需继续努力。这次竞职，如果大家信任并选择我，我将认真履职，力争做到"三心二意"。

"三心"。一是遵守一颗"服从"的心。工作中服从办公室主任的安排，做到主动不越权、到位不越位、尽职不推诿，协助办公室主任开展好各项工作。二是严守一颗"服务"的心。处理政务、办好事务、搞好服务，配合办公室主任全心全意服务领导、服务机关、服务基层。三是秉持一颗"热爱"的心。热爱工作、热爱生活，更热爱写作。我会努力把材料写得更精美、把公文写得更规范。

"二意"。一是切实加强横向联系，让机关内外满意。二是着力加强纵向沟通，使系统上下满意。

其实在我心中，"三心二意"就是"一心一意"：一心一意为机关干部服好务！一心一意为单位发展服好务！

各位领导、各位同事，竞职既重结果，更重过程。通过这次竞职，我收获了勇气，也收获了成长，更收获了各位领导和同事们的关爱。无论竞职结果怎样，无论在哪个岗位，我都会不忘初心、始终如一、扎实工作、砥砺前行。

请大家多多关心、多多支持。我叫××，来自××××处。

谢谢大家。

问题： 分析这篇演讲的结构和写作技巧。

课后实训

一、沟通游戏

客户服务情景

我们进行一个客户服务的情景游戏。此游戏共分为五个步骤，请大家每看完一个步骤就停下来不要往下看，并根据你的经验来判断当前形势，考虑并记录在碰到这种情况时你会如何处理。

1. 有一个客户购买了一部手机。大概过了 7 个月，客户找来，说手机坏了，屏幕不能显示信息。售后服务人员将手机拿到维修部门，维修部门发现是电池漏液导致电路板腐蚀，只能更换电路板。但是更换电路板需要将手机返回厂家，可是恰恰这款产品的厂家已经停产了。于是客户找到售后服务人员要求索赔。

讨论：如果你是售后服务人员，你此时需要如何处理？

2. 售后服务人员说："我们给你调换一个，你可以选另外一款同等价格的手机。"客户说："不行，一定要退货退钱。"

讨论：如果你是售后服务人员，你此时需要如何处理？

3. 后来发现，电池漏液造成电路板腐蚀不完全是这个客户的原因，和产品有一定的关系。

讨论：如果你是售后服务人员，你此时需要如何处理？

4. 售后服务人员没有答应退货退钱，没想到这个客户特别难缠，每天没事就跑来闹，影响正常工作。

讨论：如果你是售后服务人员，你此时需要如何处理？

5. 售后服务人员没办法了，就跟客户签了一份保密协议：客户可以退货退钱，但不能把处理结果告诉其他客户。

讨论：如果你是售后服务人员，你这样做的原因是什么？还有何后续工作需要处理？

二、情景操作题

（一）流利念读训练

教师课前选好 600 字左右的文字材料，最好有长句、数据、专业名词。要求学生在无事先准备的情况下，在 2～2.5 分钟内，能够流畅、快捷地念读材料。在第一遍念读时应基本没有不合理的断句、不规范的停顿，在遇到较长的句子时，能够即兴调整，做出不影响听众逻辑判断的自选停顿。

（二）自然说话训练

学生轮流登台进行 2 分钟左右的话题陈述。可选择这几个话题中的一种：讲述一件自己做过的最得意的事，讲述一件自己做过的最开心的事，讲述一件自己做过的最难堪的事，讲述一件自己做过的最窝囊的事。

要求讲述真实、具体、生动，让听众有身临其境之感。

（三）自由命题演讲

每人准备一次 5～7 分钟的演讲，要求按照下列步骤完成。

1. 选择一个适合听众特点和偏好的主题，收集资料。

2. 整理资料，形成演讲稿。以大纲的形式制作 PPT。

3. 在全班进行演讲，学生们打分。评价标准：内容组织 20%，时间把握 10%，语言表达 20%，姿态动作 20%，主体形象 20%，互动技巧 10%。

第五章　商务写作

学习目标

1. 了解书面沟通的优点与缺点，并学会在实践中扬长避短；
2. 掌握商务写作的基本要求；
3. 掌握不同的商务信函写作。

引导案例

缺乏书面沟通的传达

周一早上八点半，王总经理一上班就给新来的总经理助理小毕布置了一个任务，要求她向各个部门下发岗位职责空白表格，并要求各个部门在当天下午两点之前填好上交总经理办公室。王总经理担心小毕不清楚，还特地重复了一遍，小毕说："完全明白，一定落实到位。"

可是到了规定的时间，技术部门没有按时上交表格。王总经理问小毕："你向技术部门怎么传达的？"小毕说，完全按正确的意思传达的。王总经理又问为什么技术部门没上交？小毕说："不知道为什么。"

王总经理把小毕和技术部门都召集到总经理办公室问这个事情。技术部门负责人回答说，当时他没有听到助理小毕传达关于上交时间的要求。而小毕说自己确实传达了，为什么公司十二个部门只有技术部门没听清楚？技术部门负责人说，确实没有听到。

到底是小毕没传达，还是技术部门没听到？没有书面的东西，说不清楚。

问题：如果你是小毕，该如何传达王总的要求呢？

商务写作是指在商业活动中进行的一系列写作活动。因此，你需要具备商务写作技巧，克服长篇累牍，学会识别和避免写作中常见的误区，使你的商务写作更具说服力和专业化。

第一节　了解书面沟通

书面沟通是以文字或图片的形式达成沟通的重要方式。可以说，组织中重要的信息基本上都是通过书面的形式来确定和交流的。公司成立需要制定章程、规章制度；上行沟通需要写请示、报告；开会需要写通知，做会议记录，写新闻稿；营销活动中需要写商务交往信函，签订合同。对个人来说，书面沟通技能也非常重要。如果你的总结报告写得很出色，给客户复函时显示很强的说服力，你就会有更多的提升机会和更高的绩效。

一、书面沟通的优点

（1）权威性。书面沟通的语义较口语表达更稳定，具有唯一性和比较强的权威性。可供反复阅读，可长期保留，并可作为法律凭证。

（2）保存性。采取书面形式的信息可以长期保存，不受时间、地点限制；便于查阅和引用，并且在传递、解释过程中造成的失真也比较少。

（3）逻辑性。词语可以经过仔细推敲，讲究逻辑性和严密性，说理性更强，传达信息的准确性高。

（4）缓和性。写作能够从容地表达自己的意思，避免由于言辞激烈发生正面冲突。在感情表达方式较为含蓄的文化背景下，很多"难以启齿"的信息通过书面沟通的方式更恰当。

（5）准确性。书面文本可以复制，同时发送给许多人，传达完全相同的信息。

二、书面沟通的缺点

（1）对沟通者的要求比较高。每个人都可能有这样的经历，把一件事情用口头方式说出来比较容易，一旦用规范的书面语言表达出来就比较难了。一般来说，在组织活动中，职务和地位越高，使用书面沟通的概率越大。因此，要成为一个中高级管理人员，具备一定的文字写作能力是基本要求。

（2）耗费时间较长。写作需要的时间比口头表达可能要长一些，即使是优秀的文字写作者，准备一篇合适的文字材料也可能要花大量的时间。

（3）信息反馈速度较慢。书面材料的写作和阅读往往是分开的，这样，作者和读者之间就很难形成有效的、迅速的信息反馈。

（4）无法运用情境和非语言要素。书面语言中所涉及的非语言信息只有材料的写作格式，信息形式单调，不如口头表达形象生动。这样会大大降低有效信息的容量，甚至由于表达不准确产生一些误解，特别是有些"只可意会，不可言传"的内容，即使传递者绞尽脑汁，恐怕也很难把其中的意思完全表达清楚。

三、商务写作与一般写作比较

根据撰写文书目的的不同，写作可分为文学写作、普通写作和商务写作。

文学写作以文学创作活动为主体，主要是指语言艺术中诗歌、散文、小说、剧本等文学作品的创作。这类写作是以塑造艺术形象、抒情言志、丰富人们的精神生活为宗旨。

普通写作主要是进行一般文书（记叙文、议论文、说明文）的写作。它以传播知识、明事宣理、交流传递信息为主要目的。

商务写作又称为应用写作，是有着直接的实用目的和明显的实际功效的写作，是企业在经营运作、贸易交往、开拓发展等一系列商务活动中使用的各种应用文书的总称，是企业从事商务活动必不可少的沟通工具之一。

按内容及用途作为划分标准，商务文书可以分成两类：一类是通用的商务文书，如通知、会议纪要、商务合同、请示、批复、总结、备忘录以及报告等；另一类是礼仪性的商务文书，如贺信、贺电、邀请书、请柬以及慰问信等。与普通写作相比，商务写作有较高的写作要求。商务写作与普通写作的比较如表 5-1 所示。

表 5-1　商务写作与普通写作的比较

比较项目	商务写作	普通写作
结构和格式	严谨正式、准确标准	较为宽松、非正式
行文特点	平铺直叙、朴实庄重	多有修饰
阅读对象	针对性强	多层面
人称特点	一般用第一或第二人称	运用变换的人称
法律责任	负有一定的法律责任	通常无须负法律责任

讨论

哪个词最合适？

（我公司/我们）（经/经过）请示（领导、上级），定（在/于）（9 月 10 日/九月十日）（开始/动手/动工）改建公路桥。改建（时候/期间）（这里/此处）（不准/禁止）（走路/行走），（所有/一切/凡）来往行人车辆，请（绕道/改路）而（行/走），特此（通知/通告/通报/公布/布告）。

第二节　商务写作的"5C"要求

商务写作的"5C"要求

讨论

电子邮件，其实是你在工作中的第二张脸？

有没有想过，你正在通过电子邮件传达个人品牌？你在发送电子邮件时，犯过这些错误吗？

- 邮件太长，难以消化。

要记住，成年人的注意力只有8秒，所以直接切入重点！

- 邮件抄送很多人。

记住，你发送的每封邮件都会增加其他抄送人的邮件负担，特别是当其中一个收件人决定"全部回复"时。

- 邮件内容不完整。

千万不要在邮件中只写一词半句，进行思维跳跃，而不考虑对方是否能够跟得上。

- 邮件重点不明确。

要确保对方知道问题是什么，以及为什么要他回复。

如何才能很好地进行商务写作呢？商务写作要达到"5C"，即准确（Correct）、完整（Complete）、简洁（Concise）、礼貌（Courteous）、体谅（Considerate）。

一、准确

"准确"就是明白无误地把要说的话写出来，让别人一目了然、看得懂，这是商务写作最起码的要求。"准确"包含以下两个要求。

（一）意思表达准确

意思表达准确要求表达的用词、用语应准确无误，清晰、明确地表达真实的意图，避免表示双重意义或者模棱两可，观点应鲜明无误，论据材料真实可靠，推理合乎逻辑。

（二）书写形式准确

书写形式准确要求书写工整，格式规范。商务文书并非国家法定公文，因此在格式规范上，国家没有统一的规定，但是这并不意味着商务文书在格式方面无章可循、可以任意为之。其实，许多商务文书格式有其约定俗成的要求。数字运用、结构层次、计量单位、标点符号的使用要符合国家标准，排版格式要选用符合文章的样式，印刷装订要美观、规范。

二、完整

写作要求完整地表达要表达的内容和意思，何人、何时、何地、何事、何种原因、何种方式等。每一类文种都有其完整的构成要素，写作人需要熟悉、掌握。

当然，"完整"并不意味着要把所有的事实、观点都罗列在纸上。我们可以通过排序的方法，把不太重要的事项删除，也可以进行总结，把琐碎的、没有太大价值的文字精简，使文章言简意赅。

> **📚 讨论**
>
> **下面的会议通知哪里不完整？**
>
> 会议通知
>
> 各部门有关领导：
>
> 　经公司领导研究决定，于 2016 年 10 月 18 日召开会议，请各部门提前做好准备，保证按时参加会议。凡不能参加会议的人员必须提前请假，不得无故缺席。特此通知

三、简洁

语言表达有一个 KISS 原理，即 Keep It Simple and Short。简单来说，就是在无损礼貌的前提下，用尽可能少的文字清楚表达真实的意思，即"句中无余字，篇内无赘语"。记住，读者（本章指读信函的人）不太可能花大量时间来阅读。

以下几个小窍门可以使你的文章行文简洁。

（1）尽量使用"小词"和短句。

"小词"是商务写作中大家熟悉的一些"缩略语"。例如，将"来函收悉"四个字换成"来信收到，内容尽知"，文字多了一倍，意思却一点也没增加。长句的逻辑结构太复杂，读者常常需要反复思考，才能弄明白句子的含义，影响阅读。句子最好不超过 20 个字，无须太多修饰。表 5-2 所示为冗长写作与简洁写作的比较。

表 5-2　冗长写作与简洁写作的比较

冗长写作	简洁写作
考虑到这个因素	因为
局限于	囿于
在这个时间点上	此时
作为一名作者，如果你想获得成功，就必须努力工作	要成为成功的作者，就必须努力工作
这位老板增加了员工的工资，从而可以提高员工的士气	这位老板增加了工资以提高士气

（2）一事一段。

把意思相似的信息分为一段。每段句子不要太多，主旨句最好放在段首，便于读者迅速了解段落意思。

（3）另加附件。

如果在正文中实在有太多内容需要说明补充，可以将冗长的内容部分以附件的形式与正文分开。附件说明放在正文下一行，内容另附一页。

（4）使用列表或表格。

通过列表或表格对信息分门别类，简洁明了，容易发现规律。需要注意的是，列表中的项目应该是平行的，并使用相同的语法结构。

讨论

如何才能更简洁？

收件人：质检部

抄送：采购部、市场计划部

主题：关于公司所有产品说明书纸张变更的通知

自：市场部

现在通知你们，因为市场上纸张的价格涨得很快，经过我们市场部研究讨论决定，建议我们公司的药品说明书由 60 克全木浆双胶纸改为 52 克全木浆双胶纸。

四、礼貌

文字表达的语气上应表现你的职业修养，客气且得体，那么应注意以下两个原则。

（一）多使用敬语

敬语也叫敬辞，是表示尊敬礼貌的词语，多用于表达高兴、感谢、祝愿、慰勉之情，如"请""尊""蒙""惠""贵方""谨此""敬启者""迟复为歉"等。

汉语的敬语大多为文言词语，庄重典雅、委婉凝重、言简义丰，既简洁又能充分体现出写作者对客户的尊重。例如，"希望得到你们的回信"与"惠复是盼"，前者用词简单，表意平淡，后者采用了敬语"惠复"，文辞含蓄优美，能给对方留下很好的印象。又如，"敬希阁下提供有关资料，不胜感激"，句中"敬希""阁下""感激"等敬语，形式简洁凝练，语气庄重得体，反映出写作者的良好素养，使信函具有较强的亲和力，自然易使对方产生合作的意愿。

（二）尽量用正面语言阐述观点

否定句是用以传达负面信息的句子，如果使用不当，很容易让对方失望，甚至激怒对方。为使语言表达礼貌谦和，商务写作应尽量避免粗鲁、命令式的否定语气，要顾及对方的情感、愿望和要求，着重正面、肯定地谈问题，避免消极否定。消极否定语气与正面礼貌语气的比较如表 5-3 所示。

表 5-3　消极否定语气与正面礼貌语气的比较

消极否定语气	正面礼貌语气
我们无法在双休日洽谈业务	您要求在哪天洽谈业务均可
你的来信写得不清楚	为了保证能正确理解您的意思，麻烦您再核实一下条款
目前货物太多，我们无法保证你的货物按时送到	尽管货物很多，我们也会尽快帮您送货
我们不能理解为什么你方会提出退货的要求	我们推断，贵方提出退货的要求，想必是有原因的

商务信函写作中，要想表达拒绝的态度，同时又要让对方感受到你的诚意，一般可采用下面两种方式。

（1）采用条件句，利用虚拟语气尽量减少否定带来的负面影响。例如，"如果贵方的价格能适当降低，我们将从贵公司大量订货"，句中虚拟语气的采用，使得否定的意义增加了肯定的色彩，给对方的感觉就积极、友好得多。

（2）采用转折句，尽量弱化消极信息。在现实生活中，既有好消息又有坏消息时，人们往往先说好消息，以降低坏消息给对方造成的刺激，写作商务信函也应该如此。例如，"我们很欣赏贵方产品的质量，但遗憾的是贵方的报价偏高，歉难接受"。此句先赞扬对方，之后才委婉拒绝，减轻了负面影响，言辞真诚恳切，语意礼貌谦和。

五、体谅

商务写作不同于写诗歌和日记，不是自我感情的宣泄，商务写作的目的是说服或打动对方采取行动，所以要做到"体谅"，即换位思考，这也是批判性思维的要求。"体谅"需要努力做到"以读者为尊"，为对方着想，站在对方的立场上，以对方的观点来看问题，根据对方的思维方式来表达自己的意思。时刻想到：如何才能使自己的信息影响到对方？这对对方有什么好处？可能会让对方产生哪些不快的感觉？

要做到"体谅"，要则有以下三个。

（1）涉及正面或中性信息的时候，主语多用"你"这个称谓。

写作时，把读者想象成你认识的人，直接使用"你"这个称谓，这样可以提高亲和力。同时，最先提及读者而非自己，表明写作者非常关心读者的利益和情感。

你可以通过情感指数评价写作中有无足够的"体谅"。情感指数即为对读者的关注程度，是用写作中提到目标读者的次数减去提到写作者自己或者公司的次数。如果结果为正值（即情感指数为正），说明文书是以读者为中心的。

表 5-4 所示为非"体谅"表达与"体谅"表达的比较。

表 5-4 非"体谅"表达与"体谅"表达的比较

非"体谅"表达	"体谅"表达
我们很高兴地宣布，我们的新图书馆会在 6 月份对外开放，欢迎光临	从 6 月份开始，您可以用新图书馆来完善您的研究，新图书馆欢迎您的光临
我们仅能在星期二保证快速处理订单，其他时间我们都很忙	如果您需要快速处理订单，请在星期二提交购买订单
我们专柜有 32GB、64GB 的手机	您可以在我们专柜买到 32GB 或 64GB 的手机
我们同意您在租车时享受 20% 的折扣	您是我们的贵宾，可以在租车时享受 20% 的折扣

（2）涉及负面信息的时候，主语尽量不用"你"。

涉及负面信息（如否定、批评、指责）的时候，主语尽量不用"你"，应该对事不对人，减少对方的防备心。

例如，"你是新员工，还不能享受医疗保险"。这样的表述容易让读者产生强烈的受歧视感，应改为"公司政策规定所有的正式员工都可以享受医疗保险"。

再如，"你没有按时传达顾客的订单"，应改为"顾客没有按时收到订单"。

（3）把读者的要求和指令具体化。

在商务写作中涉及读者的要求或期望时，要具体指明而不是泛泛而谈，这样会显得你很重视读者的需求。

例如，"你的订单我们收到了"，应改为"你订购的米老鼠玩具……"。

第三节　不同商务信函的写作

商务信函是指企业与企业之间在各种商务场合或商务往来过程中使用的简便书信。其主要作用是在商务活动中用来建立经贸关系、传递商务信息、联系商务事宜、沟通和洽商产销、询问和答复问题、处理具体交易事项。如今，虽然网络给人们的沟通带来了很多便利，但在商务交往中，表达尊重和敬意莫过于一封正式的书面信函或电子邮件。

根据沟通目的和沟通形式，商务信函可以分为说明性信函、肯定性信函、负面性信函和劝说性信函四种。不同信函在写作上都要求体现"5C"的要求，逻辑结构也基本相同，都包括开头、中间、结尾三部分，但不同信函的沟通目的不同，所以它们具体的写作方式是不一样的。

一、说明性信函的写作

说明性信函的主要目的是向读者说明情况，便于读者了解有关信息，如组织的内部文件、评估信、证明等。说明性信函只需要把信息表达清楚即可，其结构如下。

（1）陈述主要观点；

（2）细节描述、解释和背景资料介绍；

（3）表明友善及乐意提供帮助。

例如：

××公司：

现答复贵公司×年×月×日来函。经核实，×××确系我公司在浙江的独家代理商。根据与其签订的合同，其代理时间为 2015 年 6 月 15 日至 2018 年 6 月 14 日。

若有进一步需要，请来函告知，本公司将尽最大努力提供帮助。

××公司

×年×月×日

二、肯定性信函的写作

肯定性信函的主要目的是向读者提供好消息，便于读者正确理解，消除负面影响，如同意做某事、答应某个要求，包括确认信、致谢函、祝贺信和含有好消息的投诉回复信等。因为好消息总是受欢迎的，所以采用直接法即可。

肯定性信函的结构如下。

（1）报告好消息；

（2）列出细节，说明背景资料；

（3）用积极的口吻论述其中可能出现的消极因素；

（4）列举出读者的受益处并解释；

（5）积极、友善、良好的祝愿。

例如：

尊敬的顾客：

在新年来临之际，为了回馈您对开心速食店的支持和信赖，本店将于 2016 年 1 月推出"特价食品月"活动。

在活动期间，开心速食店将特别推出"8 元购买一个牛肉汉堡"的特惠活动。牛肉汉堡是本店的经典产品，看似普通的牛肉汉堡在送到您的手中前要经过 40 多项指标检测，保证对人体安全健康。与其他速食店不同，本店的牛肉在餐厅进行烤制时不会添加任何食油和脂肪，而是靠牛肉本身含有的天然油脂烤制，所以您不必担心会摄入过高的脂肪，而且口感不油腻。

另外，更令人开心的是，您还可以参加"美味由您配"的活动。您可以根据自己的口味及需求，随意地从汉堡类产品、薯条、甜品、鸡翅等多种美味中选择3种，搭配成自己喜爱的不同组合。让您在品尝美味的同时，还享受到自由搭配的乐趣。

开心速食店期待您的光临。

开心速食店

2019 年 12 月 15 日

尊敬的王坤先生：

恭喜你，你顺利通过恒沛公司的考试，成为销售部的新成员。

你的教育背景和实习期间的表现给我们留下了深刻的印象，相信你加入公司将会给我们带来价值。请你在 2019 年 7 月 15 日上午 9 点与薪酬经理李凯见面，他将协助你完成各种入职手续。

期待与你愉快地共事。

恒沛公司人力资源部经理　方琪

2019 年 7 月 10 日

三、负面性信函的写作

负面性信函，是不得不拒绝某人、某事或者提出批评，其目的在于告知读者坏消息，让读者阅读、理解并接受该消息，同时保持所在组织和写作者已有的良好的形象和信誉。负面性信函包括拒绝信、处分信、不良业绩评估信、解雇信等。

负面性信函的写作

负面性信函有可能让读者不高兴，但成功的写作可以让他们感到受到了应有的重视，信函提到的决定应公平合理、设身处地，让他们觉得自己也会做出同样的决定，能让他们接受坏消息。

一般情况下，间接法更容易缓和坏消息带来的打击，如果需要与读者保持良好的关系，间接法是较好的选择。因此，负面性信函的结构如下。

1. 以缓冲语言开头

缓冲语言是为了帮助拖延坏消息报告时间的中性或较为积极的表述。这样开头能够达到帮助读者树立良好心态的目的，既不涉及任何负面信息，也不暗示会有肯定的答复，只是提供一个转入主题的自然过渡。缓冲语言类型如表 5-5 所示。

表 5-5　缓冲语言类型

类型	策略	例子
一致	找到与受众观念相似的点	我们都知道这个行业赚钱有多难
感激	诚恳感谢	感谢你对我们的信任
合作	表示愿意在条件允许的情况下提供任何帮助	我们乐于为有问题的顾客提供咨询
好消息	以消息中较令人高兴的部分开头	我们去年给大家提供了免费的午餐
赞扬	肯定读者	你一向兢兢业业
理解	理解读者的目标和需要	非常理解你的心情

2. 说明理由

先说理由有助于读者做好思想准备，接受事实。为了让读者理解你的理由，你应该给出足够的细节，同时能够让读者确信该理由是合理、公平和合乎逻辑的。说明负面信息时，要将它与读者的某个利益方面结合叙述。在确信你做得对的前提下，说明为什么这个负面信息实际对读者可能是有益的。

如，"公司规定我们不能雇用任何管理经验不足两年的人"，这样的陈述暗示着你不会从个人价值方面去考虑别人。有技巧和有同情心的沟通者应该是这样陈述的："因为这些管理岗位非常具有挑战性，所以公司人力资源部已经调查了胜任条件，结果显示有两条最重要：工商管理硕士以上的学位以及至少两年的管理经验。"

3. 清楚、简洁、婉转地表达负面信息

负面信息只需要一次说清楚，尽量避免使用否定字眼或带有否定口吻的字样，如使用"调整价格"等中性字眼。强调你能做的和已经做了的，而不是你做不到的。可以说"我们正在安排送货"而不是"我们人手不足，无法给您供货。"当然，前提是你并不是在推诿责任、欺骗对方。

4. 介绍一些解决问题或妥协的办法

如果有，告诉读者如何处理坏消息或告诉他们一些替代性的办法，强调信函的读者可以"做什么"，而不是"他不能做什么"。

5. 积极和富有前瞻性的结尾

永远记住，开头和结尾都应该是积极的、令人愉快的。例如：

尊敬的刘先生：

您好！

首先非常感谢您购买我们公司的产品，同时也为我们的产品给您带来不便感到抱歉。

另外，我们也想告诉您，也许您没有注意到我们的产品保修期是 1 年，而您是前年年底买的。

尽管如此，我们仍然愿意为您提供方便优质的服务，但需要按保修期外的标准适当收费。我们衷心希望您的问题能够尽快得到解决，让您能够尽享我们产品给您带去的快乐。

附：我们公司的维修站点和电话

公司服务部经理　李慧颖

2019 年 12 月 25 日

四、劝说性信函的写作

劝说性信函，是推销某个观点、某个产品、某项服务，努力改变读者的态

度、观念和行为，使他们从不感兴趣或漠不关心到产生兴趣、最终做出你希望他们做的事情，如同意要求、采纳建议、购买产品、接受服务等。劝说性信函包括建议书、推荐信、推销信等。

好的劝说性信函必须考虑读者的需求与利益。你需要思考这些重要的问题：谁是我的读者？他们需要什么？我能为他们提供什么？他们为什么相信我？他们可能如何排斥？我如何克服他们的排斥？

本书第二章第一节的"提高自身的可信度"的内容提到了说服他人的三种方法：人格、情感、理性。人们应该注意这三种方法在劝说性信函中的使用。

"人格"要求说服者要有可信度和人格威信。一位经验丰富、高水平的专家会比一位初入职场的年轻人在说服上级领导接受某一种新技术的时候更有说服力。"情感"要求写作中语气要礼貌亲切，体现对读者利益的关注。"理性"要求说理和推理相结合，常用的推理方法有类比法、归纳法和演绎法。

因为劝说的本质是说服他人改变态度或行为，所以大部分的劝说性信函采用了间接法。也就是说，在读者做出最后的决定或行动之前，你必须能够清楚地说明理由并培养兴趣。

劝说性信函的结构可以借鉴最出名的推销模型——AIDA 模型。此模型是艾尔莫·里维斯在 1898 年首次提出的。其基本观点是销售人员对消费者的说服效果具有层级性，销售人员向消费者推销产品产生的影响可以逐层划分为注意（Attention）、兴趣（Interest）、愿望（Desire）和行动（Action）。

1. 吸引注意

让漠不关心的读者接受你的建议，首先需要吸引其注意力。这是说服的第一步，要解决的第一个问题："为什么我要看你写的？"你可以通过简短而吸引人的开篇、描述读者关心的问题、出乎意料的赞美、提出与读者相关的事实等方法吸引读者关注。

例如，"××苏打气泡水，0 糖、0 脂、0 卡""挤地铁也不会皱的衬衣"。

2. 产生兴趣

这部分应当为你在信息开头做出的承诺或提出的陈述提供支持，来巩固读者的注意力。一般来说，人们对与自己利益相符的、跟自己的经验有关的信息更感兴趣。你可以通过描述案例、提出有说服力的数据、描述具体细节等方式，将你要对方接受的观点与读者的利益结合起来。请注意，描述利益的时候必须换位思考，想想读者最关心的、最想得到的利益是什么，并且用形象具体的语言描述出来，这样才能让读者产生良好的情感体验。例如：

"升级版榨汁机，一改普通榨汁机利用每分钟几千转的高速搅拌切碎果肉、榨取汁液的现状。它是低速研磨果汁，每分钟只有 80 转，从而获取的汁液更加均衡、细腻，营养要比普通榨汁机榨出来的果汁保存率高 70%。"

> **讨论**
>
> **哪一种陈述更有效？**
>
> ——我完成了计算机编程的三门课程，每门课程都是 A，并且去年我在恒信公司工作过一年。
>
> ——通过利用在大学三个学期计算机编程课程的学习获得的技能，在恒信公司工作的一年中，我开发了一个将年度坏账率降低 25% 的收账系统，通过强调公司与客户双赢模式的准时付账激励，提高了客户满意度，使客户的投诉率降低了 30%。

3. 减少阻力，产生愿望

改变对方的思想或行为是不容易的，读者有兴趣，但不等于他们会真正地行动。如果读者对你说"我再考虑考虑"，那么其话语的实际含义是"这一次你并没有唤起我足够强烈的欲望，我并不想行动"。

为了进一步达到劝说的目的，你不仅应该强调读者的利益，还需要预见读者可能面临的反对意见，提出解决问题的对策或担保；提供各种有说服力的证据，论据必须专业有力、具体翔实、真实可靠；另外，你还可以通过逻辑对比来提高说服力。这部分非常重要，因为真实、诚信体现了你的人格，逻辑推理才能"以理服人"。缺乏证据和逻辑的"劝说"会让人们联系到"不诚信""不道德"。

例如，如果你认识到转向低成本的提议会引发读者对产品质量的担心，就应该在信息中正面解决这些问题，你应该告诉他们成本较低的产品已经被测试并得到了质检部门的批准。

4. 明确行动步骤

你需要提出简单、清晰、明白的行动步骤，告诉读者要得到利益应该怎么做，并进一步强调行动的积极效果。

当然，完成前面四部分后，与其他信函一样，别忘了加上积极和富有前瞻性的结尾，真诚地感谢你的读者，期待以后双方有更良好、积极的关系。

例如：

亲爱的×××先生：

你的公司曾因为别的公司在同样的职位上比你们公司多付出 20% 的工资而失去了一位有价值的员工吗？你曾经增加一个独特的工作岗位而不知该付给这一职位多少报酬吗？

为了在雇佣和获得合格的工人上保持竞争力，公司应该依赖表明当前工资水平的调查数据。诚宇调查公司已经从事了 25 年的市场调研工作，拥有一支由博士、硕士组成的科研团队和一支专业、高效、诚信的访谈队伍，拥有在全国 300

多个城镇的调研能力。

在收集现今工人工资的数据方面，我们需要你的帮助，随附的调查问卷中的信息将为像你这样的公司提供数据。

当然，我们会为你的信息严格保密。这份问卷调查仅需要花一段时间就能完成，并且它能为需要比较工资数据的专业组织带来显而易见的好处。

为了对你的参与表示感谢，我们将寄给你的行业和你所在地区的全面的工资数据。你不仅可以看到基本工资，还可以了解到奖金和激励计划、额外报酬差别、花销补偿、像公司小轿车和信用卡这样的津贴以及像手机费用这样的特别开支。

没有像你们这样的职业专家的支持，要想获得可比的工资数据是不可能的。请填写完这份调查问卷，并在 11 月 11 日前用已付邮资的信封邮寄给我们。你将不再对你所在行业的其他公司的雇员收入水平与你公司的雇员的收入水平的比较状况一无所知。

祝顺利！

您真诚的朋友：×××

×年×月×月

📋 案例分析

2016 年 9 月 12 日，支付宝官方微博发布《关于支付宝部分服务规则调整的公告》（以下简称《公告》）。请阅读此文，分析文后的问题。

关于支付宝部分服务规则调整的公告

各位亲爱的用户：

从担保交易到快捷支付，再到各种生活、理财服务，12 年来，支付宝始终致力于为您提供生活消费、充值转账、公共服务等各类免费便捷的服务。感谢您一直以来的陪伴与包容、信任与托付，这是我们不断前进的最重要的动力。

但伴随着综合经营成本的上升，在不减少应用场景的前提下，更为了能持续为您提供更多优质服务，我们需要做如下规则调整：从 2016 年 10 月 12 日起，支付宝将对个人用户超出免费额度的提现收取一定比例的服务费。个人用户每人累计享有人民币 20 000 元的基础免费提现额度；超过基础免费提现额度后，按提现金额的 0.1%收取服务费，单笔服务费小于 0.1 元的，按照 0.1 元收取；在用完基础免费提现额度后，您还可以使用蚂蚁积分兑换更多免费提现额度。

您需要了解的是，余额宝的资金转出，包括转出到本人银行卡及转出到支付宝余额将继续免费，您使用支付宝进行消费、理财、买保险、手机充值、水电煤气缴费、挂号、缴纳交通罚款、使用手机支付宝转账到支付宝账户、还款等服务也继续免费。同时，使用前述大部分服务还可以获得蚂蚁积分的回馈，蚂蚁积分可以用来兑换免费提现额度。

此外，支付宝签约商家（含淘宝、天猫卖家）使用"提现"产品将支付宝余额内资金转到本人银行卡将继续免费。

这并非一个容易的决定，更不意味着支付宝从此将以赚钱作为唯一目的。但所有服务都需要以可持续的资源为依托，勉力支撑有违客观商业规律。我们坦承困难，也完全理解您的不解或失望。但收费对我们而言也意味着更大的责任，更高的服务水准，我们仍将一如既往地鞭策自己不断进步，我们更期待以更好的服务来获得您的理解与再次的支持。

支付宝，知托付。

问题：分析《公告》的结构。

课后实训

一、沟通游戏

"客户服务意味着……"

（一）游戏流程

（1）全班学生每5人分一个小组；

（2）小组人员互相协作，将以下方框里所给的词语或短语组合起来，把"客户服务意味着……"这句话补充完整。用时最少的小组获胜。

（二）游戏规则

（1）每个句子都必须意思完整，逻辑清晰。

（2）每个词语都必须用到，而且只能使用一次。

（三）小组讨论

如何改进沟通提高绩效？

格外出色地	客户的	增加	愉快的	状态
发现	自己	信誉	感到	和　日常工作
超越	期望值	完成		
让	你的客户	关心	做得多好	你的服务对象
你最好的	向每个客户	为每次互动		能够
那样	像	展现	让你惊讶于	新方法　价值

二、情景操作题

1. 以下为某公司写给其客户的催款函，检查其写作中在"准确"方面存在的问题，并修改。

××公司：

我社为贵公司出版的《××××》，依合同规定，今年5月贵公司应付清全部书款。4 月我社根据贵公司的要求，在你公司未付款的情况下邮寄图书 350 本。现请速付清上述书款，以便财务于 6 月入账并开展工作。

××公司

×年×月×日

2. 以下是某公司物流部门员工小王写给公司张华总经理的邮件，检查其写作中在"礼貌"方面存在的问题，并修改。

收件人：张总

发件人：小王

日期：2012 年 7 月 5 日

关于：包装香蕉新方法

张总，您知道，对香蕉业来说，如果能明显减少运输损耗、降低成本，意味着什么？利润！

很幸运的是，我们又一次找到了一个良方。据我们认真计算，如果采用这种方法，可以使公司的运输损耗降低 10%，总成本减少 5%，由此利润将增加 7%，同时客户会因为更加方便而感到满意！我们的方法是：改变香蕉包装的方式！——采用更小的包装更便于集装箱装运，无须销售商分拆，顾客也可以购买小包装香蕉。

新包装方式已从技术上、经济上证明是可行的，敬请张总考虑采纳，予以批准！同时因涉及多个部门的合作，需您协调。

敬请考虑。

3. 以下是某货运公司致其客户某食品公司的一封业务信函，检查其写作中在"体谅"方面存在的问题，并修改。

某食品公司：

目前我公司输送货物的时间大都集中在下午，以致送达业务无法顺利进行，工作人员只好加班加点。贵公司 11 月 20 日送出的 510 件货物，抵达时已是下午 4 点 20 分了。不仅贵公司的卡车要浪费时间等卸货物，输送货物的时间也可能延误了。因此，贵公司有大批货物时，能否提前送来，或在上午送一部分来？

××货运公司

×年×月×日

4. 你是一名行政主管，收到了一位骨干员工的来信，他提出脱产进修的要求（内容见后），而你必须写一封回复信，信中你要拒绝他的要求。

你收到的来信如下。

尊敬的主管：

您好，我是质量控制员王海宾，已经在岗位上工作 3 年了。

我先后多次参加公司内部组织的一些技能培训，这些培训对我的工作很有帮助，使我深刻认识到知识对工作的重要性。因此，我希望能参加一次"6 个西格玛"管理的进修班，为期两个月，脱产进修。原因如下。

"6个西格玛"是最近在制造业很受重视的质量管理方法，作为主管质量方面的员工，我的质量管理知识已经陈旧，需要更新。

现在学习储备一些专业知识，可以有利于将来工作。

我多次提议公司举办类似培训，可是限于我们的能力，都没有举办。这个为期两个月的进修班是省发改委举办的，质量高、费用低，机会难得。

综上所述，希望您能够批准我的请求。

此致

敬礼

王海宾
2015 年 10 月 9 日

5. 根据霍兰德职业兴趣量表，评估自己的职业倾向，在网络上搜索符合你职业倾向的岗位，了解这个岗位需要做什么。尝试写一份简历，说服面试官接受你的求职申请。

第六章 非语言沟通

学习目标

1. 了解非语言沟通的特点和途径；
2. 了解非语言沟通的功能；
3. 提高改善非语言沟通的意识和技能。

引导案例

鼻子泄露的信息①

乔·纳瓦罗是一位拥有 30 年资历的侦探大师，多次通过身体语言侦破大案、要案。他一生都致力于身体语言的破解工作，其成果已得到世界范围内的认可。在他的著作《FBI 教你读心术》中，他讲了一个故事——

我以前工作的商店里发生过一宗未遂的抢劫案。当时，我注意到了站在柜台收银机旁边的那个男人，他的一个动作引起了我的注意，因为他似乎不必站在那个位置上，他并没有排队，也没有买任何商品，而是一直站在那里，两眼盯着收银机。

如果只是待在原地并保持沉默，我可能就不会那么关注他了。但是，正当我观察他时，他的行为发生了变化——他的鼻孔扩大了（鼻翼膨胀），这表明他在深吸气并准备好要采取行动了。我几乎是在他行动的前一秒猜出了他的意图。就在这一秒，我大声向收银员发出警告："小心！"那一刻发生了 3 件事：（1）这名收银员刚好完成一次结账，收银机的抽屉刚好打开；（2）站在收银机旁的这个人迅速向前一步并将手伸进抽屉里去抢钱；（3）收到警告的收银员及时地抓住了抢劫者的胳膊并将其反拧过来。结果，钱从这位企图抢劫的劫犯手中掉了出来，然后劫犯跑出了商店。如果不是我事先察觉到了异常，我敢保证这名劫犯已经得手了。再透露一点，这名收银员就是我的父亲，1974 年他在迈阿密开了这家小小的五金店，而我当时只是利用暑期时间在他的店里打工。

问题：身体语言真的可以泄露信息吗？如何解读呢？

非语言沟通是相对于语言沟通而言的，是指通过身体动作、面部表情、体态、语气语调、空间距离、饰品服饰等方式交流信息、进行沟通的过程。

---

① 纳瓦罗，卡尔林斯. FBI 教你读心术[M]. 王丽，译. 长春：吉林文史出版社，2011.

非语言沟通和语言沟通相互联系，但它们之间存在着明显的区别。

语言沟通是在词语发出时开始，利用声音渠道传递信息，能对词语进行控制，是结构化的，并且是被正式教授的。

非语言沟通是连续的，通过声音、视觉、嗅觉、触觉等多种渠道传递信息，绝大多数是习惯性的和无意识的，在很大程度上是无结构的，并且是通过模仿学到的。

非语言沟通出现在大多数人际沟通中。例如，你能从你上级的面部表情观察到他对你的工作是否满意；你能从同事的手势和身体姿势看出他们感到自信或不安；你可以从一个人的服饰判断他在组织中的职位是高还是低。

在其他非面谈的沟通情景中（如电话交谈或发送电子邮件的时候），我们接收到的非语言线索虽然不如面谈的多，不过我们也依旧能够收获一些非语言沟通信息。在打电话时，即使没有见到电话另一端的人，我们还是可以通过他的音调、语速、语气、音量等，判断他是怎么样的一个人以及当时他的心情如何。在以电子为媒介的沟通中，如电子邮件、QQ 以及短信，我们可以通过象征面部表情的文字符号（如各种各样的表情包）来传达非语言沟通信息。

很难想象，没有非语言沟通，我们的生活将变成什么样。对于那些缺乏语言技巧的人来说，非语言沟通显得尤为重要。改善非语言沟通技能是提高沟通能力的一个重要部分。

第一节　非语言沟通的特点和途径

一、非语言沟通的特点

非语言沟通作为人际沟通的一种基本手段，是有规律可循的。在信息沟通的互动过程中，非语言沟通主要表现为以下特点。

（一）广泛性

非语言沟通常常比语言沟通包含的信息更广泛。

1965 年，美国心理学家佐治·米拉经过研究后发现，沟通的效果来自文字的占 7%，来自声调的占 38%，而来自身体语言的占 55%。

非语言沟通传达的信息如此之多，最可能的原因是它的形式多种多样。例如，两个人面谈时，彼此不仅能听到对方的声音，还能听到对方的语调，观察到对方的面部表情，理解对方的手势，看到对方的着装，闻到对方身上的气味，触摸到对方的手臂，从双方的距离和位置感受彼此的情感关系。所以，在关注他人讲话的同时，我们也要关注和加工非语言信息，这样才能更多地了解他们的想法和感受。

（二）真实性

20 世纪 60 年代，医生兼研究者保罗·麦克莱恩发现，大脑分为三个层次：
"爬虫类脑"（脑干）、"哺乳动物类脑"（边缘系统）和"人类大脑"（新皮质）。
每个大脑层次有着不同的职责。

"爬虫类脑"（脑干）包括脑干和小脑，是最先出现的脑成分，控制着身体的肌肉、平衡与自动机能（如呼吸与心跳）。大脑的这个部分一直保持着活跃状态，即使在深度睡眠中也不会休息。

"哺乳动物类脑"（边缘系统）从生理上看，包括下丘脑、海马体以及杏仁核，与情感、直觉、哺育、搏斗、逃避以及性行为紧密相关。这个层次的大脑对我们周围世界的反应是条件式的，是不加考虑的。它对来自环境中的信息所做出的反应也是最真实的。

"人类大脑"（新皮质）就是高级脑或理性脑，它几乎将左右脑半球全部囊括在内，还包括了一些皮层下的神经元组群。它使人类具备了高级推理能力，是"发明创造之母，抽象思维之父"。不过，它受理性意识的控制，是大脑中最不诚实的部分。

人体的非语言行为大都由"哺乳动物类脑"（边缘系统）控制，更多的是一种对外界刺激的直接反应，基本都是无意识的反应，甚至是自己无法控制、极难压抑和掩盖的。例如，当某人说他毫不畏惧的时候，他的手却在发抖，那么我们更相信他是在害怕。

当然，非语言信息也可以做假。例如，老练的骗子就通过高超的演技来掩饰其真实的目的；但在紧急或紧张情况下，大量无意识的行为反应依然可以透露其真实的内心。

（三）情境性

与语言沟通一样，非语言沟通也展开于特定的情境中，情境左右着非语言符号的含义。如果与一定的情境分离，就很难说明非语言符号的意义。

相同的非语言符号在不同的社会环境和文化背景中会有不同的意义。例如，在我国，手心朝下打手势，是叫人过来的意思；在欧美则恰好相反，是"再见"的意思。再如，食指和拇指围成一个圆圈、其他三指伸开的手势，在美国表示同意、顺利、很好的意思；在法国则表示零或毫无价值；在日本表示钱；在葡萄牙则是侮辱人的手势，粗俗下流。

即使在相同的文化背景下，相同的非语言符号在不同的情境下，也有不同的意义。同样是拍桌子，可能是"拍案而起"，表示怒不可遏；也可能是"拍案叫绝"，表示赞赏至极。

讨论

你还知道哪些不同文化背景的非语言沟通的差异？

（四）个性化

一个人的肢体语言，与其性格、气质是紧密相关的。爽朗、敏捷的人与内向、稳重的人的手势和表情肯定是有明显差异的。每个人都有自己独特的肢体语言，它体现了个性特征，人们时常从一个人的形体表现来解读他的个性。

二、非语言沟通的途径[①]

非语言沟通的途径

非语言沟通几乎需要所有的感官参与，因而其途径是多样化的。以下为一些重要的非语言沟通的途径。

（一）面部表情

面部表情是识别身份的可靠线索。一般是用面部照片来识别不同的人。

面部在吸引力方面也发挥着重要作用。在评价哪些人的面部具有吸引力的看法上，文化内和文化间都具有明显的一致性。其中有两个特征在吸引力的评价中尤为重要，即对称性和均衡性。对称的脸比不对称的脸更具有吸引力。均衡性是指面部各个特征的相对大小和比例。在一张均衡的脸上，所有的部分都有着合适的尺寸。有吸引力的脸具有更高的均衡性。

面部表情还极富表现力，能够不说一个字而表达情绪。不同于其他非语言沟通形式，面部表情是通用的。快乐、悲伤、愤怒、惊讶、害怕、厌恶等的面部表情在不同文化中都是相同的。

（二）身体移动和姿势

你对人的看法会受到他的坐姿、行走、站姿或支撑头部的方式的影响。人的移动和行走的方式包含了大量的信息。

体势会流露出人的态度。身体各部分肌肉如果绷得紧紧的，可能是由于内心紧张、拘谨，在与地位高于自己的人交往中常会如此。身体向后倾斜 15 度以上表明极其放松。人的思想感情会从体势中反映出来：略微倾向于对方，表示热情和兴趣；微微起身，表示谦恭有礼；身体后仰，显得若无其事和轻慢；侧转身子，表示嫌恶和轻蔑；背朝对方，表示不屑理睬；拂袖离去，则是拒绝交往的表示。

我国传统文化很重视一个人在交往中的姿态，认为这是一个人是否有教养的

① 弗洛伊德. 沟通的力量[M]. 李育辉，译. 北京：机械工业出版社，2011.

表现，因此素有要"站如松，坐如钟，行如风"之说。

如果你想给对方一个良好的第一印象，那么你首先应该重视与对方见面时的姿态表现。如果你和对方见面时耷拉着脑袋、无精打采，对方就会猜想也许自己不受欢迎；如果你不正视对方、左顾右盼，对方就可能怀疑你没有沟通的诚意。

（三）手势

在日常生活中，人们无时无刻不在用手势。我们挥手、指点、召唤，并且当我们交谈或争论的时候也在用手势，使用手势经常是不经意的。手势有以下几种形式。

（1）象征手势。象征手势是指那些有直接对应的语言翻译的手势。每当看到一个象征手势时，你都能将它转化为词语。例如，挥手表示"你好"或"再见"。但要注意，一个象征手势在不同的文化间可能存在差异。

（2）图解手势。图解手势是指那些伴随语言信息并用以强调或澄清的手势。例如，在竞选演讲中为了特别强调某一个观点，演讲者会将手臂抬至空中。

（3）情感展示手势。情感展示手势是指那些用来沟通情绪的手势。例如，有些人紧张的时候会紧握着手，有些人在惊讶的时候会用手遮住嘴。

（4）调整手势。调整手势是指那些控制交谈进程的手势。例如，你正在说话而有人想打断你，你可能会伸出食指表示你还不想结束说话。调整手势可以用来调节该谁说话以及该说多长时间，从而有利于交谈流畅地进行。

（5）调适手势。调适手势是指那些用来满足某些个人需求的手势（如抓痒或掸掉身上的尘土）。当我们对自己做出这些行为时，称为自我调适。当调适指向他人时（如从某人身上摘掉棉絮），则称为他人调适。调适手势能够向他人传达关于我们的信息。例如，当人们过度自我调适时，如频繁地摸鼻子、抬眼镜，常常被感知为紧张、兴奋甚至是虚伪的。此外，对某人使用他人调适手势能够显示两人非常熟悉或亲密，因为他人调适需要触摸或非常接近。

（四）眼神交流

视觉感官支配着大多数人，眼神交流是一种特别重要的非语言沟通类型。人们相互间的信息交流，总是以目光交流为起点。你看别人的方式可以传达很多信息，包括感兴趣、喜欢、敌意或吸引。

在世界的一些地方，尤其是在亚洲，目光接触会引起不同国家和民族的人们之间的误解。而在大多数西方国家，雇员在工作上与主管或与老年人面对面直视会使后两者认为被冒犯，更有甚者会误以为是攻击性的象征。

（五）触觉行为

触觉是人最先发展的感觉，一个婴儿在能看、听、闻、尝之前，他的皮肤就能对环境中的刺激做出反应。没有触觉，我们很容易受到伤痛或者其他形式伤害的威胁。触觉不仅对我们的生存至关重要，它还在沟通中扮演着重要角色。在人类的沟通中，触觉主要在五个领域——情感、照料、力量和控制、攻击、仪式中发挥信息传达的关键作用。

（1）情感性触摸。分享情感是触摸最重要的功能。例如，拥抱、亲吻以及握手等行为，都能用来表达爱、亲密承诺和安全感。这些行为在浪漫关系、亲子关系以及朋友关系中十分常见。

（2）照料性触摸。当接受他人某种形式的照顾和服务时，我们常常会被他人触摸。例如，你去剪头发、清洗牙齿、接受按摩或者和私人教练一同训练的时候，你就接受了相对应的触摸。照料性触摸不同于情感性触摸，因为它不一定能反映出触摸者对被触摸者的感情或情绪。但这并不意味着它是没有益处的，对于家庭护理和医院或诊所的护理来说，照料性触摸都可以使人冷静且缓解压力。

（3）力量和控制性触摸。还有一些触摸是用来影响他人的行为的，如力量和控制性触摸。有时我们触摸他人，仅仅是为了建议某个行动路线。例如，我们推着某个人的后背，引领他到某个特定的地点。

（4）攻击性触摸。攻击性触摸是那些造成身体伤害的攻击性行为，如冲、撞、踢、推和刺等。使用攻击性触摸行为对他人造成身体伤害时，有时会构成犯罪。

（5）仪式性触摸。有些触摸行为是仪式性的，也就是说这些触摸行为是某个风俗和传统的一部分。许多文化中的欢迎仪式包括亲吻脸颊或手背等动作，生活在这些文化中的人们会将其理解为仪式的一部分，而不是作为爱和情感的表达。

（六）空间

你是否在某次谈话中觉得不舒服，因为对方离你太近，入侵了你的空间？我们都需要一些空间，你可以利用空间来传递不同的非语言信息，包括亲密及情感、侵略及支配的信号。

不同国家、不同民族，文化背景不同，其社交距离也不同。这种差距是由于人们对"自我"的理解不同所造成的。例如，北美人理解的"自我"包括皮肤、衣服以及体外几十厘米的空间，而阿拉伯人理解的"自我"则仅限于心灵，他们甚至把皮肤当成身外之物。因此，在交往时，往往出现阿拉伯人步步逼近，总嫌对方过于冷淡，而北美人却连连后退，接受不了对方的过度亲热的现象。

社会地位不同，交往的自我空间距离也有差异。一般来说，有权力、有地位的人对于个人空间的需求会相应大一些。我国古代的皇帝，一般是坐在高高的龙椅上，与大臣们拉开了较大的距离，独占较大的空间；大臣们在皇帝面前均要弯腰低头，眼睛不能直视皇帝，退朝时还要后退着出去。所有这些，都表现了皇帝至高无上的权力与地位。当人们接触到有权力、有地位的人时，不敢贸然地挨着他坐，而是尽量坐到远一点儿的地方，这都是为了避免侵犯他的自我空间而惹他生气。

人们确定相互空间距离的远近还与性格因素有关。例如，性格开朗、喜欢交往的人更乐意接近别人，也较容易容忍别人的靠近，他们的自我空间较小；而性格内向、孤僻自守的人不愿主动接近别人，宁愿把自己孤立地封闭起来，对靠近他的人十分敏感，他们的自我空间一旦受到侵占，很容易产生不舒服感和焦虑感。

此外，人们对自我空间的需要也会随具体情境的变化而变化。

（七）声音

当我们交谈的时候，别人除了聆听我们的语言，还"阅读"我们的声音。他们关注我们说话的节奏、速度、音量、语气、音调，以及表达理解的声音，如"嗯""哦"。在口语沟通中，只有语言本身才属于语言范畴，此外，声音的其他特征都是非语言的。我们把这些非语言线索称为副语言，它们包括音高、变调、音量、语速、填充词、清晰度、口音、沉默。

（1）音高。音高是声音高低的指标，经常被称为"基频"。每个人的声音都有一个平均的"基频"，也就是声音最常达到的音高。通常，女性声音的音高比男性要高，成人声音的音高比儿童要低沉。

（2）变调。声音的变调是指音高的变化。那些具有丰富变调的声音常常被认为是富有感染力的，而那些没有变调的声音则被认为是单调的。

（3）音量。音量是声音响亮或者微弱的指标，我们多数人会随着社会情境的需要而改变音量。一般情况下，最吸引人的声音是那些音量适中的声音。

（4）语速。语速是指我们说话的快慢程度。在处于兴奋状态或者时间紧迫时，我们的语速比平时更快。相反，当我们不自信或对着老人和小孩说话的时候，我们的语速可能比平时更慢。

（5）填充词。填充词是那些非语言的声音，如"嗯""啊"之类的声音，人们常用这些声音填充其说话中有停顿时导致的沉默。如果我们在说话中不得不停顿，可以使用填充词表明我们还想继续说下去。

（6）清晰度。清晰度是指说话的清晰程度，即口齿清楚、说话内容通俗易懂。清晰度不高，会让人难以辨别说话者的意思。一个人平时说话很清楚，可是突然变得说话不清晰，有可能是因为疲劳或者醉酒，甚至可能是神经问题。

（7）口音。口音是某个特定地理区域具有代表性的发音方式，它能提供有关说话者成长环境的线索。

（8）沉默。沉默是没有声音。我们在交往中常常使用沉默表达意义。例如，当我们不确定如何回答一个问题，或者对某个话题已经说得够多的时候，我们常常会选择沉默。沉默表明我们不想回答某个问题，或者为了避免尴尬或冒犯别人。

（八）时间的使用

时间的使用是指我们使用时间的方式。你可能不会立刻想到时间的使用也是非语言行为。时间的使用尤其能传达两种重要的关系信息：重视和权力。

（1）重视的信息。人们倾向于在他们认为很重要的事情上花很多时间，如果一个朋友在忙碌的工作中抽时间听你诉说心事，说明他很在乎你。

（2）权力的信息。有权力的人的时间更有价值。你可能会让下级等你，但是不会让上级等你。因此，当我们在等待他人的时候，这种时间使用方式就能显示或者加强我们之间的权力差别。

除了以上八种非语言沟通途径，还有其他很多非语言沟通途径，如沟通环境、人造物、外表、气味、颜色等，这里不一一赘述。

第二节　非语言沟通的功能[①]

非语言沟通在个人关系中发挥着以下六种功能。

一、管理交谈

我们通过一些非语言行为可以使交谈更加顺利地进行，具体来说，非语言信息能辅助我们发起、维持以及结束交谈。

（一）发起交谈

假设你所在公司举办客户聚会，有很多人参加，当你到达聚会现场时，你怎样决定先和谁交谈呢？

三个非语言线索与发起交谈有关：人际距离、外表和目光接触。

首先，你有可能与那些在物理距离上最靠近你的人发起交谈。因此，谁恰好站在你旁边，部分决定着你将和谁交谈。

其次，你将更倾向于与外表具有吸引力的人发起交谈。尽管他们常常被很多人选定为交谈对象，因而你不一定能成功地和他们交谈，但他们的外表吸引力常常促使你尝试发起交谈。

最后，相对于没有目光接触的人，你将更可能与那些和你有目光接触的人进行交谈。相反，当人们回避与你目光接触时，常常预示着他们不想和你交谈。

---

① 科里·弗洛伊德. 沟通的力量[M]. 李育辉，译. 北京：机械工业出版社，2011，177-185.

（二）维持交谈

假如你与某个客户开始了交谈，你将可能使用手势、目光接触以及语音语调作为说话机会的轮转信号。所谓轮转信号是指那些预示每个人的说话机会在什么时候暂时完结的非语言信号。例如，你可能会竖起一根指头表示你有话想说，或者提示他，你还不想结束你的说话机会。

目光接触同样能起到显示说话机会轮转的作用。研究表明，多数人在倾听时比讲话时与交谈对象的目光接触更多。当你在说话时停止目光接触，可作为一种信号来显示你想结束交谈；当打算发起交谈时，你则会重新与对方建立目光接触。

除了使用手势和目光接触表明轮转，我们还可以使用语音语调显示交谈中的轮转。例如，当你想把谈话机会交给对方时，你可以在最后的陈述时降低音量，使陈述作为一个问题，邀请对方做出回应。使用非语言轮转信号，有助于你们的交谈顺畅地进行。

（三）结束交谈

假设你在与某人交谈时，看见一个重要的朋友恰好到场，因而决定结束与对方的交谈去欢迎你的朋友。如果你什么都不说、什么都不做就结束交谈并离开，会显得很没有礼貌，那么你该怎样有礼貌地结束这场交谈呢？一种方法是直接说"和你谈话很开心，但是我看见我的朋友过来了"。如果你不想这么直接，那么你可以使用非语言的告别行为，表示你准备结束交谈。

研究表明，眼睛行为和身体姿态的变化是结束交谈最为常用的策略。最常用的非语言告别行为是打断目光接触。前文说过，我们在倾听他人说话时倾向于看着他们，因此要向对方表示你准备结束交谈的一种方式就是打断与他的目光接触。另一种策略是转动你的身体，不正对着对方，而是对着你想要走过去的方向，这种行为被称为"离开姿态"，它预示着你准备离开交谈地点。

二、表达情绪

许多非语言行为能用来沟通关于情绪状态的信息，因为情绪能以多种方式影响我们的行为。例如，当愤怒或受挫时，我们对待他人可能比平时更没有耐心；当紧张或害怕时，我们可能更容易退缩或更加谨慎。理解他人的情绪状态能给我们提供线索，从而确定如何才能更好地与他人互动。情绪富有表现力的两个表达途径是面部表情和声音。

（一）情绪的面部表情表达

我们从生命的早期就开始通过面部表情表达情绪。研究表明，早在出生的第一个月，婴儿就开始用微笑回应一些外部刺激。十个月以下的多数婴儿在父母面前要比在陌生人面前笑得更多，这表明婴儿在父母面前更开心。我们许多人会把情绪"写"在脸上。面部表情表达如此重要的另一个原因是它们表现出相当大的跨文化一致性。如果人们开心，不管来自哪个国家，他们的表现都会非常相似。

（二）情绪的声音表达

声音同样具有显著的情绪表现力，我们有时是通过一个人说话的声音而不是说话的内容来判断这个人的情绪的。许多情绪会影响声音的音高。具体来说，愤怒、惊讶、恐惧和喜爱一类的情绪往往导致更高的音高；而厌恶、厌倦等情绪常常导致较低的音高；悲伤一般不会造成音高的变化，除非是极端的悲伤。

一些情绪同样会影响人们的语速。当我们害怕时，语速会比平时快很多；当我们愤怒时，语速会比平时快一些；当我们悲伤时，语速会比平时慢一些，极度悲伤时，语速会比平时慢很多。关于高兴的情绪，一些研究表明，我们在高兴时的语速比平时更快，但是其他研究却得出相反的结论。对这种矛盾结果的一种可能的解释是：我们在兴奋时的语速更快，而在满意时的语速则相对较慢。

尽管面部表情和声音是情绪表达常见的两种非语言途径，但其他的非语言行为同样能够传达个人的情绪状态。例如，愤怒、厌恶以及嫉妒一类的敌意情绪，常常使我们做出特定的动作，如拍桌子或咬牙切齿。

此外，我们常常通过无精打采的神情、迟缓的动作、过度的不安和频繁地自我调适（如扯头发或扯着衣角）等方式表达悲伤和焦虑。当感觉开心或喜爱时，我们更愿意和他人相处、修饰我们的外表、赠送礼物以及与周围的人进行更多的目光接触。

三、维持关系

想想那些对你最重要的关系，包括恋爱关系、亲密朋友关系、工作搭档关系、家庭关系，你如何维持这些关系以确保它们不会结束？沟通在维持关系中扮演着重要角色，而非语言行为对维持这些关系尤为重要，这些非语言行为包括吸引和关联、力量和主导、唤醒和放松。

（一）吸引和关联

许多非语言行为能传达吸引和关联的信息，研究者将这些行为称为亲近行为。例如，当两个人在调情时，他们用目光接触发送有关系的信号，或者他们彼此离得很近、相互触摸等。不同文化中的人们都使用相同类型的行为互动，这些互动显示出他们彼此相互吸引，并想要探索进一步互动的可能性。

在许多已经建立起来的关系中，非语言行为是用来表达感情和爱的常用途径。我们和所爱的人拥抱、亲吻和牵手，并以柔和且较高音高的声音与他们说话，这些行为有助于强化我们与伴侣、家庭成员或朋友的关联感、亲密感以及爱的感觉。

（二）力量和主导

力量是影响他人行为的潜能，而主导是潜能真正的实现。人们常常使用非语言行为传达关于他们的力量和地位的信息。例如，上级触摸下级比下级触摸上级更多，一个权力大的人更有可能让一个权力小的人等待。

许多人会使用人造物作为地位的象征。例如，我们可能在办公室的墙壁上悬挂与重要人物的合影以显示自己的社会地位，或将昂贵的汽车停在显眼的车位炫耀财富。

人们也会用非语言行为来表现对他人的主导和控制。例如，老师对学生的某个行为使眼色以示不赞成，警察伸出手示意司机停车。当身处不愉快的谈话时，有些人会使用沉默来阻止他人继续说话。

（三）唤醒和放松

唤醒是指能量的增加。唤醒的反面是放松，即能量的降低。

有些人际互动伴随着身体和情绪的唤醒，如向亲密的朋友描述一个令人兴奋的话题或严重的健康问题的时候。而其他的互动会使你感到身体和情绪的平静或放松，如和邻居讨论日常琐事。一些非语言行为透露出我们在某个特定时间点是感到唤醒还是放松。

我们以两种完全不同的方式体验唤醒，这取决于伴随的是积极情绪还是消极情绪。当唤醒伴随着积极情绪时，我们体验为兴奋。多数人会通过一些非语言行为表达兴奋，包括增加与他人的目光接触、笑得更多、语速更快、更高的音高、更大的音量以及离他人更近等。而当唤醒伴随的是消极情绪时，我们体验为焦虑，表现为坐立不安、笑容紧张、使用更多的手势和自我调适、更高的音高、更快的语速和使用更多的填充词。

和唤醒一样，我们会体验到两种不同的放松，这也同样取决于伴随的情绪。当放松伴随着积极情绪时，我们会体验到满意。这让我们比平时笑得更多、有更放松的姿态、增加与他人的目光接触以及更加接近周围的人。相反，当放松伴随着消极情绪时，我们会体验到抑郁，会笑得更少、减少与他人的目光接触、更少使用手势以及使用更多的自我调适。

四、形成印象

生活中，我们经常会观察他人，关注他们长什么样，声音听起来感觉如何，行为举止如何。然后，我们通过这些信息形成对他们的印象。具体来说，非语言信息会影响两种类型的印象，即人口统计学印象和社会文化印象。

（一）人口统计学印象

个人的人口统计学特征包括年龄、种族背景、性别等。在视觉线索的基础上，我们多数人能准确地将一个人划归到较为宽泛的年龄和类别，如婴儿、青少年、老年人、黑种人、白种人等。但要做出更精确的区分，则常常充满挑战。例如，一个女性是 50 岁还是 55 岁？一个男性是韩国人还是中国人？

同样，通过关注脸型、体型、发型、衣着首饰以及化妆品之类的视觉线索，多数人能准确地辨别一个人的生理性别。

声音是另一种可用来帮助我们对他人形成人口统计学印象的途径。声音对判断一个人的年龄、性别来说，通常是非常好的线索。例如，随着人们慢慢老去，他们的音高和语速往往会降低和减慢，因此，我们通过一个人的声音能相对准确地判断他的年龄段。同样，男性和女性的声音在平均音高和音量上存在差别。因此，通过听声音，人们几乎能完全准确地区分成年男性和女性。但是，根据儿童的声音判断他们的性别的准确性就相对较低，因为在青春期之前，儿童声音特征的性别差异没有青春期之后那么明显。

（二）社会文化印象

我们可以通过非语言信息去猜测人们的社会文化特征。其中一个特征是社会经济地位，这个特征用于描述一个人拥有的金钱和受教育程度，以及他从事的职业和声望。另一个是社会文化特征，反映的是人们从属的文化和亚文化，如国籍和民族。

个人外表常常是用来对他人形成社会文化印象的直接的非语言信息。例如，当你看见一个女性穿着昂贵的西服时，你可能判断她比那些穿着破旧的运动鞋、运动衫和牛仔裤的女性具有更高的社会经济地位。这其中有两个原因：第一，相对于经济资源有限的人，经济资源富裕的人常常能负担起更贵的衣服，而且更有可能在那些需要穿得体面的地方工作；第二，人们常常使用个人外表线索来显示他们的社会经济地位。因而，地位较高的人可能穿戴昂贵的衣服和饰物，象征他们拥有财富。

许多有组织的亚文化群体，会穿着一些能显示他们的成员身份的服装，例如与特定体育兴趣或音乐偏好相关的群体。因而，你可能判断一个穿着足球运动衫和网球鞋的年轻女性为体育迷，而将穿着黑色裤子和印有骷髅头图案的黑色上衣的女性判断为喜欢摇滚的人。

我们还可以通过口音去辨别一个人的文化背景。个人口音在很大程度上取决于这个人成长的地区，我们可以根据口音辨别他的籍贯，从而了解他的文化环境和背景。

五、影响他人

你可能在许多社会情境中都有影响他人的行为。例如，你也许试图说服你的同事帮助你完成一件事情，你可能试图劝说顾客下订单。在诸如此类的情景中，你都有可能使用非语言行为影响他人。当非语言行为作为某些策略的组成部分加以运用时，十分具有说服力，这些策略包括营造可信度、促进关联以及最大化吸引力。

（一）营造可信度

影响他人行为最有效的策略之一就是营造可信的形象。例如，通过装扮个人外表显示专业和权威。法官的黑色长袍、医生的白大褂、警察的警徽和制服，都象征着特定的经验和权威。有些研究表明，我们不但认为穿着制服的人比穿着一般服装的人更具有可信性，而且更可能服从他们的要求。相对于那些衣着随便的人，人们更有可能被那些穿着西服的人说服。这种情况出现的最可能的原因是职业服装比一般的服装显示出更高水平的可信性。

还有其他的非语言行为也能用来提高你的可信性。例如，大声的、快速的、富有感染力的说话方式，能使一个人听起来更加可信。研究表明，在法律职业中说话响亮流利、口误较少的律师，不但被认为可信度更高，而且还能赢得更多有利的判决。目光接触和图解手势的使用，同样能提高一个人的可信性。具体来说，在倾听他人说话的时候，以及在自己说话的时候，与他人保持目光接触，将会明显地提升说服力。

（二）促进关联

非语言行为能促进关联感、亲密感和喜爱感，从而能够提高我们的说服力。

一种常常能促进关联感的行为就是触摸。我们在亲密关系中比在一般关系中享有更多的触摸。接受熟悉且适当的触摸，能让我们感觉与他人亲近。不经意的触摸，如轻轻触碰手、前臂和肩膀，更可能让被触摸的人服从我们的要求。

互动同步也能提高关联感，同步是指两个人行为的聚合。当你映射另一个人的姿态、图解手势、面部表情和声音时，可能导致那个人在潜意识里将你知觉为与他相似，这一点对于说服十分重要，因为我们更喜欢与我们相似的人。

（三）最大化吸引力

你可能注意到那些出现在电视广告和海报广告中的模特，他们往往是具有外表吸引力的人。的确，外表吸引力使一个人更有说服力。对此现象的一个可能的解释是，我们看重外表吸引力，并且期望被外表有吸引力的人认同和喜爱，这个期望使我们更加服从他们的要求。

非语言行为能提升我们的外表吸引力，进而提高我们的人际影响力。通过操纵一些外表线索（如衣着、发型、妆容以及饰物），能使一个人看起来更具有吸引力。许多研究证明，外表吸引力高的人比外表缺乏吸引力的人在许多情况下更具有影响力，包括工作面试、薪水谈判，以及请求他人帮助。

六、隐瞒信息

尽管有着"诚实至上"的文化格言，但是人们在与他人交谈时，常常不会做到完全真实。有些人撒谎是为了个人利益，有些人撒谎是为了避免受到伤害。不过人们常常选择欺骗而避免伤害某人。例如，人们表示很高兴收到一个礼物，但实际上并不喜欢这个礼物。

不管我们隐瞒信息是出于何种理由，某些面部表情、声音以及肢体行为与欺骗具有可靠的联系。

最常被研究的能显示欺骗的一种面部表情就是笑，人们在诚实和欺骗时笑的数量并没有差别，而笑的方式存在差别。说真话时，我们发出真心的笑，反映出真实的积极情绪。当不诚实时，我们更有可能使用假笑使自己看起来很高兴。例如，当你碰见一个你不喜欢的人，但想要表现出看到他很高兴时，你就会显示出这种假笑。这两种类型的笑都会表现出嘴角上扬，但真笑的同时伴随眼睛周围皮肤皱起，而假笑则不会。

试图隐瞒信息也会影响某些声音，尤其是音高。一些研究表明，人们在欺骗时比说真话时发出更高的音高。例如，专项研究中要求护士生观看一段愉悦的影片或一段描述截肢和烧伤的影片，观看后要求护士生竭力说服一个访谈者相信他们刚刚看的电影是令人愉悦的。因此，一部分护士生要说实话，而另一部分护士生则要说假话。通过记录被试者的声音并在随后加以分析，研究者发现，护士生在欺骗访谈者时比在说真话时音高明显更高。

另外，某些肢体行为也能显示一个人是否在隐瞒信息。由于欺骗一般会使人紧张，因此你可能认为这会导致与焦虑相关的身体动作的增多，包括做手势、身体前倾以及手脚乱动，不过当得知多数研究的结果与此恰恰相反时，你可能会感到惊讶。也就是说，当人们的表现不诚实时，身体动作会减少而不是增加。具体来说，说话者在撒谎时比说实话时使用更少的手势、更少的手和手指运动、更少的脚和腿的运动以及更少的身体前倾。对这种现象的一种解释是，当人们在欺骗时，他们努力控制焦虑的迹象，结果导致看起来僵硬或者紧张。另一种解释是，当我们在欺骗时只是没有想到做身体动作，因为我们过于关注谎言本身。不管是什么原因，肢体行为的减少看起来的确是判断欺骗的可靠的线索。

管理交谈、表达情绪、维持关系、形成印象、影响他人、隐瞒信息，并不是非语言行为的所有功能，却是最有价值的一些功能。每种功能以各自的方式使我们能更有效、更有建设性地与他人沟通。非语言沟通的六个功能如表 6-1 所示。

表 6-1　非语言沟通的六个功能

功能	简单概括
管理交谈	非语言线索用于发起、维持和结束交谈
表达情绪	面部表情和声音尤其具有表现力
维持关系	非语言行为显示吸引和关联、力量和主导、唤醒和放松
形成印象	非语言信息在形成人口统计学印象和社会文化印象中十分有用
影响他人	策略包括营造可信性、促进关联、最大化吸引力
隐瞒信息	可通过大多数面部表情、眼睛、声音以及肢体行为辨别

第三节　改善非语言沟通的技能

改善非语言沟通的技能主要体现在两个方面：一是解释非语言沟通；二是表达非语言信息。

一、解释非语言沟通

我们知道，人们使用非语言沟通表达许多类型的信息，因而对于沟通者来说，一项重要的技能就是破解或解释他人的非语言行为。这种能力要求具备两种不同但是相关的技能：对非语言信息的敏感性以及对非语言信息意义的解释。

（一）对非语言信息的敏感性

当你的女儿知道晚餐又要吃花椰菜而扮鬼脸，或者当你的爱人描述他在篮球比赛中的最后一投而发出兴奋的声音时，你是否注意到这些非语言信息？当工作中的竞争者在约见时故意让你等待或在交谈中表现出不同寻常的紧张时，你是否发现这些显示主导或欺骗的潜在信号？

对非语言信息保持敏感很重要，因为我们如果不能首先注意到这些信息，那我们就不能解释它们。尽管有些人天生比他人对非语言信息更敏感，但是通过有意识地观察，普通人也能提高对非语言信息的敏感性。

当与他人互动时，你需要提醒自己，你的交谈对象沟通中的信息有多达 2/3 是通过非语言行为传达的，尤其要关注能显示其感受的面部表情。记住，面部表情比任何非语言行为都能显示更多的情绪信息。不要忘记注意其语音语调以及身体动作，因为这些行为与显示主导和欺骗尤其相关。

当与他人互动时，你越常提醒自己依照这些原则，你就越有可能增加对非语言信息的敏感性。

改善非语言
沟通的技能

（二）对非语言信息意义的解释

察觉到他人的非语言行为，仅仅完成了解释过程的一半，你还需要学会破解观察到的信息的意义。

1. 认识普遍存在的非语言行为

有些身体语言具有普遍性。一般来说，局促、逃避或者掩饰的动作（如缩拢的嘴唇、把胳膊或者物体抱在胸前、用衣服盖着手臂、低头）或一些异常的语言、表情、动作，往往意味着人们遇到麻烦或什么地方出现问题。

2. 解密特异的身体语言

普遍的非语言行为构成了一组肢体线索：每个人的非语言行为几乎都是一样的。但是还有一种非语言行为，它是一种专属于某一个体的相对比较独特的信号。要想识别这些特异信号，你需要仔细观察周围人的行为方式。你对某个人越了解，或是和他（她）互动得越久，就越容易发现这种信息，因为你事先存储的数据足以令你做出一些判断。例如，当你发现你十几岁的儿子在参加考试前有挠头或咬嘴唇的举动时，你应该知道他可能十分紧张或没有准备充分。毫无疑问，这样的举动会成为他缓解压力的招牌动作，以后你会经常看到他做这样的动作。

3. 意识到背景

既要考虑一个人做出的非语言行为，也要考虑他所处的社会背景。例如，如果你注意到一个男人在哭泣，你的第一反应可能认为他很悲伤，不过你可能同时注意到一群面带微笑的朋友和亲戚包围着他、拥抱着他，并轻轻拍打他的后背，你甚至还听到他的笑声，尽管他流下了泪水。当你将这些额外的信息考虑在内时，你就可能将他哭泣的意义理解为高兴和宽慰，而不是悲伤。

4. 留意文化

文化差异有时会影响非语言行为的意义，对于手势和眼神尤为如此。

5. 要求澄清

当你不确定自己是否准确地破解了一个人的非语言行为时，可以直接向其询问。例如，当你在向一位顾客描述一个新产品，而他的面部表情似乎显示出困惑的时候，你需要问他："我的表述是否清楚？"如果对方回答说"感到有点不解"，那么你就应该用更简单的语言再次介绍产品。

总的来说，练习敏感性和解释技能，有助于改善理解非语言行为的能力。

二、表达非语言信息

表达非语言信息的技能与理解非语言信息的技能同样重要，因为人们通过非语言途径沟通比通过语言途径沟通能获取更多的信息。因此，如果你善于表达非语言信息，那你就能更有效地与他人进行沟通。

与解释技能一样，有些人天生就比他人更富有表现力、更有魅力、更外向。当然，通过后天的努力，人们可以改善非语言信息的表达能力。你不妨尝试以下办法。

（一）学习他人

与那些富有感染力的人待在一起。通过与外向而有魅力的人相处，我们能学到如何变得富有非语言感染力。有一些职业，如教师、演员、歌手、政治家、销售员、外交官等，要想在这些职业中有突出表现，你必须能够清晰、干练地与他人沟通，而非语言感染力在很多情况下能帮助你获得成功。

（二）练习变得有沟通吸引力

在沟通中，运用我们的身体，透过姿势、手势以及面部表情向他人传递一种讨人喜欢的信息，使我们变得更有吸引力。如：

保持开放的、愿意接纳他人的姿势；

安排好舒适的座位，既要尊重他人的私人空间，又要使谈话自由开放；

时刻注意自己的衣着打扮；

说话时注意自己的语音语调，要抑扬顿挫以便于提高信息传递的效率；

通过微笑、目光对视、手势和声调来显示你的热情和真诚。

📋 案例分析

中泰时间观念的差异[①]
——一位赴泰汉语老师的感受

以下是一位在泰国小学给低年级小学生教授汉语的中国老师的经历。

不同于中国有课余时间，泰国的课间没有休息时间。学生上厕所、喝水需要向老师请假，得到允许后方可离开教室。天气炎热再加上还有体育课，请假的学生越来越多，我站在教室门口张望等待他们返回时，远远看见几个学生在走廊的一头打闹，浪费了很多时间。此外，迟到现象很严重。

由于需要写拼音，我提前一周让学生准备一个本子，很多人准备了两三周才完成，有的人甚至准备了将近一个学期……通过这件事我认识到，即使布置了作业也不能让他们留到课后完成，最好在课上就写完然后由我批改。

我要与学生一起排练文化沟通节目，跟他们约好 12:00 到我的办公室排练。第一次等到 12:05 还不见人，我只好去教室找。之后每次排练也约定了时间，但学生们不仅爱迟到，还常常爽约。

---

① 高敏. 赴泰汉语教师交际障碍的表现及解决策略初探[D]. 昆明：云南大学，2016.

我总结了一下，中国人和泰国人时间观念的差异主要体现在以下几个方面。

守时。在我国，人们通常会认为提前一些时间赴约是礼貌的，迟到是一种不尊重人的行为。在泰国明显能够感觉到人们的时间观念不够严谨，迟到半个小时是常有的事，通常等待的人也不会责怪。

时间安排。对于大部分中国人来说，无论学习还是工作都分为上午、下午两个阶段，12:00—14:30 是午休时间。中国人的工作时间较长，下班通常是在17:00—18:00，晚饭过后有散步或者逛街的习惯，商场、超市关闭的时间一般是22:00—23:00。但是泰国人每天的工作、学习只到 15:30 就结束了，没有午休一说，午饭时间是 11:30—12:30，到点以后继续上课，因此工作结束得早。另外，泰国人认为 16:00 以后就是傍晚，等到夜幕降临，人们多数已经返回家中，不会在外逗留，也没有散步的习惯。

时间价值。中国人珍惜时间，认为"一寸光阴一寸金，寸金难买寸光阴"，不喜欢拖拖拉拉。但泰国人的性子比较慢，对待时间的态度比较随性，喜欢拖延，没有珍惜时间的意识，乐于享受生活。

问题：你认为时间观念受什么因素的影响？为什么泰国是"慢节奏"的时间观念？你还知道哪些国家的时间观念？针对不同国家的时间观念，我们在跨文化沟通中需要注意什么？

课后实训

一、沟通游戏

"盲人"摸号

（一）游戏流程

（1）将学生分为两组，每组 10 人左右；

（2）主持人在游戏开始之前宣布游戏流程和规则，给 5 分钟时间让各组商议如何完成任务；

（3）每组随机排成两列；

（4）主持人让每位学生戴上眼罩；

（5）通过耳语或在手心写字告知每位学生自己的序号，保证这个序号只有其本人知道，并在学生身上贴序号贴；

（6）开始计时，各小组根据每人的序号，按从小到大的顺序重新排列；

（7）公布各组完成任务的时间。

（二）游戏规则

全程不能说话或脱下眼罩。

（三）小组讨论

（1）你是用什么方法向他们告知你的序号数的？

（2）沟通中都遇到了什么问题？你是怎么解决这些问题的？你认为还有什么更好的方法？

二、情景操作题

请站在一个空房间的中央，让一个人慢慢走近你。当他和你的距离近到使你感觉不舒服的时候，就让他停下来。再让那个人或远或近地移动调整一下，直到移动到一个你觉得舒服的距离。这就是你的个人缓冲区。试着回答以下问题。

（1）如果是不同的人慢慢走向你，这个缓冲区会有所不同吗？解释一下。

（2）把你的结果与做过该练习的其他人的结果进行比较，是否有所不同？你认为是什么原因造成了这些不同？

（3）测试别人的缓冲区。例如，当你排队的时候、在电梯里或公交车上站得离别人太近时，别人会有什么反应呢？（请谨慎进行测试，最好找同性作为测试对象。）

三、分析题

高中语文课文《林黛玉进贾府》节选自《红楼梦》第三回，是全书进一步展开故事的精华之笔。请在网上阅读此文，并分析以下问题。

（1）文中哪些非语言沟通信息的描写刻画了人物的性格？表达了哪些沟通信息？

（2）根据文中的细节描写，归纳我国的座次礼仪。

第七章　自我沟通

学习目标

1. 了解自我沟通的内容；
2. 掌握自我概念如何形成和管理；
3. 掌握自我接纳的提高策略；
4. 掌握情绪调节和压力管理的技巧。

引导案例

邹忌与徐公比美

《战国策》中有一则讲述齐威王的相国邹忌与城北徐公比美的故事。

邹忌身高八尺多，形体容貌光艳美丽。有一天早晨他穿戴好衣帽，照着镜子，对他的妻子说："我与城北的徐公相比，谁更美呢？"他的妻子说："您更美，徐公怎么能比得上您呢？"城北的徐公，是齐国的美男子。邹忌不相信自己会比徐公美，于是又问他的妾说："我与徐公相比，谁更美？"妾说："徐公怎能比得上您呢？"第二天，一位客人从外地来拜访，邹忌和他坐着谈话，邹忌问客人道："我和徐公相比，谁更美呢？"客人说："徐公不如您美啊。"又过了一天，徐公来了，邹忌仔细地端详他，觉得自己不如他美；再照镜子看看自己，更觉得远远比不上徐公。晚上，他躺在床上想这件事情，说："我的妻子认为我比徐公美的原因，是偏爱我；我的妾认为我比徐公美的原因，是惧怕我；我的客人认为我比徐公美的原因，是对我有所求，并非自己真的比徐公美啊！"

问题：人应该如何自我认知？

自我沟通是人际沟通的第一步。自我沟通也称内向沟通，即信息发送者和信息接收者为同一个行为主体，是自行发出信息、自行传递、自我接收和理解的过程。自我沟通实质上是一个人对发生在自己身上的某件事情如何认识和处理的全部心理活动的过程。

自我沟通有以下几个特点。

（1）主体和客体的同一性。"我"同时承担信息编码和解码功能。

（2）自我沟通的目的在于说服自己。自我沟通常在面临自我认知和现实外部需求出现冲突时发生。

（3）沟通过程的反馈来自"我"本身。信息输出、接收、反应和反馈几乎同时进行。

（4）沟通媒体也是"我"自身。沟通渠道可以是语言、文字，也可以是自我心理暗示。正如人际沟通中要进行沟通策略制定一样，自我沟通过程中同样有听众策略分析、信息策略制定、渠道策略等问题。听众策略分析就是自我认识的过程，信息策略制定就是如何寻找各种依据和道理，对自我进行说服。信息来自自身思考、他人经验或书本知识，另外还有别人的意见参与。渠道策略，则是每个人根据自己的特点选择相应的沟通渠道。例如，有的人习惯于通过写日记的方式表达自己的感情；有的人习惯于通过冥思苦想的方式来解脱自己；有的人习惯于看书，借助书中的人物来发泄自己的情绪；有的人则是借助运动来减轻压力。这都是不同的人根据自己的生理、心理以及所处的社会环境特点来选择最佳的沟通渠道。

良好的自我沟通非常重要，通过准确的自我认知，形成良好的自我接纳、自尊自信、自我激励，控制不良情绪，实现内心平衡以及保持理智清醒的心态，通过自身修养的提高，提高与他人沟通的能力。

人的心理活动一般分为认识过程、情感过程、意志过程。自我沟通的内容相应也有"形成正确的自我认知""对自我有良好的情绪体验""对自我情绪和压力的控制"这几个方面，下面分别用"自我概念""自我接纳""自我控制"来阐述。

第一节　自我概念

一、自我概念的含义和特征

> **讨论**
>
> **如何自我描述？**
>
> 假如让你用 10 个词语来描述自我，你会选择一些怎样的词语？这些词语中，哪些最重要？

（一）自我概念的含义

自我概念是一个人对自己以及自己与周围环境关系的认识，包括对自己存在的认识以及对个体身体、心理、社会特征等方面的认识。这种认识是个体通过自我观察、分析外部环境及情境、社会比较等多种途径获得的。自我概念不是个别的心理机能，而是一个完整的多维度、多层次的心理系统。自我概念是自我沟通中的认知成分。

（二）自我概念的特征

自我概念有三个重要的特征。

1. 自我概念是多维的

自我概念是多维的，我们可以从多个方面来认识自己，有时用名字，有时会依靠生理区别和社会类别，有时还会用技能或者爱好。也就是说描述自我的方法有很多种。

很多心理学家对"自我"进行了讨论，如美国心理学家詹姆斯将自我分为"主体我"（I）和"客体我"（Me），精神分析理论的创建者弗洛伊德将自我分为本我（Id）、自我（Ego）和超我（Super ego）三个部分。我们现在常用"物质自我（对自己的身体、外表、家庭等方面的认知）""社会自我（对自己在社会活动中的地位、名誉、财产以及与他人相互关系的认知）""精神自我（对自己的智慧能力、道德水准等内在素质的认知）"来描述自我概念。

2. 自我概念包括了部分主观成分

自我概念包括了部分主观成分。我们对自我的了解有一些是基于客观事实，如身高、体重、职业等。客观的自我，仅仅代表了现实中自我的存在方式，自我的方面有很多是主观的，它更多是由我们对自己的印象决定的，而非基于客观的事实。

有时候我们的自我评价会很高，你会发现有很多人对自己的智力或者世界观有比较不现实的看法；有时候人们的自我评价又会过低，对那些自尊心不足的人尤其如此。有些人常常会夸大失败对他们自身的影响，他们经常低估了自己的能力，并且当他们自身得到负面反馈的时候，更倾向于认为这是一件理所当然的事情；相反，那些强自尊的人会弱化消极反馈的影响，他们会把消极反馈看成偶然的事情。

3. 自我概念是相对稳定的

我们对自我概念的获得并非毫无依据，在多数时候，自我概念伴随着一个人的成长慢慢发展起来，它会受到许多因素的影响，包括生理特征和成长环境。自我概念在形成以后就相对稳定了。事实上，当我们形成自我概念以后，倾向于要求别人对这种自我概念给予认同。当我们与那些对我们的评价和自我概念相一致的人相处的时候，我们的自我概念就会得到强化。

然而，自我概念并非一成不变的。在成长或者遇到重大人生事件的时候，我们的自我概念就会相应地发生变化。此外，外部的治疗也能帮助人们改变自我概念，通常是向好的方向发展。

二、自我概念形成的影响因素

自我概念并非天生而得。在自我概念形成的过程中，人格和生理因素、文化和性别角色、反映评价以及社会比较都扮演了非常重要的角色。它们并非单独作用在我们的身上，相反，它们对自我概念的影响是相互的。

（一）人格和生理因素

自我概念中一个很重要的部分就是人格，它囊括了一个人在不同情境下的思考以及行为模式。你是一个健谈、外向的人，还是一个害羞、内向的人呢？你是一个忧心忡忡的人，还是一个乐天知命的人呢？你是倾向于怀疑他人还是信任他人？这其中的每一个问题都对应着一种人格特质，在大多数情形下可以用来描述你的性格特征。毫无疑问，人格的形成和我们的成长环境有着密切联系。

研究同时表明，生理因素在这个过程中也扮演着极为重要的角色。例如，有研究表明，具有 100%相同基因的同卵双胞胎在人格相似程度上比具有 50%相同基因的异卵双胞胎或者普通兄弟姐妹更加显著，即使是那些一生下来便被分开养育的同卵双胞胎，在人格方面依然具有本质上的相似性。

（二）文化和性别角色

我们对自己的看法会受到文化和性别角色的影响。有些文化是个人主义，有些文化是集体主义，还有些文化是介于这两者之间的。在集体主义文化下的人会把自己根植于家庭和集体之中，换句话说，他们将自我概念更多地与集体联系在一起，并且更加尊重集体而非个人的意见；相反，那些在个人主义文化下的人，则更强调个体的独立性与唯一性，并且不会过分强调家庭和集体对他们的影响。在强调集体主义的文化氛围中，特立独行的人可能不太受欢迎。

性别角色在某些方面同样影响着一个人的自我概念。性别角色是社会对男性和女性行为的一些期待，大多数文化都期待男性应当具有男性化的特质，如进取心、自我满足等，期待女性具有女性化的特质，如同情心、感情表露等。

（三）反映评价

随着我们的成长，我们常常会通过他人评价来增进对自己的了解。你可能会回忆起童年时带给你关怀和赞美的人，与此同时，我们也可能想起那些对我们有过消极评价的人。这些积极或消极的评价让我们在头脑中逐渐形成一定的自我印象，接下来这些自我印象将影响自我概念的形成，这个过程我们称为反映评价。

当他人关心和赞扬我们的时候，我们就认为自己是可爱和有价值的。但当他人嘲笑、孤立我们，甚至对我们进行肉体和精神上的攻击时，我们就会认为自己是不受欢迎的。也就是说，我们会根据这种评价形成相应的自我概念。

如果别人对你的评价是积极的，那么你对自己的评价也会是积极的。当然，在生活中并非每个人都会对我们的自我概念造成同样程度的影响。总的来说，生活中对我们越重要的人，他们对自我概念的影响也就越大。

（四）社会比较

除了关注他人对我们的评价，我们还常常关注自己和他人的比较。可能你是所有朋友中最没有运动细胞的人，可能你会发现你的同学比你聪明；你可能还会发觉，在朋友中你是最有趣或者是最有音乐天赋的人。如果你比你认识的人更具有吸引力，那么有魅力也会成为你自我概念的一部分。这些自我概念的形成在很多时候是通过这种社会比较来完成的，也就是说，自我概念常常通过自己和他人的对比来形成。

社会比较和反映评价有相似的地方，也就是不同的人对你的影响是不一样的。因此，在社会比较中，最为关键的是那些我们用来与自己进行比较的人或集体。在多数情况下，我们的参照物经常是同龄人，这一点很好理解。如果你的参照物是高不可攀或遥不可及的，也许就会使你形成消极的自我概念。

三、自我概念的认知与管理

作为一个社交能手，需要具备的一项重要能力就是能够很好地理解自我概念，并且对它进行适当的管理。自我概念会通过自我监控和自我实现预言这两种方式影响我们的沟通行为。

自我概念的
认知与管理

（一）自我监控

自我监控是意识自己的行为以及其可能对他人带来的影响的一种能力。

自我监控能力较高的人，他们会更加关注他人对自己行为的反馈，并且能更好地根据沟通情境的需要调整自己的行为；相反，自我监控能力较低的人，他们常常口无遮拦，很少关注他人对自己的印象。在人际交往的过程中，自我监控能力较高的人会比自我监控能力较低的人更让人感到舒服，因为自我监控能力较高的人能比较好地理解他人的所思所想。

（二）自我实现预言

你可能有过这样的感受：早上起来的时候莫名地感到心情不好，然后你告诉自己"这将是糟糕的一天"。在你说了这话以后，这一天里的所有事情看起来都似乎令人沮丧。事实上，正因为心情不好，所以你对待他人的时候就有可能暴躁并缺乏耐心，而他人也会给你相应的反馈。为什么你对这一天的消极预言会逐一实现？心理学家认为这与你的自我实现预言有很大的关系。

自我实现预言是指那些诱发行为并引导其达到预想的期望。在现实生活中，如果一个人对另一个人怀有某种期望值，这种期望值将会（不自觉地）引导着这个人对另一个人的行为，这一系列的行为将最终导致另一个人也朝着原先的期待值前进，最后这个预言得以实现。

这一理论最有名的实验出自 1968 年美国心理学家罗森塔尔和雅各布森曾经

做过的实验。首先，他们给一个中学的所有学生做一个智商（IQ）测试，然后告诉学生的老师一些学生的智商非常高，并让老师相信这样的高智商足以让这些学生在来年的学习成绩有个很好的飞跃。但事实上这些所谓"高智商"的学生并非真的高智商，他们是被随机抽取的。随后的实验结果是惊人的：那些被老师认为"高智商"的学生在来年的学习成绩确实突飞猛进。

在人际交往中，你是否听到过类似"我看他/她就不顺眼""他/她对我有意见、有偏见"等这样的抱怨呢？怎么才能很好地融入人际交往呢？或怎么才能经营好一个和谐的人际关系呢？根据自我实现预言理论，至少我们可以说，一个对别人的好的期望值和一系列朝这个期望值引导出的行为是很重要的。慢慢地，你会发现那个人正接近你理想中的那个人。这样一个良性的人际关系的自我实现的圈就形成了。也就是说：你希望别人对你好，首先你要正确地对待他们——对他们好。

第二节　自我接纳

一、自我接纳的含义

了解自我与接纳自我是两件不同的事，你对自己感觉怎么样？你喜欢自己的外表吗？你满意自己现在的成就吗？你对自己的个性有怎样的看法呢？你对自己现在的人际关系满意吗？所有这些问题都涉及自我接纳。

自我接纳是指一个人对自己具有的各种特征都愿意去了解、面对，并且无条件地接纳，能认可现实，不盲目地自傲、自卑，不受外界毁誉的影响。自我接纳是自我沟通中的情感成分。

自我接纳包括两个层面的含义。一是对自身具有的特点持一种积极的态度，能愉快地接受自己，肯定自己的价值，但又不因自身在这些方面的优点、特长和成绩而骄傲自大、自以为是。二是能欣然正视和接受自己现实的一切，能坦然面对自身存在的不足、缺陷甚至错误，不苛求自己，也不因他人的否定就否认自己、排斥自己，能按自身各方面状况客观地认识自己，确定自己的发展目标。

自我不接纳的人，在受挫或者在不接纳的方面受挫时，经常表现为：自责与内疚，否认事实的发生，抱怨环境不公平，抱怨自己出生、成长的环境以及父母的条件，无条件地想要去改变，将所有原因都归因于外部。

更好地自我接纳，有利于提升自我价值感，从而获得更高的自尊和良好的自信。相反，自我不接纳者，往往人格冲突，长期处于焦虑，否定自我，产生自卑感、消沉、抑郁等情绪，更不用说与他人建立良好的人际沟通了。

二、自我接纳的阻碍因素

（一）社会文化

不同的社会文化差异是影响自我接纳的因素之一。

例如，以"仁"为中心的儒家文化把谦逊视作一种美德，人们更能接受自我贬抑式的评价，不会直接对自己赞扬或者肯定。

注重集体主义的文化，更注重行为的社会规范，个人自小被要求顺从、礼让、克制，将"个人价值"放在"集体力量"之后，自我评价更注重社会、他人的看法。

注重个人主义的文化，更突显个人价值，个人更有自信，对自我的接纳程度更高一些。

（二）重要他人的影响

重要他人，是对人们在社会化过程中主要方面的某一点或某几点产生重要影响的具体人物。一般重要他人有父母、老师、同伴、同事等。重要他人对我们的态度和反应以及我们与他们之间关系的亲密程度，都对我们产生着巨大的影响。

如果家庭教育或学校过于严苛，父母、老师不善于鼓励，常常批评打击，久而久之，孩子也会逐渐习惯于用挑剔的目光看待自己，形成完美主义人格倾向，或自卑沮丧，越来越无法接受真实的自己。

（三）盲目的社会比较

很多人常常过分严格地要求自己，选择了错误的参照对象，无视自己的优势，对自己的劣势耿耿于怀，对自己不能客观地认识和了解，从而不能自我接纳，更不能去发掘自己心灵深处的潜能，实现自我的价值。

（四）以往的失败经历

成功总让人喜悦、自信，失败总让人沮丧、自卑，这是每一个人都有过的体验。在现实生活中，很多人缺乏自信心，但他们并非天生如此，而是因为不止一次地遭受生活的打击，太多失败的经历使得他们开始对自己有所怀疑，甚至甘心承认自己的无能。在这种情况下，他们很难做到自我接纳、对自己抱有信心。

三、如何提高自我接纳水平

当评价标准与现实自我发生冲突时，痛苦的体验就会随之而来，如抑郁、焦虑、愤怒等。反之，如果个体发现自己言行的反馈信息与评价标准比较一致，那么就会从这种成功中获得"自己是有能力的、有价值的"感受而产生较高水平的自信。因

如何提高自我接纳水平

此，一方面要形成正确的自我概念，另一方面要形成恰当的理想自我，缩小现实与对自我期望之间的差距，维持自信。培养正确的自我接纳的渠道有以下几种。

（一）扩展自己的生活经验和生活范围

广阔的交往可以获得更广泛的来自他人的影响，有利于自己综合、全面地分析他人对自己的评价，通过与他人的比较来认识自我，认识自己的能力高低、追求的目标是否恰当，树立符合自身情况的理想。

（二）确立符合实际情况的理想自我

在充分认识现实自我的基础上，确立一个既高于现实自我又可以经过努力实现的理想自我，只有这样才能促使自己不断进取以完善自我并对自己充满信心。

（三）诚实而平静地检讨自己的过失

人要想在社会中有所为，不犯错误是不可能的，重要的是要以一种怎样的态度去对待自己的过错。

人应该培养批判性思维，在理性的自我反省中完善自我。坦诚地面对自己的失误，及时采取弥补措施，并且在自己的过失之中吸取教训，争取一个错误不犯两遍。

（四）接纳自己的同时积极接纳他人

仅仅接纳自己是不够的。个人和社会要想进入良性循环，就需要与他人合作，而一个不能接纳他人的人，一般无法与他人友好合作。如果我们能够学会真诚地接纳自己，就会很自然地去接纳别人。当然，也可以从学习接纳别人入手，尝试着接纳自己。如果接纳别人、尊重别人，别人通常也会对我们做出积极的回应。久而久之，在别人对我们的接纳过程里，我们也会感到自己的价值与生命的尊严，于是，自我接纳便会产生。

第三节　自我控制

讨论

你踢过猫吗？

一位公司的老板早晨上班，因有事着急办，不小心闯红灯被开了罚单，憋了一肚子的火，到公司后把手下的经理叫进办公室，劈头盖脸地训了一顿。受训的经理心里窝了一肚子的火，于是就把他手下的一名员工叫进办公室，也是无缘无故地批评了一顿。该员工挨了一顿数落，下班生气地回到家，把憋了一天的火都撒在了妻子身上。妻子感到很委屈，这时候又遇上孩子调皮，就把火撒到了孩子身上，把孩子打了一顿。孩子心里窝火，狠狠去踹身边打滚的猫。猫逃到街上正好一辆卡车开了过来，司机赶紧避让，却把路边的孩子撞伤了。这就是心理学上有名的"踢猫效应"。

自我控制是个体适当地控制、调节自己的想法、情绪、欲望和行为的一种有意识的努力行为。人们抵制诱惑、坚持目标行为、压制消极的想法、控制火爆脾气、克制人际冲突等都是自我控制的体现。

与沟通关系密切的自我控制内容包括情绪调节和压力管理。

一、情绪调节

（一）常见的负面情绪

情绪是指个体受到某种刺激产生的一种身心激动状态。我们无时无刻不受到情绪状态的影响，情绪事件激起了我们的喜、怒、哀、乐等主观体验，情绪影响我们的身心健康，影响我们的行为方式。情绪往往是我们行为的动机来源。

常见的负面情绪有以下几种。

（1）孤独。孤独常常与社交能力不足、人际关系的无效以及对这种状态的不满和焦虑相联系。

（2）抑郁。抑郁是一种对外界压力感到无能为力时产生的消极情绪，是一种愁闷的心境。

（3）焦虑。焦虑是由于对某种事物具有热烈期盼，却又担心失去什么，或担心自己不愿接受的事情发生而产生的。

（4）冷漠。冷漠是一种情绪反应强度不足的表现，表现为对人对事漠不关心。

（5）愤怒。愤怒是在个人欲求和意图受到妨碍或制止时产生的情绪体验，它是人的基本情绪反应之一。

（6）恐惧。恐惧是当人感到危险、想要躲避并维护个体存在的一种情绪体验。

（二）情绪调节的含义

情绪调节是个体有意识地和自愿地调节自己有哪些情绪、什么时候产生这些情绪、如何体验和表达这些情绪的过程。情绪调节过程中，情绪的成分发生了变化。情绪调节具有明显的目的性，即个体通过运用一定的情绪调节策略，对情绪进行合理的控制，使个体能够与外界环境相适应。

情绪调节能力体现在以下四个方面。

（1）自觉力。时刻都清楚自己处于怎样的情绪状态，不能忽视情绪的存在，这是一种自我内心觉醒的能力。

（2）理解力。明白情绪的来源不是外界的人或事物，而是自己的内心世界。

（3）运用力。认识负面情绪的正面价值和意义，从另一个角度去理解它、运用它，使其发挥"正面情绪"的作用。

（4）摆脱力。当某种负面情绪不能帮助自己获得成功和快乐时，尽量使自己从这种情绪中摆脱出来，进入另一种能对自己有帮助的情绪状态。

管理情绪的能力可以缓解消极情绪对外部行为的影响，也就是说，当个体在社会交往中选择适当、有效的情绪调节方式时，一方面可以缓解消极情绪对自身的影响，另一方面也可以促进个体与他人交流沟通的畅通和有效性。

（三）常用的情绪调节方式

1. 情感求助

平时和同学、老师、朋友、家人建立亲密的互助关系，在情绪不稳定或感到压抑时主动和他们分享自己的感受，比一个人独处冥想、自怨自艾好得多。在情绪不稳定的时候，找人谈一谈具有缓和、抚慰、稳定情绪的作用。另外，交谈有助于交流思想、沟通感情，增强自己战胜不良情绪的信心和勇气，能更理智地对待不良情绪。在必要的时候，也可以向专业的心理辅导机构求助。

2. 认知应对

认知应对是转换看问题的角度，以一种更加积极的方式理解使人产生挫折、生气、厌恶等负面情绪的事件，或者对负面情绪的事件进行合理化处理，形成正面情绪。

改变对负面情绪事件的理解，改变对负面情绪事件个人意义的认识，如安慰自己不要生气、是小事情、无关紧要等。受了他人的气，可以换位思考，试着去了解他人的感受，进而获得全新的视角和感觉，让自己站得更远，看问题更客观。

自我暗示也是一种认知应对的好方法。通过自我的语言沟通引起或抑制自己的某种心理或行为，既可以放松过分紧张的情绪，也可以用来激励自己。

> **讨论**
>
> 如何进行积极的自我暗示？
>
> 请填空。
>
> | | 消极的自我暗示 | 积极的自我暗示 |
> | --- | --- | --- |
> | 当你刚刚在同事面前做了一件蠢事时，你对自己说 | 现在他们知道我很没用 | 下次，我会…… |
> | 当你做一件很困难的事情的时候，你对自己说 | | |

续表

	消极的自我暗示	积极的自我暗示
当你干了一件很漂亮的事情时，你对自己说		
当你入不敷出的时候，你对自己说		
当你跑着去参加一个很重要的会议的时候，你对自己说		

3. 情绪表露

情绪表露是合理发泄情绪，在适当的场合，用适当的方式来排解心中的不良情绪。发泄可以防止不良情绪对人体的危害。例如，适当地哭一场、痛快地喊一回、毫不掩饰地写日记、进行剧烈运动，这些方法都可以发泄不良情绪。

当然，发泄的方法不同于放纵自己的感情，不同于任性和胡闹。如果不分时间、场合、地点而随意发泄，不仅不会调控好不良的情绪，还会造成不良的后果。

二、压力管理

（一）压力的含义

心理学认为，压力指人们由于一些已经发生或即将发生的、存在的或虚幻的事件而产生的精神困扰，并且这些困扰严重影响了人们的精神思想和行为语言。

社会学认为，压力是一种状态，在这种状态中，我们的身体和心理失去平衡。为了恢复平衡，我们会激发出极大的动力。

（二）压力对个体的影响

一般来说，工作压力与工作绩效之间的关系可用耶克斯和多德森在 1908 年提出的耶克斯-多德森法则的倒 U 型曲线来表示，图 7-1 所示为工作压力与工作绩效之间的倒 U 型曲线。

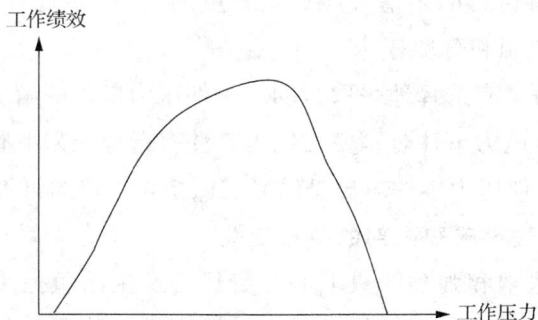

图 7-1　工作压力与工作绩效之间的倒 U 型曲线

这个模型认为适度的压力水平能够使业绩达到顶峰状态，过小或过大的压力都会使工作效率降低。因此，压力对工作绩效的影响要一分为二地看待。如果员工没有遇到挑战，他们会感到厌烦并失去工作动力，这会导致低压力和低绩效。随着压力的逐步增加，情境变得越来越有利于个体行为的有效发挥和工作绩效的提高，并在中等压力水平上达到绩效高峰。 但压力一旦超过临界值，就会起反作用。当外部压力源的强度超出了身体的承受能力时，就会出现警示信号，如：

（1）身体的变化。当个体压力过度时，会出现头痛、消化不良、胃痛、心动过速、疲劳、手心出汗、腰痛、心神不定、入睡困难、头晕、颈肩绷紧、耳鸣等症状。

（2）自身的行为表现。如果个体出现了专横、暴食、酒精摄入过度、抽更多的烟、挑剔别人、办事能力差、晚上磨牙齿、性欲减少等行为，就可以确认身体正处于超负荷状态。

（3）自身情绪变化。如果个体出现忧虑、神经紧张、感觉生活没有意思、急躁、生气、无原因的不快、孤独、心烦意乱、无能为力以及压倒一切的压力感等情绪症状时，就意味着压力过重。

（4）认知方面的变化。例如，表现为思路不清、健忘、优柔寡断、注意力不集中、经常担心、缺乏创造力等。

（5）人际关系中的感受。个体感到孤立、缺乏亲密感、不能宽容或不信任他人、气愤、躲避、唠叨等都是压力过度的反应。

（三）压力的自我管理

1. 正视和分解压力源，有选择地采取行动

心理学研究认为，任何需要调节或适应的要求都是人们感受到的压力源。在生活和工作中，个体面对的需要调节或适应的要求是多种多样的。当个体面临较大压力时，要主动对各种压力事件反映出的压力源进行理性分析。

压力的自我管理

要根据压力事件的性质及其对自身的影响，学会分解生活、工作中的外界压力源，把自己感到有压力的事情按照影响程度的大小，列一份压力名单。分解压力将有利于更好地控制和驾驭压力。

要区分轻重缓急，有选择地采取行动。一件压力事件的解决，意味着某种压力的解除。当面对很多压力事件时，要对压力事件有选择地采取行动。有的先做，有的后做，有的忽略，使压力事件对自身的影响保持在一定的可控的限度内。

2. 加强自省，敏锐感知内部的身心变化

受较高的事业追求和强烈的进取心、责任心及生活负担重等相关环境因素的影响，个体群体中的大多数人往往是身在重压之下，甚至处于超负荷状态，却对压力浑然不觉；或者由于缺乏相关知识，对于身体、心理以及行为上发生的变化多采取熟视无睹、视而不见、任其发展的态度，结果造成压力累积，甚至出现压力越大效率越低，效率越低压力越大的情况，形成恶性循环，直至造成身心伤

害。因此，对自己的身心变化保持一种清醒意识，准确把握自己的压力程度，是积极应对压力的重要原则。个体要密切关注自己的身体、行为、情绪、认知、在人际关系中的感受等方面的变化，如果发现有相应的症状，就代表个体的生活和工作处于压力超负荷状态，需要及时进行调整。

3．主动放松，控制压力反应强度

早在 20 世纪 70 年代，赫伯特·本森和他的哈佛医学院同事在自己的研究基础上，首次提出了应用"放松反应"来对抗压力反应的思路。本森和其他人所做的大量研究表明，通过放松反应技巧练习，可以降低机体唤醒水平，减轻焦虑和抑郁，增强适应能力。在生理指标上，表现为血压下降、心率变缓、呼吸频率降低和新陈代谢率下降，使人保持一种镇定的放松状态。

对大多数个体而言，读书、听轻音乐、睡觉或闲逛等可能是惯常使用的放松方式，但这些方式只是使身体感到放松，并不能激发用来应对压力反应的"放松反应"。可以诱导出放松反应的常用技巧包括：呼吸放松法、渐进性肌肉放松法、冥想、自我暗示、想象放松或者仅重复简单的词语、句子或动作等。

4．优化人际交往，寻求社会支持

社会支持是个体在生活中感受到的来自周围他人情感上的关心和支持，是个体采用应对压力策略和应对外部行为的重要外部资源。良好的社会支持有利于身心健康。

从理论上讲，社会支持主要从四个方面为个体提供积极帮助。

（1）提供关于个体被信任和被接受的信息。即无论遇到什么困难，无论其个人特质如何，个体的价值经验总会得到承认。这种信息将会提高个体的自信。

（2）获得有利于对问题事件进行说明、理解和应对的支持。

（3）可以满足个体与人接触的需要，转移对压力问题的忧虑或者通过直接带来正面的情绪影响来降低压力反应。

（4）获得财力帮助、物质资源或所需服务等多方面的帮助。

5．改变认知评价，修正自我预期

认知评价是指个体从自己的角度对遇到的各种压力事件的性质、程度和可能的危害情况做出的估计。在压力与健康的关系中，对压力的认知评价是核心问题。对一个人来说只是一件具有挑战性的事，对另一个人来说可能构成巨大的压力。

个体减轻自身压力，不但要合理认知，而且要有适度的自我预期。一方面，要勇于撕掉消极的"自我标签"，如"我不行""我年纪大了，记性不好""我不会和人交往"等，或者有一些绝对化的观念和信念，如"我应该让同事和领导都喜欢我""我必须完美地做好每一件事"等。这些"自我标签"束缚了自己的生活和工作，同时增大了职业压力感。要合理进行目标定位，避免极端化、夸大化、概括化。

另一方面，要辩证地认识和评价面临的事物，既承认自己的不足，又看到自己的长处，换个角度对待职级的升迁、利益的得失、人生的变故等，在相应方面的压力感就能减轻。过于执着于从个人经验、认知角度去解释事件，往往是压力形成的重要因素之一。学会以积极的心态去面对一切，试着换个角度去看待问题，辩证地分析事件的利弊，把压力变为工作动力，也是个体缓解自身压力、维护身心健康的重要方面。

案例分析

苏轼逆境中旷达的人生态度①

苏轼，字子瞻，又字和仲，号东坡居士，北宋眉州眉山（今属四川省眉山市）人，宋代重要的文学家、政治家。其作品为宋代文学最高成就的代表，题材广阔，清新豪健，善用夸张比喻，独具风格。苏轼与其父苏洵、其弟苏辙同列唐宋八大家，合称"三苏"，与黄庭坚并称"苏黄"。词开豪放一派，与辛弃疾同是豪放派代表，并称"苏辛"。其著有《东坡七集》《东坡易传》《东坡乐府》等。

苏轼一生几经起落，因在北宋多次的政治斗争中坚持己见，多次遭到降职、罢黜，曾先后流落于黄州、惠阳及儋州。虽然历经波折，但在苏轼的文学作品中很难发现郁郁寡欢、悲观叹气之作，反而展现了一种放任自然、洒脱达观的精神面貌。

苏轼二十一岁时随父亲苏洵一起出川赴京参加科举考试，凭借策论《刑赏忠厚之至论》一文清新洒脱的文风，得到主考官欧阳修的赏识，并因欧阳修的一再称赞而名噪京师。苏轼在仕途初期，就因反对王安石变法而得罪革新派，不得已请求出京任职。即便远离了政治中心，苏轼也没有避免被卷进政治漩涡的霉运。在其四十三岁时因"乌台诗案"险些被杀，乌台诗案可谓苏轼一生的一个重大转折点。

在经过乌台诗案的风波之后，苏轼被降职赴黄州任团练副使这一低微而无实权的职位，心情一度变得低落，但其仍在此期间写下了《赤壁赋》《后赤壁赋》和《念奴娇·赤壁怀古》等流传千古的佳作，不但寄托了此时心中怀有的志向，也表达了自己对于这一切打击的旷达。苏轼在工作之余于黄州城东坡地与家人一起开垦、种地来帮补生计，"东坡居士"的雅号就是来源于此。

在宋神宗驾崩之后，宋哲宗即位，高太后临朝听政，以王安石为首的革新派被打压，保守派的司马光被任命为宰相，苏轼也迎来了他东山再起的机会。在苏轼正仕途通畅之时，因不满保守势力执政后的种种弊端，再次对皇帝提出谏议，继而又迎来了保守势力的诬陷，不得已又再一次自请外调。可见苏轼虽挚友颇多，但在政治上毫无帮派之好，事事以国家社稷为先，因此不为新、旧两股势力所容。

元祐六年，苏轼再次被招入朝之后，又因政见之歧被外调。后高太后去世，

---

① 黄曙. 苏轼逆境中旷达的人生态度[J]. 品牌，2014（10下）：255-256.

宋哲宗亲政，新党再起，苏轼面临再次被贬的命运。先是惠阳，最后竟被发落至海南儋州，而北宋时期的海南岛乃一处蛮荒之地，是北宋极为偏远的一片土地，据说发落至此是仅比满门抄斩轻一等的罪行处罚。此事若换作他人，定是人生低谷，而苏轼却在这偏远之地开创了自己的一番功绩。苏轼在儋州兴办学堂，开课授书，使许多人不远万里追随至此。而海南的文化也因苏轼的播种而开始萌芽，此后不久竟有人中了科举，连苏轼本人都对此称奇，并赋诗云："沧海何曾断地脉，珠崖从此破天荒。"至今在儋州仍流传有苏轼的众多传说，更有大量以东坡命名的地方，纪念着苏轼在此处的功绩。放逐儋州可谓苏轼仕途、人生的低谷，但他却在此时爆发出了更大的力量，而没有心灰意冷，可谓其旷达人生态度的一个鲜明例子。

苏轼的仕途之路充满坎坷，低谷多于显赫，但他并没有沉陷于悲观、消极之中，纵观其低谷时期的作品、其放逐之时的所为，更多是一种怡然自乐、安然处之的洒脱。

问题：苏轼是如何克服人生的挫折的？结合自己的经历，谈谈如何克服困难。

课后实训

一、自我认知和接受反馈实训

我认识的"我"与你认识的"我"

（一）实训目的

人对自我的认知往往存在着"约哈里窗口"揭示的盲区。本项目的练习目的，在于通过对自我认知和接受反馈的训练，解除强加在自己身上的障碍，接收反馈信息，以信息共享方式精确认识自我形象和知觉偏差。

（二）实训内容

（1）训练背景。

通过比较自我的认知和其他人对自我的认知，解除自我认知的盲区，以及通过信息共享，更好地进行自我认知。

（2）训练步骤。

在 4～6 人组成的小组内进行练习，每个人都准备好笔和几张纸。每个人在纸的上端，分别写出组内一个其他成员的名字和自己的名字。每个人在相关的每一张纸上写上关于这个人的 5 种个人品质，或 5 种工作习惯或特点，或 5 个长处或弱点。以上各项都是他对组内每个成员（包括他自己）的感性认识。

将纸交给组内每个相关的成员。每个成员轮流朗读别人对自己的感性认识（如有不明之处可以请求解释）和自己对自己的感性认识。

（3）小组讨论。

为什么你自己对自己的认识和别人对你的认识有差异？导致这些差异产生的

原因是什么？如何认识自己和认识别人？

（三）项目训练注意事项

（1）教师在学生分组的时候注意人员的搭配，组内成员最好相互比较熟悉。

（2）小组训练的时间控制在 20 分钟左右，讨论的时间为 10 分钟，然后请每个小组推举一位成员把本小组的训练情况和讨论结果向大家进行说明。

（3）教师最后针对如何接触自我认知的盲区和接受反馈的技能进行总结。

二、分析题

观看电影《阿甘正传》，分析讨论阿甘是如何帮助自己和他人的？你怎么理解"人生是一个甜蜜的巧克力盒子"？

第八章　正式沟通

学习目标

1. 掌握与上级沟通的技能；
2. 掌握与平级沟通的技能；
3. 掌握与下级沟通的技能。

引导案例

秘书，让两位部门经理结怨

"吴经理，您好！我是市场部门王经理的秘书小柳，王经理让我告诉您本年度的财务报表请您尽快做，他等着看呢！"说完，小柳转身走了。

吴经理心里十分别扭。他和王经理是一个级别的，他主管财务，王经理主管市场，凭什么你让你的秘书来指使我，太没分寸了。

其实，王经理需要财务报表作为参考数据来完善明年的市场开发计划，他告诉小柳去向吴经理的秘书要财务报表，如果没做好，可以等做好以后发邮件给他。

小柳去的时候发现吴经理的秘书不在，又不甘心空手回去。她就直接找到吴经理，发生了上述的事情。

自此以后，财务报表是一拖再拖，用吴经理的话说，每个财年的最后一个月才出财务报表，现在才 10 月底，等 12 月份再说吧。

最后没有办法，在总裁出面下，王经理终于要到了财务报表，不但耽误了工作进度，同时与吴经理的"梁子"就此结下了。

问题：小柳的做法有什么问题？下级如何跟自己上级的同级沟通呢？

组织中沟通的形式包括正式沟通和非正式沟通。正式沟通是指依据规章制度规定的原则和渠道进行的沟通，信息和观点沿着企业的组织结构、管理路线（等级层次）流动。组织沟通应该以正式沟通为主，因为正式沟通具有权威性、可控性、保密性。

在正式沟通中，信息的流动有三个方向。下行沟通从高层管理者流向员工，分享高层的决策并提供信息，帮助员工完成他们的工作。上行沟通从员工流向高层管理者，准确、及时地提供关于问题、形势、机会、抱怨和执行的报告，从而让管理者解决问题并做出决策。平行沟通在部门间流动，帮助员工分享信息、协调任务以及解决复杂问题。

三个方向的沟通都有其特殊的障碍和处理之道。处理好正式沟通，才能使人们协调有效地工作，凝聚团队力量，实现对组织的有效控制，实现组织目标。

第一节　与上级的沟通

上级是管理当中的主体，决定着管理的方向。如果与上级沟通到位，至少在以下方面会带来相应的利益。

（1）获得资源。一个部门资源是有限的，与上级沟通得越好，上级对下级的计划、思路越了解，会多给予支持。若上级没有资源分配权，也会在他的上级面前尽量争取。

（2）获得机会。一方面是做事的机会，下级即使有完美的计划和方案，但上级不给机会和时间，下级就无法获得机会。另一方面是个人发展的机会，公司如果有提升的机会，上级会考虑推荐。

（3）获得指导。相对来说，上级经验要丰富些，能够解决下级碰到的很多困难和问题，上级的适时点拨和指导会使下级少走很多弯路。

（4）排除障碍。有些事情凭下级自身能力或权力是难以做到的，与上级沟通好，上级可以帮助下级排除障碍，达成目标。

因此，任何人如果想在组织中高效地完成工作，同时在职业领域中获得个人成就，必须有很强的与上级沟通的意识和技巧。

一、上级对下级的要求

讨论

留下哪位？

一个公司有四个实习生，他们的上级吩咐他们去做调查市场，了解一下某商品的数量、价格和品质，这四个实习生的表现各有不同。

A 说："主管，对不起，我现在手头的事情很多，市场调查的工作可能不能完成了。"

B 说："好的！"10分钟后他把在网上找到的商品信息告诉了上级。

C 说："好的！我马上去！"一个小时后他回来了，拿到了一家供应商的商品信息。

D 也说："好的！我马上去！"三个小时后，他把一份书面资料交给主管，上面用表格罗列了各个供应商的商品信息，包括数量、价格、品质，以及供应商的地址、电话，并简单做了一个统计分析。

如果你是上级，你会留下哪位？

通过这个小例子，我们可以大概了解上级对下级的要求。

（一）执行命令

西点军校有一句校训："没有错误的命令，只有错误的执行。"这句话在职场中一样适用。如果员工不具备执行力或执行力较差，就不可能有较高的工作效率和业绩。执行上级的命令，尽责、支持、承诺、响应，这是下级的职责。

当下级在执行命令时，认为上级的决定或者命令有错误的，可以向上级提出改正或者撤销该决定或者命令的意见。上级不改变该决定或者命令，或者要求立即执行的，下级应当执行该决定或者命令，执行的后果由上级负责，下级不承担责任。但是，下级执行明显违法的决定或者命令的，应当依法承担相应的责任。

（二）主动沟通

上级的工作面比下级大，他不可能事事过问，这就需要下级主动沟通，及时汇报、沟通信息。有些人不主动、不热心与上级沟通，把同上级积极沟通看作阿谀奉承，这样沟通不到位，很容易与上级产生矛盾和冲突，也会逐渐失去上级的信任。

（三）理解分忧

优秀的下级不是被动地执行命令，完成分内之事，他们还会换位思考，站在上级的角度理解上级，把上级忧虑的事情当作分内之事，主动提出建议、勇挑重担、分忧解难。在上级工作出现困难时，他们会帮上级出谋划策，当好参谋，而不是遇到困难往上推，碰到重担绕着走。

总的来说，优秀的下级会时刻问自己：上级期望我做什么才能对他的工作有帮助？我做的哪些事会妨碍上级实现目标？

二、上、下级沟通的障碍

上级和下级因其职位不同，赋予两者的责任与权力肯定也不同，拥有的资源和获取的信息也会不同，那么思考的问题同样不同，上、下级的正式沟通障碍往往就是这些"不同"。

（一）出发点不同

上级关心的是工作完成了没有，注重目标，希望下级的汇报简明扼要。

下级在汇报的时候希望上级能多给点时间，多听听自己是如何完成任务的，遇到了什么困难，自己是如何克服困难的，希望上级能够体谅自己、表扬自己。

（二）期望不同

听取汇报时，上级期望听到工作的结果和进度。通过听取工作汇报，上级给予下级工作指示，对下级的工作给予理解和鼓励。

向上汇报时，下级期望向上级描述自己的进度和工作结果，通过工作汇报得到上级的指导和建议，获得说明自己和部门工作好与坏的机会，得到上级积极的工作评价。

（三）评价不同

上级容易发现下级在工作中的不足。在一般情况下，上级只关注结果，而很少关注过程。

下级希望从上级那里得到公正的评价，希望上级对自己的工作态度和努力给予评价。

三、与上级沟通的基本原则

（一）遵守管理规律和组织制度

正式沟通要求依法依规办事，有章可循。因此，在一般情况下，与上级的沟通应根据组织的正式等级链进行，逐级沟通，不可越级。注意组织制度中对权限和流程的各项规定并严格遵守。

与上级沟通的
基本原则

（二）了解你的上级

对上级的了解程度，决定着你的沟通方式和沟通效果，决定着你和上级合作的默契程度。对上级的了解，包括他的价值观、性格特点、思维方式、个人好恶、情绪变化规律、工作目标、对你的期待等。了解了这些，你就可以主动适应上级，以更好地辅助上级做好各项工作。

（三）尊重但不吹捧

吹捧是夸大其词的奉承，是言过其实的赞扬，是别有用心的谄媚。吹捧与尊重截然不同。在任何场合，下级都要充分尊重上级并维护上级的权威，积极支持、配合上级的工作。沟通态度应该谦逊、低调；说话语气要温和，表达方式要委婉；善于请示，勤于汇报；提建议要适时、适度。

（四）请示但不依赖

在工作上，不能超越自己一定范围内的权限，不能越俎代庖。对超出自己决策权限的事情必须请示汇报，请示的时候必须有自己的建议和方案，这样才能让上级了解你的作用与能力。但在自己职权范围内要勇于负责，敢于工作，不能事事请示，遇事没有主张。

> **讨论**
>
> **哪种表达方式是"请示"？**
>
> —— "我这样做您同意吗？"
>
> —— "您告诉我该怎么做？"

（五）主动但不越位

对工作要积极主动，敢于直言，善于提出自己的意见，不能唯唯诺诺。当然，下级的积极主动、大胆负责是有条件的，不能擅自超越职权。现实中，越位常常表现为决策越位、表态越位、干工作越位、答复问题越位等。

四、与上级沟通的步骤

与上级沟通的步骤如下。

（一）仔细倾听上级的指示，并确认

注意倾听以下信息。

上级下达的指示是什么？上级下达指示的依据是什么（为什么是这样的指示）？需要多久完成？由谁来完成？怎么完成这个指示？

采用复述、确认、记笔记的方法跟上级讲话，并观察上级的非语言暗示。倾听时不讨论、不争辩。

例如：领导要求完成一项关于某公司的团体寿险计划，你应该根据自己的记录复述，并获得领导的确认。你可以这样说："总经理，我对这项工作的认识是这样的，为了增强我们公司在团体寿险市场的竞争力（Why），您希望我们寿险部门（Who）于本周五之前（When）在某公司总部（Where）和他们签订关于员工寿险的合同，请您确认一下是否还有补充。"

（二）必要时提建议

上级下命令之后，往往会关注下级对该问题的解决方案，希望下级能够对解决该问题有大致思路，以便在宏观上把握工作的进度。此时，你可以适时提出自己的想法和合理化建议。高质量的建议应该是具体的，有数据资料、有说服力的。提建议的时候要注意对事不对人，维护上级的尊严，点到为止，让自己的想

法从上级的嘴里说出来；出选择题，方便上级决策；多从正面阐述自己的观点。同时，要切记"决策权属于上级"，这是铁的原则，千万不要越位代理。

（三）拟订详细的工作计划

工作计划首先需要提交上级审批，再据此开展工作。详细的工作计划要明确九大要素：前提、目标或任务、目的、战略、责任人、时间表、范围、预算、应变措施。

（四）工作中随时向上级汇报进度

在部队参加过军训的人可能都记得，每天早晚列队时，总少不了这一流程："报告首长，今天应到××人，实到××人，有××人事假，××人病假……"，每次报告的内容略有变化，但最后一句永远不变："报告完毕。""报告完毕"是结束语，此语一出，首长便对已经发生的情况做到了心中有数。

下级在工作过程中应该让上级知道自己现在在干什么，取得了什么成效，及时听取上级的意见和建议，同时，下级也要让上级知道自己的能力与态度。汇报的时点一般有以下几个。

1. 做好工作计划时

做好工作计划时，应当向上级汇报一下，让上级了解计划的内容，提出建议。

2. 工作中遇到一定困难或取得一定成果时

工作进行到一定程度时，无论遇到困难还是取得成果，都要让上级心中有数，以获得帮助或者支持。

3. 工作中出现意外

工作中出现意外，要及时汇报，寻求支持和帮助，也让上司认识和把握全局。

4. 需要做出超权限的决策时

超出权限的事请示上级，一方面是表示尊重，另一方面也让自己不用承担不必要的责任。超出权限范围的事情，很容易失控。

5. 工作出错时

很多人报喜不报忧，其实这样的结果是很不好的。工作中出现失误，一定要及时汇报，有利于上级早点采取措施来减少损失。

（五）工作完成后要及时总结汇报

总结汇报要注意以下几个方面。

1. 够主动

任何命令不管完成与否，都必须主动在规定时间内汇报。对不好的消息，越早汇报越有价值，这样做有利于组织针对消息及早采取相应的应对策略以减少损失。如果延误了时机，就可能铸成无法挽回的大错。

2. 有方案

汇报不是"讨教"。讨教的公式是"您告诉我该怎么做？"而汇报的公式是"我这样做您同意吗？"下级不能带着问题来找上级要答案，而应带着解决方案来汇报。

一份用于正式决策的汇报方案，要包含四个要素：事实、观点、建议、预测。事实是当前正在做的事务或者项目，描述事实要有细节；还得对事实加工，形成自己的观点；建议必须明确、具体，至少要给两个；不仅要给出积极预测，还要给出消极预测。

3. 说明白

一般是先说结果，再说过程（原因），最后补充细节。总之，上级最关心、最想知道的，一定要先说。要客观准确、用数据说话；条理性要好，善用"一、二、三"，简单精准；总结成功经验与不足之处。

4. 懂感恩

总结汇报时，总免不了谈到取得的成绩和荣誉，切记一定多用"我们"做主语，把集体的智慧和力量放在首位，不要忘记感谢上级的正确指导及他人的配合。

第二节　与平级的沟通

平级沟通包括同一层级的管理者或员工之间进行的部门内或跨部门的沟通，以跨部门沟通为主。与平级沟通时，由于权力、等级是一样的，谁都不能拿谁怎样，因此经常会僵持不下，难以正常沟通。但平级沟通很重要，很多工作需要各个部门之间、同事之间进行有效的合作。因此，我们必须掌握平级沟通的基本原则。

> **讨论**
>
> **遇到抢功劳的同事该怎么办呢？**
>
> 蒂娜是一家公司的销售主管，一直踏踏实实做事，领导交给她的任务无论多难都会想尽办法完成。但是蒂娜有一位同事，自己没什么能力，却总爱抢别人的功劳。有一次领导让蒂娜去攻克一个重要客户，并让这位同事协助她，蒂娜对她也没什么戒心，就带着她多次一起拜访客户。由于这位客户很欣赏蒂娜的工作能力，也认可她的合作方案，因此蒂娜很顺利地拿下了这单业务。没想到这位同事虽然在蒂娜面前说了很多恭维的话，但是却第一时间在私下里给领

导做了虚假汇报，把蒂娜贬低得一无是处，把功劳都记在自己头上，说蒂娜只会和客户吃吃喝喝，连客户公司都懒得拜访，是她往客户公司跑了很多趟，才凭着辛苦和诚心拿到了合同。领导相信了她的话，从此对她格外重视，对蒂娜越来越冷淡。事后蒂娜才知道是同事在背后抢功劳。

一、平级沟通的障碍

（一）部门间、同事间存在着目标和利益的冲突

分工的不同导致部门目标不一致。例如，财务部门看重成本控制，营销部门看重销售数字，生产部门看重生产计划完成情况，各部门目标可能相互矛盾。再如，确定了一个项目总的时间，而公司内部如何在各相关部门间分配时间可能造成冲突。同时，业绩考核也是造成部门本位主义、相互竞争、相互猜忌、相互保密，甚至相互敌对的主要原因。

（二）缺乏对彼此工作难度的了解

很多人都过高地看重自己与自己部门的价值，而忽视其他同事和其他部门的价值。不能公正看待其他同事和其他部门工作的价值，总把他人当作自己的配角，一旦出现问题，马上就把责任推到与自己不相关的部门，很少设身处地地站在其他部门的角度思考问题，理解他们的难处。例如，销售部门为满足客户需求，答应提前交货，可是他们不了解生产部门的流程，在客观上需要一定的时间，这就可能与生产部门产生冲突。

（三）性格有差异

一般来说，从事的工作不同，从业人员的性格会有些差异。例如，研发人员比较理性一点，销售人员比较灵活一点，财务人员比较刻板一点。这种性格的差异，会给沟通带来一定的障碍。

（四）感情交流不够

由于工作不在一起，缺乏感情交流，略显生疏，所以缺乏沟通的氛围。

二、平级沟通的原则

（一）权责分明，流程清晰

平级沟通的原则

权责不清就会很自然地出现部门之间、同事之间的扯皮、推诿现象，甚至会出现"谁都管、谁都不管"和"谁都干、谁都不干"的恶果，不仅影响工作，也会影响部门之间和同事之间的人际关系。所以，组织内部一定要分工明确、责任到人，流程有章可循、责权利对等，做任何工作都要按照管理体系的要求，保存工作过程的各种记录，让工作有可追溯性。

（二）大局为重，协作双赢

无可讳言，各部门间、同事间一定同时存在合作与竞争的关系。部门间、同事间若想进行建设性的沟通，一定要强调"合作"，淡化"竞争"。合作的关键在于拥有大局观念，强调共同目标。大局观念就是在工作中不仅做好自己的分内工作，还要努力使全局工作协调一致。不能动不动就是："这个是××负责的，不归我管。"要主动配合，不推诿，在自己分管工作与他人分管工作发生矛盾时要先人后己，主动礼让，把方便让给别人，把困难留给自己。团队合作的时候，相互拆台，嫉贤妒能，易事难为；而互相弥补，积极配合，难事可成。当然，如果平级双方协商不成功，应根据组织规则交由上级协调。

以下是几个平级良好协作的例子。

根据计划，研发中心颜经理想在下个月招聘几名工程师。还没有等他去找，人力资源部门经理已经打来电话："老颜，你们部门原来计划在下个月招聘几名工程师，这个计划有没有变化，需要我这里做些什么准备……"

销售部门肖经理接到行政部门邢经理的电话："肖经理吗？下一周公司要召开董事会，车辆比较紧张，你们下周如果有什么接送工作，这周就先把单子给我们，这样我们好提前给你们做用车计划……"

研发中心经理拿着收据去报销，财务部门柴经理说："根据公司规定，一律凭发票报销，你刚才也介绍了这张收据属于很特殊的情况，这样吧，你放在这里，我回头请示一下总经理，好不好？你们不要来回跑了……"

（三）宽以待人，严于律己

批判性思维要求我们要多自省，有过错先找自己的问题。当部门之间出现沟通不通畅的时候，先找找自己部门的问题，切忌一出现问题就开始推诿责任"要不是你们部门……客户怎么会跑单""要不是你……这件事情怎么会失败"……

平级讲究合作，口吻不可强硬压人，应该用商量的口吻说话。例如，"您看我们部门需要怎么配合你们部门的工作？""我的报表明天中午交来，会不会给你们的工作带来什么大的不便？""我有一个想法，说出来给您参考一下。"

（四）真诚待人，联络感情

你面对的是长期共事的同事，凡事以诚实为上策，这样才能提高合作意愿，共同解决问题。平级沟通最忌欺骗、隐瞒事实，信任关系一旦破坏，将导致无法长期合作。

频繁的互动有助于建立彼此的熟识度，让你更容易设身处地地想问题。因此，可以创造非正式沟通场合跟同部门或其他部门的同事聊聊天，增进了解。

（五）积极竞争，注意技巧

合作与竞争，是平级关系中不可分割的两个方面，合作中包含竞争，竞争中又包含合作，合作推动竞争，竞争有助于更好的合作。只讲合作而不讲竞争，最终将削弱自己的竞争能力。因此，一方面我们应该自觉树立竞争意识，对平级既要热诚合作，又要敢于竞争；另一方面要用正确的态度和积极的方式去对待竞争。搬弄是非、诋毁诽谤、贬低别人抬高自己，这些做法有可能取得一时的效果，但从长远看绝对是害人不利己。

第三节　与下级的沟通

懂得如何与下级沟通的上级，才是称职的上级，才会更有凝聚力和领导力，才能充分调动团队的积极性和主观能动性，让下级发挥出最大的能力与价值，让自己赢得下级的信任和事业的成功。

一、与下级沟通的障碍

我们常常看到有些上级有下面的表现。

下级汇报工作时，上级还没听完就认为明白了他的想法，便打断下级的话，滔滔不绝地发表自己的观点，然后以某些指令结束谈话；

当下级提建议时，上级觉得他的建议很幼稚而一笑了之；

当下级工作出了问题时，上级并没有耐心帮他分析；

当下级向上级咨询时，上级觉得制度、任务都很清楚，下级理解能力差。

与下级沟通最大的障碍来自"位差效应"。"位差"主要指权力、地位等方面的差距，"位差"会导致高端的信息可以流向低端，而低端的信息却难以流向高端，正如水不会从低处流向高处一样。这种情况被管理学者称为"位差效应"，即由于地位的不同使人形成上位心理与下位心理。上、下级的沟通往往因为"位差效应"而使对话变成了单向沟通。

因此，与下级沟通的关键是要用心去沟通，用平等的心态去倾听他们的呼声，尊重他们的想法，让他们参与决策，求同存异，达成共识，真正与下级交心。

二、与下级沟通的原则

（一）平等沟通

上级和下级之间仅仅是职务上的区别，职务的高低意味着责任和权力的不同，但是权力是用来安排工作的，绝非是决定人格

与下级沟通的
原则

等级的。上、下级在人格上是平等的，是共生共荣的关系。在位差难免存在的情况下，上级要放下架子、平等待人、尊重下级，切不可自高自大、盛气凌人。即使在对话中有不同看法，也要以理服人，而不能自以为是、仗势欺人、以权压人。

（二）多鼓励少批评

1968 年，美国心理学家罗森塔尔和他的助手通过实验提出了"期望效应"。实际上，把"期望效应"应用到管理上也是一样的。对下级的良好表现及时给予表扬，会向下级传递一种积极的信号——你表现得很优秀——让下级增强对自己的信心，自动自发地做出更佳的表现。

对下级要以表扬为主，批评为辅，营造巨大的号召力、向心力、凝聚力，收到"上下同心，其利断金"的效果。

（三）多听少说

倾听是有效交流的一种方法，它需要包容、理解、尊重、信任。上级不要无情地打断下级的表达和诉说，不要把自己的看法强加于下级，不要不等对方把话说完就主观臆断。高智慧的上级是"多听少说、先听后说、三思而后说"。

三、与下级沟通的技巧

（一）创造鼓励性沟通氛围

沟通氛围是组织成员对组织沟通总体特征的感知。下级会有意识或无意识地感知到一个组织内占主导地位的沟通氛围，并且顺从这种氛围进行沟通。

鼓励性沟通氛围能让人们在陈述自己的观点时感到非常安全，确信自己是有价值的。在鼓励性沟通氛围下，人们能够去尝试提出新的问题或讨论一些不确定的事件。鼓励性沟通氛围有助于在组织内部释放能量，因为人们不必像在防御性沟通氛围中那样，为了保护自己不受伤害而花费过多的精力。

鼓励性沟通模式如表 8-1 所示。

表 8-1　鼓励性沟通模式

鼓励性沟通模式的特点	实例
描述性	现在的陈列顺序和公司标准不一致，我们需要整理顺序
问题导向	我们应该怎么做才更好？
理解性	我明白你的工作负担不轻，我们应该一起来解决这个问题
平等性	看起来我们这里有问题，你有什么好主意吗？
不确定性	虽然我经历过许多事，但仍然不可能知道每件事

而在防御性沟通氛围中，人们因为总担心被否定而变得谨慎和退缩。听众会摆出反攻的姿态，致力于证实自己是正确的，因此处于防御性沟通氛围中的听众很少

听清信息并且常常歪曲沟通者的价值观和动机。

防御性沟通模式如表 8-2 所示。

表 8-2　防御性沟通模式

防御性沟通模式的特点	实例
评价性	你把整个陈列顺序都搞乱了，我都不知道如何调整了
控制性	就按我说的办
中立性	我只是按规定办事
优越感	你好像什么都不会！要不是我告诉你，这事你肯定搞砸了
确定性	我经历过最难的时期，我知道它是怎么回事

由于上级可以对组织的沟通氛围产生很大的影响，因此应该有意识地创造鼓励性的沟通氛围，使沟通更加开放和透明。

（二）下指令

下指令一定要明确指令的内容和意图，简言之是 5W2H1L，即 Who（执行者）、What（做什么）、When（时间）、Where（地点）、Why（意义和重要性）、How（怎么做）、How many（工作量）、Love（好态度）。

例如，某上级要下达一项任务给下级，指令如下。

"小赵，请你整理出 11 月份的质量月报，在明天上午下班前发邮件给李总，注意质量数据的准确性，这是李总要召开 11 月份质量例会的资料。"

这个指令就包含了"5W2H1L"。

Who（执行者）——小赵

What（做什么）——整理质量月报

How（怎么做）——数据准确

When（时间）——明天上午下班前

Where（地点）——李总邮箱

How many（工作量）——11 月份的质量月报

Why（意义和重要性）——质量例会的资料

Love（好态度）——"请你"

（三）表扬

> **讨论**
>
> 哪种表扬方法效果更好？
>
> 某企业营销部门的小王做事非常干练，工作效率很高，上级第一天下达任务，第二天小王就做出了执行方案，而且可操作性很强，上级非常满意，于是

决定好好表扬小王一番。

　　第一种表扬方式："小王，干得不错呀，我非常满意！小伙子年轻有为，好好干吧！"

　　第二种表扬方式："小王，昨天我交给你的方案，真没想到你一大早就交给我了，非常迅速。我看了一下，方案中对产品卖点和客户需求把握得非常准确，并且可操作性很强。这非常有利于我们营销工作的具体实施，也保证了营销工作的效果。从这事能看出来，你有很强的客户意识，工作效率非常高，而且创造力很强，你的这种工作精神特别值得大家学习，谢谢你！辛苦了！"

　　作为管理者，在表扬他人时需要具备一定的方法和技巧，必须掌握三项核心要素：行为、影响和肯定。

　　（1）行为，就是上级在表扬下级时，应该具体明确地指出下级的优秀事迹和行为细节。

　　（2）影响，就是上级在表扬下级时，应该说出下级的表现带来的影响与贡献。

　　（3）肯定，就是上级表扬下级时要给予肯定、鼓励，告诉下级你对他的表现很高兴，可以与下级握握手或者拍拍下级的肩膀，以此表示对下级出色表现的肯定。

　　总而言之，上级表扬下级需要记住三个要点：首先谈下级的行为，然后基于行为谈影响，最后说出对下级的肯定。

　　在上例第二种表扬方式中，上级对小王的表扬中谈道"真没想到你一大早就交给我了，非常迅速。我看了一下，方案中对产品卖点和客户需求的把握非常准确，并且可操作性很强"，这是对小王行为细节的表扬；"这非常有利于我们营销工作的具体实施，也保证了营销工作的效果"，这是对具体行为影响的表扬；"你有很强的客户意识，工作效率非常高，而且创造力很强，你的这种工作精神特别值得大家学习，谢谢你！辛苦了！"，这是对下级的肯定。在表扬中，上级和下级的关系会更加融洽。

（四）批评

　　上级批评下级的技巧可参见第三章第四节中的"建设性反馈"的内容。

📖 案例分析

失败的沟通

　　王岚是一个典型的北方姑娘，在她身上可以明显感受到北方人的热情和直率。她喜欢坦诚，有什么说什么，总是愿意把自己的想法说出来和大家一起讨论，正是因为这个特点，她在上学期间很受老师和同学的欢迎。今年，王岚从西安某大学的人力资源管理专业毕业。她认为，经过四年的学习，自己不但掌握了扎实的人力资源管理专业知识，而且具备了较强的人际沟通技能，因此她对自己的未来期望很高。为了实现自己的梦想，她毅然只身去广州求职。

经过将近一个月的反复投简历和面试，在权衡了多种因素的情况下，王岚最终选定了东莞市的一家研究生产食品添加剂的公司。她之所以选择这家公司是因为该公司规模适中、发展速度很快，最重要的是该公司的人力资源管理工作还处于尝试阶段，如果王岚加入，她将是人力资源部门的第一个人，所以她认为自己施展能力的空间很大。

但是到公司实习一个星期后，王岚就陷入了困境。

原来该公司是一个典型的小型家族企业，公司中的关键职位基本上都由老板的亲属担任，其中充满了各种裙带关系。老板安排了他的大儿子做王岚的临时上级，而这个人主要负责公司的研发工作，根本没有管理理念，更不用说人力资源管理理念，在他的眼里，只有技术最重要，公司只要能赚钱，其他的一切都无所谓。但是，王岚认为越是这样就越有自己发挥能力的空间，因此在进公司的第五天，王岚拿着自己的建议书走进了直接上级的办公室。

"李经理，我到公司已经快一个星期了，我有一些想法想和您谈谈，您有时间吗？"王岚走到经理办公桌前说。

"来来来，小王，本来早就应该和你谈谈了，只是最近一直扎在实验室里就把这件事给忘了。"

"李经理，对于一个公司尤其是处于上升阶段的公司来说，要使公司持续发展必须加强管理。我来公司已经快一个星期了，据我目前对公司的了解，我认为公司主要的问题在于：职责界定不清；员工的自主权力太小致使员工觉得公司对他们缺乏信任；员工薪酬结构和水平的制定随意性较强，缺乏科学合理的基础，因此薪酬的公平性和激励性都较低。"王岚按照自己事先列的提纲开始逐条向李经理叙述。

李经理微微皱了一下眉头说："你说的这些问题我们公司也确实存在，但是你必须承认一个事实——我们公司在盈利。这就说明我们公司目前实行的体制有它的合理性。"

"可是，眼前的发展并不等于将来也可以发展，许多家族企业都是败在管理上。"

"好了，那你有具体方案吗？"

"目前还没有，这些只是我的一点想法而已，但是如果得到了您的支持，我想方案只是时间问题。"

"那你先回去做方案，把你的材料放这儿，我先看看然后给你答复。"说完李经理的注意力又回到了研究报告上。

王岚此时真切地感受到了不被认可的失落，她似乎已经预测到了自己第一次提建议的结局。

果然，王岚的建议书石沉大海，李经理好像完全不记得建议书的事。王岚陷入了困惑之中，她不知道自己是应该继续和上级沟通还是干脆放弃这份工作，另找发展空间。

问题：分析王岚与上级沟通时存在的问题。

课后实训

一、情景操作题

1. 假如和你上级平级的 A 当着你的面责骂你的上级 B，你怎么处理？

2. 你的上级 B 带你一起去向 B 的上级 A 汇报工作。在汇报过程中，A 突然发难责问 B，而你对这个事情了如指掌，你的上级 B 不知道如何应对，作为下级的你应该如何处理？

3. 如果你的上级 B 坚持这个方案应该向西，但是你上级的上级 A 却告诉你应该向东，你该如何处理？

4. 上级经常鼓励你动脑筋发掘问题，并提供解决问题的途径，你认为发现并解决问题是员工职责之所在，所以一向尽职尽责。但是最近你发现，上级将你的方案改头换面之后呈现给他的上级，而丝毫没有提及你的贡献，面对喜好邀功的上级，你该怎么办？

5. 你参加工作不久，受到上级组织的重用，有的老同事对你不服气，对此，你该怎么办？

6. 你刚进入公司，部门的一位老员工经常倚老卖老使唤你做他的业务，你该怎么办？

7. 项目团队中，你经验较少，需要与一位能力较强的员工合作完成某项工作，但他似乎很担心你比他强，总是用各种借口拒绝你的请教，你该怎么办？

8. 小李新来单位，觉得单位人际关系很复杂，常常沉默寡言，他对工作很认真，但是出了小问题也不向领导解释，领导认为这是消极抵抗。如果你是小李的同事，你该怎么帮助他？

二、分析题

以下是李可撰写的小说《杜拉拉升职记》中描述的 DB 公司的人物关系。请根据此材料，画出 DB 公司的组织结构图，并说明是何种组织结构类型、其信息沟通的路径。请解释为何分管财务的副总裁柯必得不向中国总裁何好德报告工作而是向亚太财务副总裁报告工作。

DB 公司的人物表

乔治·盖茨——DB 全球 CEO。

罗斯——DB 美国总部地产部总监。

"萝卜"——亚太总裁。

何好德——中国总裁，向亚太总裁"萝卜"报告。

柯必得——副总裁，分管财务，向亚太财务副总裁报告。绰号"老葛"。

罗杰——副总裁，分管销售和市场，向何好德报告。绰号"十万"。

李斯特——人力资源及行政总监，向中国总裁何好德报告。

王伟——大客户部销售总监，向中国总裁何好德报告。

托尼林——商业客户部销售总监，向中国总裁何好德报告。

约翰常——市场部总监，向中国总裁何好德报告。

陈丰——商业客户部南区大区销售经理，向托尼林报告。

邱杰克——大客户部南区大区销售经理，向王伟报告。

张凯——大客户部南区小区销售经理，向邱杰克报告。

岱西——大客户部东区小区销售经理，向东区大区销售经理报告，后升为东区大区销售经理。

玫瑰——助理行政经理，后提升为行政经理，向李斯特报告，后离开。

杜拉拉——广州办行政主管，向玫瑰报告。

李文华——招聘经理，向李斯特报告，后离开。

王宏——薪酬经理，向李斯特报告。

杰生——招聘专员，向李文华报告，后离开。

雷恩——薪酬专员，向王宏报告。

王蔷——北京办行政主管，向玫瑰报告，后离开。

吕贝卡——总裁助理，向何好德报告。

约兰达——副总裁助理，向罗杰报告。

伊萨贝拉——总监助理，向王伟报告。

第九章 非正式沟通

学习目标

1. 了解组织中非正式沟通的影响；
2. 掌握组织中非正式沟通的管理原则。

引导案例

如何粉碎可恨的八卦

李娜是一家广告公司业务部门的新进员工，虽然去年才大学毕业，工作经验比不上部门的其他员工，但她的交际能力不错；同时，由于部门的老员工经常在工作上指导她，所以她取得了主管的认可，主管考虑重点培养她。这让同部门的小胡很不舒服，想不通为什么自己工作认真负责，为人也不差，只是因为交际能力弱，就不能得到主管重用。当看着李娜得到主管赏识，还成为重点培养的对象时，嫉妒心理让小胡在同事之间捏造了"八卦"，说李娜的工作能力并非有多强，能得到重用是因为她跟主管有特殊关系。虽然这一谣言没有太多实质性的内容，但很快在公司传开了。不久，李娜也知道了这一谣言，这让她感到很沮丧，自己明明在努力工作，而同事们仿佛更愿意相信她是依靠其他关系才取得今天的成绩的。

问题：为什么公司会有八卦？如何粉碎可恨的八卦？

组织中的非正式沟通指的是组织成员不通过正规的组织沟通路径进行的沟通。非正式沟通以组织成员间的社会关系为基础，不受组织的监督、层级次序的限制。

在网络时代，沟通变得更直接、更快捷，如通过微信朋友圈，人们可以跨越传统的权力等级链了解大量的组织信息。很多正式沟通与非正式沟通的边界越来越模糊，有时候甚至出现非正式沟通干扰正式沟通的情况。因此，不论是个人还是管理者都需要对非正式沟通有全面的认识，只有这样才能有针对性地管理好非正式沟通。

第一节 非正式沟通概论

一、非正式沟通的特点

（一）沟通路径是非正式的

非正式沟通不是组织规划的，其沟通路径也是非正式的，具有发散性的特点，由一点可以任意通向沟通网络中的另一点，具有自由流动的特质。

（二）沟通内容是非正式的

非正式沟通内容是非正式的，主要是就相互关心的话题进行沟通。虽然沟通中也会出现大量的工作内容，但是其导向并非按照正式沟通的要求进行。

（三）沟通规则是非正式的

非正式沟通没有按照正式的规则进行，其沟通的进行和发起是任意性的，一般没有正式的议题、形式和发起者。

二、非正式沟通的作用

（一）非正式沟通的积极作用

尽管有些管理者们几乎坚信"八卦"对工作负面影响极大，有些公司甚至还制定了严格限制八卦的制度——谈论同事的闲话可能面临被解雇。然而事实上，非正式沟通并非那般一无是处。"无论是正式沟通还是非正式沟通方式，都能对下属的沟通满意度产生正向效应。"[①]

1. 弥补了正式沟通的不足

在企业中，组织结构是相对固定的，沟通的方式、方法也是相对固定的。这就决定了其沟通方式单调、信息传播缓慢、等级观念强、具有强制色彩、人情味不足。事实上，正是由于正式沟通网络的固有局限性，刺激了更灵敏、更畅通的社交媒体在组织环境中的增长。人们通过非正式沟通的人际传播，更快捷地、更多方面地、更平等地获得信息，获得安全感，满足了人们的社交需求。

2. 沟通效率高

非正式沟通常常是面对面的，省略了沟通的中间环节和烦琐程序，使信息传递速度更快、反馈更及时。所以，管理层可以利用非正式沟通网络，迅速测试出员工对某项管理措施的反应。例如，某公司的总经理最近遇到一个问题：他不能

[①] 张莉，林与川，迟冬梅. 组织沟通方式对沟通满意度的影响：沟通认知与沟通倾向的调节作用[J]. 科学学与科学技术管理，2012（2）：167-175.

给所有员工都加薪，但又担心不加薪会影响员工士气。于是他把"将给少数重要员工加薪，获得加薪的员工将承担更多责任"的计划告诉一位下属。不出所料，消息以很快的速度从员工论坛流传开来。在得到员工的积极反馈后，他的计划顺利实施。

3. 信息传递更具情感色彩

非正式沟通可以脱离企业的等级结构，建立在人际关系基础上，并且可以满足员工们的安全需要、社交需要和尊重需要。例如，新员工通过非正式沟通可以融入公司的社交网络，迅速增强在同事中的认同感，和大家打成一片，早日适应新环境，从而避免被排斥的孤立感。

（二）非正式沟通的消极作用

1. 干扰正式沟通

非正式沟通的主体、内容、路径、规则是没有制度约束的，传播的信息无须审核、验证，有些小道消息无中生有，经过传播者不断失真的编码、解码、反馈，最终以讹传讹，导致重大失真，影响组织的凝聚力和正式沟通的权威性、公信力，甚至出现难以控制的局面和形势。

2. 泄露机密信息

组织中有大量的机密信息，如设计资料、程序、产品配方、制作工艺、制作方法、管理诀窍、客户名单、货源情报、产销策略、招投标中的标底及标书内容等技术信息和经营信息。如果不严格管理，很多非正式沟通如无意中的闲聊、微信朋友圈的图片、饭桌上的交谈，都很有可能泄露组织的机密资料和信息。

3. 破坏人际关系

有些非正式沟通会滋生别有用心的谣言、恶毒的人身攻击，容易引发同事之间的相互猜忌，可能促进小集团、小圈子的建立，影响员工关系的稳定和团体的凝聚力。

> **讨论**
>
> **互联网公司为什么会形成"花名文化"？对管理有什么利和弊？**
>
> 现在很多中国的互联网公司都存在"花名文化"，如阿里员工的武侠花名、腾讯员工的英文名、京东员工互称兄弟、百度和字节跳动的员工互称同学等。

三、非正式沟通频率最高的时点

当人们急于知道某一事件的发展态势，却又难以从正式的沟通渠道得到信息、急于求证时，更容易受到非正式沟通的影响。组织中，非正式沟通频率最高的时点归纳如下。

（一）组织的变革时期

当组织处于变革期时，员工对组织未来的目标和结构、资源的配置、利益的重新分配等信息高度关注，这时候信息的获取往往是通过非正式沟通。需要注意的是，在这一阶段，非正式沟通过程中信息的失真表现得最为突出，因为在信息发送、传递过程中，加入了很多的个人意愿色彩，这种不准确的信息传播会误导组织成员，有时候会成为组织变革的阻碍力量。如果这种沟通是积极的，则会在组织中形成一种"齐心协力、共渡难关"的氛围。

（二）新人加入和人才流动频繁时期

新人加入就要尽快融入组织，了解组织的各方面信息是新人成为组织一员的必经程序，由于从官方渠道得到的信息是远远不够的，非正式沟通正好弥补了这一不足。此外，适当的人才流动是正常的，但人才流动的背景、人才流动的原因有些是显性的，有些是隐性的。一般来说，组织不会对人才流动的状态做出说明，在这种情况下，相关信息就会通过非正式沟通渠道传播。

（三）家长式的管理方式及决策透明度不高的时候

家长式的管理方式强调和推崇的是高度集权，实行专制式决策，通常以伦理规范代替行为规范，从而使组织中的一些小团体和成员对这一类决策心存疑虑，只有通过非正式的沟通渠道、在非正式的场合对组织的管理做出评价，如组织裁员、兼并、引进新技术等都是决策不透明时非正式沟通中常见的话题。一方面，这种沟通有助于向组织成员更好地说明管理，弥补管理者沟通中的失误；另一方面，那些对此类敏感话题未经证实的不真实内容的传播，可能会产生极为严重的后果，如破坏组织成员的关系，瓦解员工对组织的忠诚。

（四）组织内部发生冲突的时候

组织内部冲突的发生很大程度上是由组织内部正式沟通渠道不畅造成的，在正式沟通渠道存在问题时，组织成员一般会寻求非正式沟通渠道进行沟通。在这种情况下，只有使整个组织成为一个全方位传递交流信息的网络，帮助成员获取相关的组织内部信息，并利用这些信息为自己的工作服务，才可以减少冲突的发生，提高组织效率。

第二节　非正式沟通的管理原则

非正式沟通的
管理原则

有效的企业管理应以正式沟通为主，但非正式沟通是客观

存在的，不论是个人还是管理者都应该正视其利弊，正确管理。

一、个人管理非正式沟通的原则

（一）严于律己，遵守制度

在组织中，个人应该严格要求自己，以工作为重，以正式沟通为主，自觉遵守组织的沟通制度，明确各类信息传播的对象、内容、空间范围、渠道、信息组织形式、时点、反馈方式，尤其涉及组织的机密信息，更要遵守保密义务。

（二）理性分析，冷静处理

在组织中，难免卷入非正式沟通，或是有人跟你说了小道消息，或是你成为小道消息的主角。很多小道消息都是与个人利益密切相关的敏感话题。听到这些言论，要理性分析其真假，不要被自己原先的立场局限，先寻求客观事实，再进行逻辑推理，不信谣、不传谣。即使有些小道消息确实为真，也应以组织正式通知或发文为准，不要去传播或确认。

当你成为八卦主角，被同事误解、遭受非议时，要冷静处理，寻找解决问题的方案。以组织大局为重，用事实证明自己。也可以积极争取组织支持，用官方的信息攻破谣言。同时也要反思自己的言行举止，如果自己真有错，还不如承认和改正，得到公众的理解和支持，逐渐消灭八卦。如果有些小道消息已经变为恶意的诽谤，必要时需要拿起法律武器捍卫自己的名誉。

（三）正面传播，团结友爱

在组织中参与一定的非正式沟通，有助于个人在同事中获得社交和情感上的支持，达成相互理解，并获得归属感。因此，一些无伤大雅的职场八卦，可以适度与同事分享，但不应该涉及个人是非及隐私话题，应该多传播正面的信息，如赞美。例如，你见到性格比较内向的同事小陈今天精心打扮，穿了一件飘逸的连衣裙，十分吸引人。如果直接上前表达自己的欣赏，很可能会换来对方觉得你不怀好意的探究眼神。而如果不经意地传递一个小道消息："小陈，小王刚才悄悄跟我说，你今天这裙子把全公司人的眼光都吸引去了。"对方也许会不好意思地说："哪有……""她真的这么说了？"——这就是"小道消息"的神奇力量。

如果组织中"小道消息"是传递正面信息和正能量的，那么组织就会渐渐形成团结友爱的文化。

二、组织管理非正式沟通的原则

管理者需要了解、适应和管理非正式沟通，使其为组织服务。

（一）注意培训，加强管理

组织要建立健全各种正式沟通流程和制度，要从新员工入职培训开始，强调组织内部人际沟通的要求、技能和策略。各种制度公开化、透明化，培养员工通过正式沟通渠道了解信息的意识和习惯。制定商业秘密管理制度，要求员工履行保密义务。

只有组织成员都十分清楚地知道自己应该参与沟通的详细过程和要求，才能遵循规则，产生正确完整的沟通行为。管理者也可以通过顺畅的正式沟通渠道对员工的需求、意见进行整合，及时采取有效措施，最大限度地满足员工的利益需求。

（二）冷静理性，区别应对

管理者面对小道消息时不应过于情绪化，应该冷静理智，区别对待，有效管理。

现实中，有很大一部分小道消息纯属人们茶余饭后的谈资，仅供人们消遣、打发时间而已。对于这类小道消息，没必要严厉禁止，激化矛盾。

如若遇到小道消息关涉重大、影响恶劣时，理应严肃追查，查个水落石出，并酌情处理相关人员。

（三）信息透明，公正公开

禁止非正式沟通通常会事与愿违，从而导致更多猜疑。非正式沟通往往是由于缺乏正式的信息沟通才产生的，因此有效地阻止小道消息的办法就是使信息公开化。尤其在网络时代，组织应公开管理沟通的规则、方式、方法、渠道、内容，用规范的、权威的正式沟通系统，代替随意的、失控的非正式沟通系统，减少人们的好奇心和猜疑度。

（四）扬长避短，合理利用

管理者应该把非正式沟通作为正式沟通的一种有益补充，广泛应用于组织行为、领导艺术和人力资源管理。

利用非正式沟通了解组织员工的需求。小道消息是下属意见、态度和情绪的"晴雨表"，其背后隐藏着一些重要的信息，高明的管理者通过小道消息就可以知道下属都在关心、焦虑什么，了解下属对一些事情的意见、态度等。

利用非正式沟通进行"问题员工"管理。"问题员工"往往是因为正式沟通无效而产生的特殊问题。非正式沟通在"问题员工"管理中的效果优于正式沟通，非正式沟通可以提供一种平视的角度、宽松的环境和无拘无束的氛围。沟通双方特别是员工一方能够放下心理包袱，敞开心扉，吐心声、道真言、说实情，或者为管理者提出中肯的意见和建议。

利用非正式沟通推进"知识学习"。非正式沟通信息传播速度快，员工间交流频繁，在这样一种随性状态中往往会无意识地传播知识。例如，科研人员的喝茶闲聊，往往能相互启发，碰撞出创新的灵感。管理者应多观察了解，识别出组织成员对知识的不同需要，然后给予友持与培训；有意识地鼓励员工们认识到人际关系网络能够在传播知识方面发挥作用，为组织成员间的知识学习提供经费、时间、场所等客观条件的支持，将非正式组织的私人性活动"正式化"，让非正式组织能够健康成长。

案例分析

当你在电梯里遇见领导①

心理学研究表明，每个人周围都有磁场，当关系不密切的人进入这一磁场时，人体磁波会受到干扰，不经意间，就生成了不自在、紧张的情绪。假如在狭小的电梯里只剩下你和不那么熟悉的领导时，你如何打发这几十秒独处的时间？如何化解尴尬，巧妙赢取印象分？

功夫在电梯之外——王重（公司办公室主任）

电梯相遇，是一个很自然地接触领导，并且让领导记住自己的机会，但把握这种机会的功夫，却在电梯之外——乘电梯的时间非常短，一般只有十几秒，长的也就三四十秒。在这么短的时间内，除非极端情况，否则很难给领导留下深刻的印象。

所以，即使偶尔一次表现不佳，也不必过分紧张。

言谈举止不卑不亢、大方得体、保持微笑，就能基本过关。若想更进一步表现，就必须做好电梯之外的功课——首先是认人，尤其是公司里的关键人物，见到脸就得对应出名字、部门和职务，准确率必须100%；其次要能随口就来一些家长里短的问答，以备不时之需。例如，我常常会和领导聊一下双方都比较感兴趣的话题，如"今天天气真好啊！""我来的时候特堵车，您呢？""昨天的球赛看了吗？"等。不要聊工作上的事，或拿自己不懂装懂的事情来聊，这样只会适得其反。

此外，了解电梯礼仪非常重要。例如，有没有等待正快速赶过来的人，有没有主动帮助不便按楼层的人，进出电梯的时候是否礼让女士或上级等。切记，好印象不仅是说出来的，更是做出来的。

主动开口找话题——叶花果（贸易公司职员）

有一天上班时，我和领导进了同一部电梯。我先问好，彼此寒暄了两句，领导直奔主题："工作进展得怎么样了？"当时，我在负责一个项目，正进行到关键阶段，却出现了一点小问题。

① 胡巍. 管理沟通与领导力开发[M]. 北京：清华大学出版社，北京交通大学出版社，2009.

领导可能是随口问的，我却犯了难，词不达意地"嗯嗯啊啊"了几句，电梯门已经打开……

还有一次，我和领导聊了两句天气之后，领导就缄口不言。我只好机械地盯着跳动的楼层数字，感到特别不自在。

后来，我反省了一下，得出结论：电梯里遇见领导，要么就聊天，要么就简单谈工作。在聊天的时候，我尽量让自己表现得很轻松，对方的新衣服、新领带，近期的热门影视剧、热点新闻等，我都会拿来当成谈资。经过观察，我发现领导并不反感这些话题，有时说得意犹未尽，差点拉我去他办公室继续聊。

有时，领导主动问起我的工作，我吸取教训，尽量简明扼要地回答。有一次，领导在电梯里问我对公司新产品的看法。我回答："我去看过门店了，新产品卖得不如我们预期的好，顾客反映说我们的宣传册做得不像上次那么有针对性。"这番话里面有三层意思：第一句，表明我在工作；第二句，指出我发现了问题；第三句，给出了问题症结。

不留神成了"环保标兵"——李仲杰（超市人力资源主管）

读书时曾经听英语老师说，英国人爱谈论天气，原因是"不会涉及敏感内容"。我把这个经验应用在电梯里，效果不错。

一天早晨，因为下雪，我迟到了，公司新来的部门经理也迟到了，我们恰好在电梯里"面对面"。我对经理说："您看，这雪景多好。公交车司机只想着欣赏景色了，把我们这车人都给忘了，车子开得像蜗牛爬。"经理说："是啊，这天气开车，安全第一呀！"后来，经理发话：那天迟到一个小时以内的员工，不扣钱了。

还有一次，我加班到晚上8点多，离开时在电梯里遇到销售部的林经理，因为不属于一个部门，彼此不太熟，寒暄的话题还是天气："光顾埋头赶活儿了，也不知道外面天气怎么样？"林经理说："我刚才出去了一趟，起风了，够冷的，要不要搭我的车回家？"我心想：人家客气，可别不识趣儿。我赶紧推辞说："我家就在附近，不麻烦您了。"

最有意思的是前几天下大雨，我把自备的鞋套套在脚上，走进了电梯。抬头一看，公司老总正从头到脚打量我，大概是刚才我影响了电梯启动。我赶紧解释："在家我就这样，外面一下雨，进家就套上鞋套，免得把老婆刚擦的地板弄脏，都习惯了。不好意思，耽误大家了。"没想到老总大发感慨，吩咐前台接待员，在雨雪天的时候准备一些擦鞋布，以保持办公室的卫生。半个月后，公司的刊物上还刊登了《从鞋套看尊重他人的劳动》的文章，我一时间竟然成了"环保标兵"，真让我始料未及。

问题： 根据案例内容，请归纳与领导进行非正式沟通的方式、方法。

课后实训

一、沟通游戏

"我说你画"

两人一组，背对背地坐着，A 拿一幅图画，B 领一张白纸。A 自由随意地描述图画，B 尽量按 A 的描述在白纸上画出图画，A 仅描述，B 不能询问。

游戏完成后两人一起对照图画，想想如何改进沟通的方式，提高效果。

二、分析题

（1）在几乎人人都离不开微信的当下，你有没有"最反感的微信好友"？你最不能忍受的微信沟通行为有哪些？我们应该注意哪些微信礼仪？

（2）你喜欢班级（或所在的组织）的哪些非正式沟通方式？你希望组织还有哪些非正式沟通方式？为什么？

（3）你不喜欢班级（或所在的组织）的哪些非正式沟通方式？为什么？如何减少这些非正式沟通的负面影响？

第十章 面谈

学习目标

1. 了解面谈的特征；
2. 能组织一次成功的面谈；
3. 掌握面谈的技巧。

引导案例

一次绩效反馈面谈

领班：小王，这两天我想就你近来的绩效考核结果和你聊一聊，你什么时候比较方便？

王明：领班，根据排班，我今天下午休息，明天有婚宴接待，后天以后行吗？您定吧。

领班：我星期五也没有其他重要安排，那就星期五？上午九点怎样？

王明：没问题。

星期五之前，领班认真准备了面谈可能用到的资料，他侧面向王明的同事了解了王明的个性，并对面谈中可能会遇到的情况作了思考。在这期间，王明也对自己本月的工作情况对照考核结果进行了反思，并草拟了一份工作总结和下月学习计划。

（星期五上午九点，办公室，宽敞明亮，领班顺手关上了房门，在桌边坐下，王明侧坐在领班右侧。）

领班：小王，今天我们打算用一个小时左右的时间对你上个月的工作情况做一个回顾。在开始之前，我想还是先请你谈一谈你认为我们做绩效考核的目的是什么。

王明：我觉得绩效考核有利于对优秀员工进行奖励，特别是在年底作为发放奖金的依据。不知我说的对不对，领班？

领班：你的理解与我们做绩效考核的真正目的有些偏差，这可能主要是我们给大家解释得不够清楚。事实上，我们实行绩效考核，一方面是为了肯定员工的成绩和优点，并对相应的业绩给予实事求是的回报；另一方面，也是为了找出工作中的差距和不足，以明确下一步改进的方向。同时，也利用绩效面谈这样一个沟通的机会，使领导了解员工工作的实际情况或困难，以确定可以提供哪些帮助，尽可能地为员工以后的发展创造条件。

王明（不好意思地）：领班，看来我理解得有些狭隘了。

领班（宽容地笑笑）：我们现在不又取得一致了吗？在开始今天的讨论之前，我们先明确一下评价的项目，包括工作态度、工作效率、工作技能。

王明：我觉得自己的工作态度没问题，可能工作效率上有些欠缺。

领班：好，那我们就来逐项讨论一下吧。你先说近期自己的工作情况吧。

王明：我本月有三项重要的工作：帮带本班组新员工、协助其他班组做好大型接待、完善班组的五常规范。这三项工作都比较艰巨，我认为完善班组的五常规范、协助其他班组做好大型接待这两项工作做得不错，但帮带本班组新员工方面有些欠缺。

领班：你对自己工作的总结比较全面，我再补充两点。第一，你本月在完善部门的五常规范工作中，表现很好，工作做得很细致；在大型接待时也和同事配合得很默契，而且主动加班加点把收尾工作做好，这些都是值得肯定的。第二，在本班组新员工帮带这个问题上你的表现就不尽如人意了。例如，你发现了新员工工作中存在的问题就应该及时指出，避免其在实际工作中犯错。另外，你在进行5月20日晚餐的收尾工作时打碎了一只水晶杯。在这一点上，请在下月注意。建议你最好制订一个新员工帮带计划，这样便于操作。

针对以上这些情况，我给你的打分是工作态度95分、工作技能92分、工作效率95分。对这个打分情况，你有异议吗？

王明：谢谢，没有意见，我一定会更加努力的。

领班：好，今天我们交流得很愉快。首先我们对本次绩效考核的标准达成了一致的意见，然后回顾了你在本月的工作绩效，接下来讨论了你的主要优缺点和今后的工作目标。我想，我们今天谈话的主要目的已经达到了，那么，回去以后希望你赶紧制订新员工帮带计划，制订完毕后及时与我沟通，我们另找一个时间再进行交流。谢谢你！

问题：请评价这次面谈。

第一节　面谈的含义和特征

面谈是管理沟通中常用的交流方式，如招聘面试、绩效反馈面谈、通过与顾客面谈进行产品推销或市场调查、与员工面谈了解信息以便进行心理疏导或给予建议和指导等。面谈是获得信息最丰富、反馈最及时、最具个性化的一种沟通方式。当然，面谈对面谈者的沟通技巧要求也很高。那么，面谈者如何掌握面谈技巧呢？

一、面谈的含义

面谈，是指任何有计划的和受控制的、在两个人（或更多人）之间进行的、参与者中至少有一人是有目的的并且在进行过程中互有听和说的谈话。面谈是指面对面的正式会晤，没有主持人。面谈的双方必定是一方处于优势，而另一方处于劣势。如果双方力量对等那就变成了谈判。

二、面谈的特征

（1）目的性。参与面谈的一方或双方有明确的目的，这是面谈区别于闲聊的重要特征。

（2）计划性。面谈与其他管理沟通一样，需要针对沟通对象的特点（听众策略分析），结合自身特点（沟通者策略分析），选择相应的信息编码策略、渠道策略和信息反馈策略。谈什么（What）、何处谈（Where）、何时谈（When）、与谁谈（Who）、如何谈（How）等都要有预先的计划。

（3）控制性。至少有一方处于控制地位，或者由双方共同控制。面谈是受控的过程，主题、时间、地点都不应该脱离计划。

（4）双向性。面谈必须是双向的而非单向的教训和批评。面谈过程中需要关注面谈对象的反应，需要掌握倾听的技巧。

（5）即时性。面谈一般要求沟通双方即时对沟通信息做出反应，反应速度要快。因此，面谈者要有灵活的信息组织技巧、强大的听众分析能力、快速的思维能力。

可见，面谈与闲聊、打招呼、寒暄等自发性的交谈有本质的区别。面谈与自发性交谈的对比如表 10-1 所示。

表 10-1　面谈与自发性交谈的对比

面谈	自发性交谈
有目的性	无目的性
有计划性	自发的
排除无关信息	欢迎无关信息
正式的	非正式的
受场所限制	不受场所限制
具有面谈特征	礼貌的寒暄
讲求技巧性	无须技巧性

第二节 面谈的组织

如何准备这次面谈？

　　如果你是一位物流管理专业的大四学生，为了完成毕业论文，通过指导老师介绍，你将要与本省一个大型的物流企业的总经理进行面谈，了解本省物流行业的发展情况。你如何准备这次重要的面谈呢？

　　当你面临类似这样的面谈时，你就会发现，面谈不是"见面"后"交谈"这么简单。成功的面谈是一个系统的过程，需要从以下三个阶段精心组织。

如何组织一次面试

一、面谈的准备

　　面谈不是随便聊天，而是一个有计划、受控制的过程，因此必须做好准备。你可以运用管理学中"计划职能"的相关知识，根据以下问题准备面谈。

（一）确立面谈目的（Why）

　　你希望面谈实现什么目的？是简单的传播信息？还是寻求信念或行为的改变？或是解决问题和寻求对策？还是探求与发现新信息？

（二）与谁面谈（Who）

　　你要跟谁面谈？你是否了解、清楚他的背景？他最可能出现的反应是什么？

（三）何时何地面谈（When、Where）

　　面谈在何地进行？在什么时间进行？它可能被干扰吗？

（四）谈什么（What）

　　面谈的主题和问题是什么？问题的类型是开放式的还是封闭式的？

（五）怎样谈（How）

　　你应该如何表现以实现你的目标？是迂回切入主题还是直接切入主题？先一般性问题再具体问题，还是先具体问题再一般性问题？你如何准备桌椅？如何避免被打扰？

二、面谈的实施

（一）面谈的开始

　　一般而言，面谈正式开始之前应该有一个开场白，营造友好和谐的气氛，同时对整个面谈进行概括性的介绍。你应该告诉对方，你面临的问题是什么；你是如何发现问题的；此次面谈的目的；征求对方的意见或寻求帮助；你将怎样利用面谈中获得的信息；等等。

（二）面谈主体内容的组织

面谈的主体部分是提出问题、回答问题、努力说服对方的过程。提问是达成目的的一个重要步骤和方法，有鼓励、探索、澄清、肯定、提醒的作用。

1. 问题的类型。

（1）封闭式的问题。

封闭式问题有点像对错判断或单项选择题，回答只需要一两个词。例如，您是哪一年进公司工作的？封闭式问题的常用词汇有：能不能、对吗、是不是、会不会、可不可以、多久、多少等。封闭式问题有事先设计好的备选答案，被面谈者问题的回答被限制在备选答案中。

封闭式问题的优点在于：①有助于将谈话内容局限在某个范围内，同时有利于获得特定的信息；②有利于以问题来控制谈话内容，避免被面谈者泛泛而谈；③容易回答，节省时间，文化程度较低的调查对象也能完成，被面谈者比较乐于接受这种方式，因而问题的回答率较高。对于一些敏感的问题，用封闭式问题往往比直接用开放式问题更能获得相对真实的回答。

但是封闭式问题也有一些缺点：①限制了被面谈者说话，可能会错过更重要的信息；②易使气氛冷淡、沉闷，使被面谈者感到自己是在受审问，而不是协商或被请来表达看法或讨论。

封闭式问题适用于对确定的主题寻求明确答案、寻找客观事实或个人经历的信息。

（2）开放式的问题。

开放式问题就像问答题一样，不是一两个词就可以回答的。这种问题需要解释和说明，同时向对方表示你对他说的话很感兴趣，还想了解更多的内容。例如，你对公司目前发展存在的障碍有什么看法呢？

开放式问题的优点在于：鼓励交流更多的心得，能更深入地了解人或问题的复杂性。

但是开放式问题也有一些缺点：①要求被面谈者有较高的知识水平和语言表达能力，能够正确理解题意，思考答案，并有条理地表达出来，因而适用范围有限；②被面谈者回答此类问题，需花费较多的时间和精力，加之许多人不习惯或不乐意用文字表达自己的看法，导致回答率低。此外，太多的信息会使回答泛泛而谈，无法归类和集中。

因此，开放式问题需要事先了解被面谈者优先考虑的事情，明确被面谈者的知识深度，弄清被面谈者的表述能力。

2．提问的结构顺序

提问顺序有两种，漏斗型顺序和金字塔型顺序。

（1）漏斗型顺序。

漏斗型顺序面谈使用演绎的方法，先问广泛的问题，再问较明确的问题，由大到小、由全面到具体，以逐渐理清对方真正的状况或需求。漏斗型顺序面谈如图 10-1 所示。

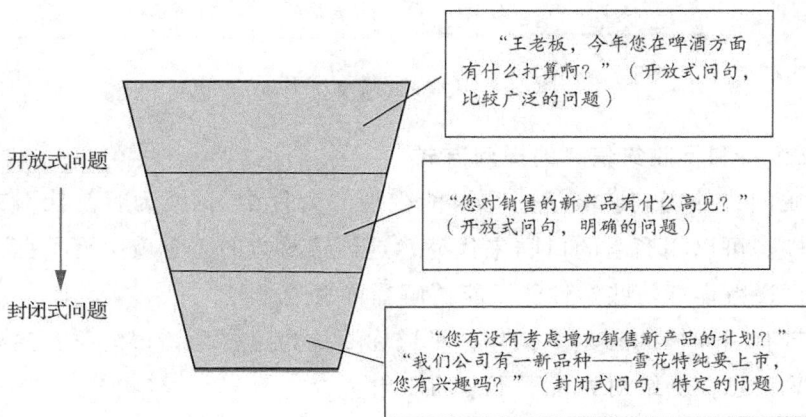

图 10-1　漏斗型顺序面谈

漏斗型顺序面谈从比较广泛的问题开始逐步进入特定的问题，如果回答的内容不利，就须展开另一套问题，回到漏斗的顶端。漏斗型顺序为开始一场面谈提供了一种容易而轻松的途径。被面谈者即使答错了开放式问题，也不会感到有压力。用这种方式组织面谈能得出很多详细信息。

在面谈者事先对事实了解不多时，应该采用漏斗型顺序的提问组织方式。或者当被面谈者对话题有情绪，并且需要自由表达这些情绪时，应当采用漏斗型提问顺序。

（2）金字塔型顺序。

有时候，采用漏斗型顺序一开始就问很宽泛的问题，如你认为怎么样？你感受如何？由于问题过于笼统而没有针对性，对方往往很难回答。此时为了鼓励对方，不如采用金字塔型顺序面谈，使对方既不好回避问题，又能提供具体的情况。通过逐步引导使对方进入讨论。

金字塔型顺序面谈从特定问题开始，再转移到更开放的问题，同时允许被面谈者用越来越笼统的答案回答问题，是一种归纳式的提问组织方式，由小到大、由浅入深、从小角度切入，步步为营，逐渐将话题转向宏观与深入。金字塔型顺序面谈如图 10-2 所示。

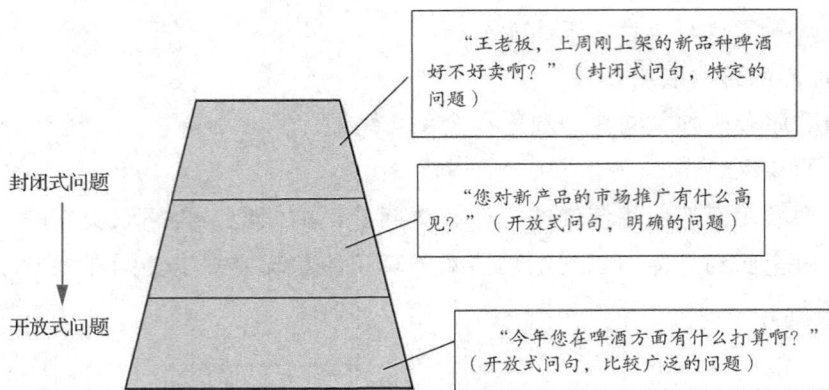

图 10-2　金字塔型顺序面谈

3．几个不利于收集信息的提问方式

（1）质问式的提问。要注意尽可能少说"为什么"，因为容易让对方感觉被审问和责怪。可以用商量的口吻来代替，这样给对方的感觉就会好一些。例如，你能不能再说得详细一些？你能不能再解释得清楚一些？

（2）带有引导性的问题。例如，难道你不认为这样是错误的吗？这样的问题不利于收集信息，会给对方留下不好的印象。

（3）多重问题。一口气问了对方很多问题，对方不知道如何去回答。这种问题也不利于收集信息。

（三）面谈过程的控制

1．提问的控制

提问要清楚明白、口语化、委婉，不要咄咄逼人；转换话题要及时、自然。最好事先准备提问的提纲。

2．倾听的控制

耐心听取回答，认真记录；不要评论；不要暗示；善于鼓励。如果你发现你的谈话对象开口畅谈十分困难，可以用下面的句子来开头："你能不能……""你认为如何才能……""依你的看法是……""你怎么会刚巧……""你如何解释……""你能否举例说明……"

3．关系的控制

积极维持面谈关系，保持合作。如果对方厌烦，可适当转换话题或休息，注意非语言沟通。

三、面谈的结束

结束面谈应当达到四个目的。

（1）一定要明确表示面谈即将结束。说一些类似"好吧，我的问题就是这些"的话，暗示和提醒对方面谈接近尾声。

（2）总结你得到的信息，向对方复述一遍，用来检查刚刚得到的信息的准确性。

（3）让被面谈者知道下一次面谈将干什么，如初步约定下一次见面的时间或审阅面谈报告等。

（4）不要忘记表示感谢。

案例分析

一次绩效面谈

（差5分钟下班，客服经理王明正收拾整理一天的文件，准备下班后去幼儿园接孩子，吴总走了进来。）

吴总：王明，你现在不忙吧？考核结果你也知道了，我想就这件事与你谈一谈。

王明：吴总，我下班后还有点事……

吴总：没关系，我今晚上也有个应酬，咱们抓点儿紧。

王明（无奈地）：那好吧。

（总经理办公室，办公桌上文件堆积如山。王明心神不宁地在吴总对面坐下）

吴总：王明，绩效考核结果你也看到了……

（电话铃响，吴总拿起了电话，"喂，谁？啊，李总呀，几点开始？好，一定……"）

吴总（通话用了五分钟。放下电话，笑容满面的脸重新变得严肃起来）：刚才我们谈到哪里了？

王明：谈到我的绩效考核结果。

吴总：喔，你上一年的工作嘛，总的来说还过得去，有些成绩还是可以肯定的。不过成绩只能说明过去，我就不多说了。我们今天主要来谈谈不足。王明，这可要引起你的充分重视呀，尽管你完成了全年指标，但你在与同事共处、沟通和保持客源方面还有些欠缺，以后得改进呀。

王明：您说的"与同事共处、沟通和保持客源方面还有些欠缺"具体指什么？

（电话铃再次响起，吴总接起电话："啊，李总呀，改成六点了？好好，没事，就这样。"吴总放下电话。）

吴总：王明，员工应该为领导分忧，可你非但不如此，还给我添了不少麻烦！

王明：我今年的工作指标都已经完成了，可考核结果……

吴总：考核结果怎么了？王明，别看我们公司人多，谁平时工作怎样，为人处世如何，我心里可是明镜似的。

王明（委屈地）：我觉得您可能对我有些误会，是不是因为在上次销售报告会议上我的提议与李部长发生冲突，弄得很不愉快……

吴总：你不要乱琢磨。你看看陈刚，人家是怎么处理同事关系的。

王明（心想：怨不得他的各项考核结果都比我好）：吴总，陈刚是个老好人，自然人缘好；但我是个业务型的人，比较踏实肯干，喜欢独立承担责任，自然会得罪一些人……

吴总：好了，李总又该催我了，今天就这样吧。年轻人，要多学习，多悟！

王明（依然一头雾水）：……

吴总自顾陪客户吃饭去了，留下王明一个人愣在那里。

问题：

1. 从面谈的组织方面评价此次面谈。

2. 如何提高面谈的技巧？

课后实训

一、情景操作题

小王是大三学生，打算考研，他联系了一位同城 985 高校的硕士生导师，老师的研究方向主要是机器学习、模式识别。一开始是邮件联系，小王把自己的简历、证书电子文档发了过去。最近老师想让小王去他实验室跟他见面聊一下，并约好了时间。小王应该如何准备此次重要的面谈呢？

二、分析题

1. 下面每一句话后面都有两种可能的对话，请你选择一种能使面谈保持有效性的回答。

（1）"我讨厌学校"

A."听起来你对学校厌烦了。"

B."学校怎么了？"

（2）"我的老板是笨蛋"

A."为什么你不告诉他少在公众场合对人指指点点的。"

B."听起来你对你的老板很生气。"

（3）"我真希望我能通过考试"

A."你对你在考试中的表现很担心。"

B."别担心，你一定能通过考试。"

2. 观看电影《时尚女魔头》女主人公面试的情节，分析讨论其此次面试的成败之处。

第十一章 会议

学习目标

1. 认识提高会议效率的重要性；
2. 掌握会议组织的步骤，能组织一次正式的会议；
3. 理解罗伯特议事规则，能在会议中运用此规则。

引导案例

高效而低成本会议的组织[①]

2005 年 8 月 19 日，"总部经济战略发展（北京）峰会"在北京举行。中华人民共和国科学技术部、中华人民共和国建设部、北京市委市政府、全国 53 个高新区的相关领导，美国、法国、南非等十几个国家的驻华使馆代表以及国内外研究总部经济的专家、学者等 700 余人齐聚一堂。

会后，就峰会的策划、实施情况，记者采访了本次峰会的秘书长冯斌先生。

冯斌告诉记者，从公司的角度讲，这次会议并不是一次商业行为，所以，组委会在选择参会人员时更关注其专业水平。对于有参会意向的人员，组委会会综合考虑其身份、职务、专业等是否与峰会主题相符，如果各方面完全没有问题，组委会就会将其纳入被邀请范围。然后，在被邀请者里面精心挑选出参会人员名单，组委会会多次与参会代表沟通，确保一切可能存在的问题都不出现，其基本流程是发邀请函→接收回执→确认参会人员到会时间→安排参会人员行程。组委会的工作人员会反复确认，直到参会人员完全确定了是否参会。待参会人员完全确定参会后，组委会的工作人员再确定峰会所需材料的数量，定量印刷，这样便大大节省了印刷及材料投入的成本。他说，公司组织过很多大的活动，每次的印刷费、材料费都很高，而且所印材料被大量浪费。但这次峰会，公司在人员上、财力上、物力上都投入较少，却取得了很好的效果，成本也是历次活动中最低的。（注：组委会的策划、执行人员共有 5～6 人。）

此次峰会为期一天，会议议程安排得相当紧凑，会议议程安排如表 11-1 所示。

---

① 张丽. 高效节能会议的组织技巧[J]. 中国会展·参展商，2005（20）：40-41.

表 11-1 会议议程安排

时间	地点	内容	报告人/主持人
07:45—08:30	世纪金源大酒店	出发至会议地点	
08:30—12:00	总部基地大讲堂	全体会议	×××、×××
12:00—14:00	休会、午餐时间		
14:00—16:30	分会		
地点	总部 30 号楼 5 层	总部 30 号楼 6 层	总部 30 号楼 7 层
题目	总部经济与区域经济发展	总部经济发展环境探索	总部经济发展与展望
16:30	休息		
17:00—18:00	全体参会代表：总部基地 3 区 30 号楼西门口乘车	参观北京总部基地	
17:00—18:00	中外媒体见面会：总部基地 3 区 30 号楼 5 层	总部经济战略发展（北京）峰会中外媒体见面会	
18:00—20:30	总部基地大讲堂	招待晚宴及演出	

细分峰会主题并宽泛讨论内容是组委会考虑比较多的。与会的演讲嘉宾都是分领域、分层次、分企业、分协会、分部门、分角度来确定演讲主题的，而且，这些主题是组委会的工作人员反复考虑后确定下来的。会前，每个嘉宾都做了充分的内容准备，确保了演讲质量。细分峰会主题的同时也节约了时间，缩短了会议议程。

冯斌表示，此次峰会效果良好，也是公司有史以来投入成本最低的一次，这令他们很欣慰。

问题：如何组织会议使得效果好、成本低？

会议是有两人以上参与的，有组织、有目的的一种短时间聚集的集体活动形式，具有集体性、程序性、规范性的特点。

会议是组织沟通中最普遍的一种方式，有效的会议有助于集思广益，协商解决问题，达成一致意见，从而推动组织进步。管理者经常要花大量的时间来开会。可是，很多会议效率低下，浪费时间和金钱，不仅不能解决实际问题，还对员工的身心健康带来伤害。糟糕的会议中，有的人神情呆滞，有的人玩手机，有的人哈欠连天。如何在有限的时间内开好会呢？

第一节　会议概述

一、会议的目的

一般情况下，开会的目的有以下几个。

（1）传达信息与监督员工。当我们需要向员工简报新决定、新信息，说服员工服从新计划、新政策的时候，往往需要开会。这种目的的会议往往是单向沟通，没有互动。

（2）达成决议与解决问题。这种目的的会议互动性较强，要求参会人员明确困难所在，并集思广益寻找解决问题的办法。当有些问题涉及跨部门，需要厘清解决步骤和划分责任，就很有必要开会讨论了。

（3）激励士气。有时开会是为了凝聚向心力，强化认同感。会议上，我们会表扬个人或团体的贡献与成就。参会人员可以分享经验、发表意见。

会议往往会兴师动众，耗费大量时间、精力和财力，可以说，会议是充分考虑并摒弃了其他形式的沟通方式后的最后一种沟通方式。因此，我们在打算开会前，应该想想以下问题。

会议的议题是什么？这一议题应该或值得由这一次会议讨论吗？对这一议题晚一些再讨论有无不良后果？经过这一议题的讨论可能会做出什么样的决定？可能做出的决定与组织的管理目标有无联系？是否需要多方协商？是否有比开会更好的方法，如电话、备忘录或个别谈话？是否有比开会成本更低的替代方法？所谈事务密级的高低？需要解决问题的关键人物是否能到会？能否纳入例会一起完成？与这一议题相关的材料齐备、可靠吗？

二、典型的会议类型

根据会议目的划分，会议主要有以下几种类型。

（一）信息通报会

信息通报会包括报告会、表彰会、传达会、贯彻落实会、庆典会、宣传介绍会等。组织这种类型的会议，一般不需要参会人员的参与讨论。应提前制定会议的程序，以便议程紧凑、缩短时间，使会议高效、严谨。这类会议通常由专人主持。

（二）总结协调会

总结协调会包括总结汇报上一周期的工作、通报各项重点工作的进度、研究下一步的主要工作、明确部署下一步的工作重点、协调各种矛盾等。很多部门或组织的例会属于这种类型的会议。这种类型的会议应目的明确、准备充分、议程清楚、言简意赅、形成共识，以指导下一步的工作。

（三）座谈讨论会

座谈讨论会是通过讨论研究、思想碰撞，寻求新观点、收集新点子的会议。它包括座谈会、调研会、咨询会、学术会、方案论证会、征求意见会等。

这种会议需要营造畅所欲言的氛围，参会人员之间可淡化职务级别的高低，但在思想放开、问题摆开、难题解开的基础上，要防止会议没有约束、离题万里；需要会议主持人引导、鼓励大家畅所欲言。

（四）研究决策会

研究决策会属于组织管理和决策层解决实质性问题的工作会议。这类会议需要形成统一的认识和结论。主持人通常为组织领导层面的负责人。

这种类型的会议一般在会前应力求每一位参会人员对事先决定的主题（方针、计划、战略等）有充分的思考和准备，参会人员之间充分沟通、统一认识、消化矛盾、提升凝聚力。会中先阐明目的、提出议题，将问题排序、寻求方案、预测对策、逐一归纳、达成共识。

三、会议的成本

会议作为工作手段的一种，也和其他行为方式一样有成本。

（一）直接会议成本

直接会议成本包括参会人员到达会场的旅行费用，会议期间的住宿、交通等费用，会场的租金、相关文件资料的费用等。这些花费都比较直观、清晰，也比较容易预估和统计。

（二）时间成本

时间成本由参会人员的会议准备时间、到达会场的交通时间、会议工作人员（包括会议秘书）的时间和参会人员的人数等几个相关因素组成。有时，这种时间成本可能由于各种因素（如准备时间太长等），难以统计和计算，我们可以把它转化为金钱成本。金钱成本由参会人员人数和参会人员的平均工资构成。

（三）损失成本

损失成本是指由于参会人员参加会议，离开原来的工作岗位造成生产、管理、市场反应的滞后而产生的损失。这个成本比较隐蔽，很多时候会被忽略，但它形成的结果又实实在在摆在眼前。例如，开会过程中，因未及时接听重要客户的电话而损失一大笔生意，不能及时处理客户的投诉而得罪一批客户，不能及时解决自己管辖范围内的突发事件带来的问题而带来持续性的负面影响等。

四、低效会议的表现

（1）无议题、无目标。开会的议题不清，议程不明，议题不突出，资料不齐全，参会人员离题闲聊。

（2）无秩序、无规矩。会议的时间、地点选择不当，环境太吵或时间不合适导致参会人员心不在焉。会议缺少主持人或主持人组织能力欠缺，事先没有确定会议发言、讨论、表决的秩序和规则，导致会议出现"一言堂"、"冷场"、"漠然"、人身攻击、拖延时间等现象。

（3）无监督、无执行。没有会议记录，没有充分讨论，或是只有讨论而没有达成结论；会议结束后，未对形成的决策或待完成的工作指定责任人、时限并进行监督和检查。

> **讨论**
>
> **什么是高效的会议**
>
> （1）做好会议计划，明确 5W1H（Why、What、Where、When、Who、How）。
>
> （2）一切按部就班。
>
> （3）做出评论和归纳，达成共识。
>
> （4）会议文件完整。

第二节　会议的组织

> **讨论**
>
> **怎么安排座次**
>
> 某市第一中学即将迎来百年华诞，在庆典上，在主席台就座的有下列人员：该校校长、该校副校长、该校党委书记、该市教育局局长、该市分管教育工作的副市长、该校办公室主任（主持人）、教师代表、学生代表。请为他们安排好座次。

由于会议类型不同，组织过程中的细节可能有差异。本节以研究决策会为例，阐述会议的组织。

会议的组织

一、会前准备

（一）会议召集人的清晰化

开会前的准备首先要明确谁有权力召集会议。会议的召集人往往是会议的组织者和领导者。有的会议有明确的召集人，如《中华人民共和国公司法》规定首次股东会会议由出资最多的股东召集和主持，以后将由董事长召集和主持。有的会议没有明确的召集人和主持人，这时候往往根据会议的主题确定召集人。

（二）确定参会人员和人数

会议的性质有强制性会议和非强制性会议，因此会议有层次的区分。会议层次不同，参会人员的权利与义务就会有所不同。会前需要进行资格审查。

强制性会议（如有限责任公司董事会会议）有特殊的法律身份界定，只有符合规定的人才能够参加并有表决的权利。同时这些会议有法定人数的要求。法定人数是指举行会议和通过表决以及进行选举时所需要的最低人数，它是一个组织为取得会议的合法性而设定的一个参会人员必须达到的最低数目或比例。这种比例是根据参会人员和符合参会人员之间的比例，而不是参会人员和组织内的成员总数的比例。如果没有达到法定人数，会议是不能够举行的，所进行的选举和表决也是没有法律效力的。

有一些非强制性会议，没有明确的身份界定，主要应考虑参会人员参会的必要性。会议组织者根据实际情况确定参会人数，以严格控制规模为原则。

（三）确定参会人员的权利与义务

参加会议的人员都有投票权吗？谁拥有表决权？参会人员采取什么样的形式来挑选？参会人员采用何种方式解决会议的问题？是少数服从多数，是一致决定，还是公司领导最终决定？如果会议有章程或议事规则，那么组织者必须明确这些章程和规则。

（四）安排会议的时间、地点、场地

根据参会人员（尤其是关键参会人员）出席会议的方便程度，来确定会议的时间。一般不要在非工作时间安排会议。上午开会通常比下午开会更有成效。

确定会场的时候要充分考虑交通、成本等问题，要保证每一位参会人员都可以找到会议地点。

任何会对参会人员产生影响的细节都需要在会前一一落实，如安排座次，放置台卡，调节室内温度、投影设备、灯光、通风、音效，准备茶饮，资料事先分发到桌面等，保证所有的设备都是运行良好的。

（五）公布会议议程

除非要保密，否则应该提前公布会议议程以便于参会人员会前进行阅读和思考。会议议程包括会议主题、议题、发言者、时间分配、地点以及参会人员的具体责任等。

一次会议最好只有一个主题，这样可以集中时间和精力，集中有关人员高效解决问题。综合性会议最多不要超过三个议题。议题越多，参会人员越多，效率也就越低下，成本也就越高。

会议议题的排列应按以下方法进行：（1）按照议题的轻重缓急排列先后顺序（注意，最急的并不一定是最重要的）；（2）将同类性质的议题集中排列在一起，以便于集中讨论；（3）可适当准备一些备用议题，以便视会议进行的

情况酌情加入；（4）把具有某种保密性的议题安排在最后，以便无关人员届时退席。

议程安排上，尽量不要领导先讲话、先表态，避免有的人"话里听音"拍马屁、按领导意见办事，或不能集思广益、积极发掘更多创意。

（六）发送会议通知书

会议通知书包括信件或公文、电话、电子邮件、媒体公告等多种形式。总体上说，审议性会议应采用公文或媒体公告的形式，非审议性会议可以采用电话或电子邮件的方式。

二、会中组织

（一）发挥主持人（会议主席）的职责

主持人是主持会议、维持会议秩序、调动参会人员积极性的重要角色。会议的进程主要掌握在主持人手中。主持人的职责有五个。

1. 会议控制

决定讨论主题；明确讨论范围；确保人们按照议程围绕主题依次发言；尽可能做到公正，避免参会人员的持续争论；确保其他成员了解会议进展情况；适当控制时间。

2. 会议引导

识别并强调主题或问题，收集和解释决策的依据，评价不同方案，选择行动计划。

3. 促进讨论

创造条件促进讨论，善于提问，保证会议不偏离议程。

4. 处理不同意见

澄清争论双方或各方的观点；分析造成分歧的因素；研究争论双方或各方的观点，了解协调的可能性；将争论的问题作为会议的主题之一，展开全面的讨论，以便深入分析；若分歧难以弥合，那就暂时放下，按会议议程进入下一项。

> **讨论**
>
> **如何处理会议中的争执？**
>
> ××游乐公司营销部门正在开会讨论六一节促销冲量的问题，大家七嘴八舌，提出不少的想法，有说直接打折的，有说送小礼品的，有说"三人同行免一人"的。最后，大家意见基本统一了，送小朋友喜欢的小礼品，因为小礼品成本低、颜色鲜艳、摆着好看，效果应该不错。

经理让大家继续完善送小礼品方案。

小王说："玩两个游乐项目就可以送一个成本在三元以内的小玩具。"

小李接上了话："对，小玩具挺好，上次跟我们合作的那家玩具店的玩偶就很不错，不过稍微贵一点，要差不多五元了。"

小范不屑地说："那个玩偶，呵呵，顶多值两元吧。"

小李有些气愤："两元？！你有多少我要多少。"

小范一脸强硬："那店是你姐开的，别以为我不知道！"

小李站了起来："你什么意思，我看你就是看别人挣钱眼红，嫉妒吧！"

会议气氛紧张了起来……

5. 做出总结

及时对会议做出总结。总结是对会议成果的概括，如达成的共识、成功的经验和失败的教训等。会议需要做出总结时，主持人可以采用多种方式，如投票表决出解决问题的最佳方案。

总之，主持人是以公正的立场、民主的态度，围绕会议主题，主持并引导协调会议的人，是一个非常重要的角色。

可以根据四个方面的能力来挑选合适的主持人。

（1）具备控制力。提前过问会议环节，控制会议程序，把握会议节奏，对会议议程穿针引线，使会议内容围绕主线，及时概括总结。

（2）具备影响力。不同场合、不同类型营造不同会议氛围，提升会议效率。

（3）具备自制力。保持中立态度，甘当与会主要领导的配角，少发言、不插话、不走动、不随意增减议程。

（4）具备说服力。善于临场发挥，专业素质高，善于提问、引导、说服、鼓励、答复等。

（二）控制会议进程

一般会议可按照以下进程进行控制。

（1）开始。主持人宣布会议的主题、目的、议程和会议规则。

（2）扩展。根据议程顺序提出议题，征求意见；给予每个人陈述观点的机会；控制讨论进程；出现不同观点时，主持人要概括；遵守时间，不要拖延。

（3）达成。在每个问题讨论结束后进行概括，以达成共识；归纳会议讨论取得的结果。

（4）总结。主持人简明扼要地总结评价会议情况，强调会议意义、取得的成果，也可动员会后贯彻会议主旨或弘扬活动精神，在表达对有关各方的感谢之后郑重宣布会议结束。

总之，有效的会议都有细节完善的进程和规则，对发言、提议新的讨论话题、表决方法有明确具体的规定。主持人可以参考罗伯特议事规则来控制会议进程。

（三）做好会议记录

会议记录是会议文书之一，是开会时由负责记录的人员当场把会议的基本情况和会议上的报告、讨论的问题、发言、决议等内容记录下来的书面材料，一般用于比较重要和正式的会议。

会议记录应写明的内容包括以下几个部分。

（1）会议的组织情况。其包括会议的名称、开会的起止时间、开会的地点、缺席和列席人员、主持人的姓名、记录人的姓名、备注。

（2）会议的内容。其包括会议议程、议题、讨论过程、会议的有关动态、发言内容、表决情况、决定事项等。

（3）签名。会议结束，记录完了，就要另起一行写"散会"两字。重要的会议记录，要有主持人和记录人在正文结尾右下方的签字。

会议记录要求准确、真实、清楚、完整。记录人员应当有高度的责任心，以严肃、认真的态度真实记录发言人的原意，重要的意思应记原话，不得任意取舍增删。会议的主要情况、发言的主要内容和意见，必须记录完整，不要遗漏。记录字体力求清晰易认，不要过于潦草，不要使用自造的简称或文字。

三、会后工作

会后工作主要包括会务的善后工作、整理会议文件、执行会议决议以及会议总结评估。

（1）会务的善后工作。其包括及时清理会场，带回剩余材料、席卡等；清退会议用房；归还借用的物品；结算账目并向财务部门报销；等等。

（2）整理会议文件。整理会议文件的首要工作是收集文件。会前准备并分发的文件、会议期间产生的文件和会后产生的文件（如会议决议案、会议简报、会议纪要等）都是需要收集的文件。完成收集工作后，就要对会议文件进行立卷归档。会议文件归档后应交由有关人员保管，不要保留在个人手中。另外，注重宣传报道工作，包括照片整理、新闻稿件撰写等。

（3）执行会议决议。贯彻会议精神，将会议记录或会议简报下发给参会人员及有关人员，对执行工作进行跟进和检查。

（4）会议总结评估。一般审议性会议的总结评估需要考虑如下问题，表 11-2 所示为会议的总结评估内容。

表 11-2　会议的总结评估内容

阶段	评估内容
会议准备	会议的宣传效果如何；参会人员在会前是否充分理解了参会的目的
	会议的主题是否具有现实意义
	会议的议程安排是否合理；议程安排是否紧紧地围绕着会议的主题；议程之间是否有更好的衔接；各项议题是否得到了充分解决
会议期间	是否有人严重违反纪律；采取了何种解决办法
	主持人是否做到了中立；主持水平如何
	组织的领导人是否严重阻碍了参会人员的辩论；有没有让参会人员觉得被冷落或轻视
	发言人发言的内容是否与会议的主题切合
	会议的表决方式是否合适；会议决议是否包含执行情况
	会议的参会人员是否对会议满意；会议的召开对参会人员有多大的意义，能否解决参会人员工作中的困难；参会人员还愿意参加这类会议吗
	会议记录是否完整，是否符合法定程序；是否按照章程规定进行
	会议中是否有休息和吃饭的时间，安排得当吗
	会议的各类设施是否完备，是否运转良好
	是否有特殊事件发生，采取了何种解决办法
	会议服务人员的工作是否得到了肯定
	会议结束后，会议的主持人和组织的领导人是否进行了总结

第三节　罗伯特议事规则

讨论

农村开会难怎么解决？

村民代表会议制度是村民自治制度的重要组成部分，但农村开会难，难在三大方面。一是跑题，讨论常常言不及义；二是"一言堂"，话语权多被村领导和几个话多的人垄断，众人碍于面子，怕得罪人，不反对也不支持，所以弃权者众；三是野蛮争论，抓住人家言语中的一个词不放，甚至打起来。民主辩论与表决经常流于形式，怎么办呢？

所谓议事规则是指一组符合公平与效率的法则，包括动议、提名、投票、内部章程与职权等的规则。议事规则大抵有四个目的：（1）便利事务的进行；（2）保持会议的合法性；（3）保障少数意见之陈述权；（4）保障多数意见之决定权。

罗伯特议事规则是目前美国广为使用的议事规范，由美国将领亨利·马丁·罗伯特编写。罗伯特是美国南北战争时期的一位年轻的陆军中尉。有一天，他奉命参加和主持一个类似"拥政爱民"的活动。由于参会人员对会议议题意见分歧很大，话越说越多，争论越来越激烈，最后什么决议也没有达成。罗伯特发誓要制定一个开会的规则。他发现人是一种最难被道理说服的高级动物，有分歧后难以在短时间内被人说服，因此必须要有一定的交流机制。于是，罗伯特经过几年努力，写出了一本开会议事规则。他自费出版，该书后来畅销全国。到 1915 年，已有将军头衔的罗伯特出版了修订本，书名正式叫作《罗伯特议事规则》。

罗伯特议事规则立足于民主理念的具体实现和操作。它适用于这样的群体讨论。

（1）所有成员有同样的权利和义务；

（2）对于要讨论的问题，大家有不尽相同的意见，而且比较希望表达出来；

（3）大家很希望尽快做出一个决定，这个决定还要最大限度地反映整体的意愿。

罗伯特议事规则有针对主持人的规则，有针对会议秘书的规则，有针对普通参会人员的规则，有针对不同意见的提出和表达的规则，有针对辩论的规则，还有不同情况下的表决规则。由于其内容庞杂，这里仅阐述其精要，帮助我们理解罗伯特议事规则蕴涵的丰富的理念，如理性、法治、民主、权利保护、权力制衡、程序正当、程序性竞争、自由与制约、效率与公平，以便于我们更好地组织会议，提高会议和集体决策的效果和效率。

一、根本原则

（一）平衡

保护各种人和人群的权利，包括意见占多数的人，也包括意见占少数的人，甚至是每一个人，即使是那些没有出席会议的人，从而最终做到保护这些人组成的整体的权利，尤其要保护表达权和知情权。

（二）对领袖权力的制约

全体成员按照自己的意愿选出领袖，并将一部分权力交给领袖，但是集体必须保留一部分权力，使自己仍旧能够直接控制自己的事务，避免领袖的权力过大，避免领袖将自己的意志强加在集体的头上。

（三）多数原则

多数人的意志将成为总体的意志。动议的通过要求"赞成方"的票数严格多于"反对方"的票数（平局即没通过）。弃权者不计入有效票。

（四）辩论原则

所有决定必须是在经过了充分而且自由的辩论协商之后才能做出。每个人都有权利通过辩论说服其他人接受自己的意志，甚至一直到这个意志变成总体的意志。

（五）集体的意志自由

在最大限度上保护集体自身、保护和平衡集体成员的权利，然后依照自己的意愿自由行事。

二、议事六部曲

罗伯特议事规则是一套完整的议事"工具"，具有很强的实践性、可操作性。在会议得以合规召开之前，会议的决议能够拥有效力的一个必要性前提条件就是出席会议的人，其数量必须达到规定的"法定人数"。其目的在于保护组织的名义不被滥用，防止一小部分人以组织整体的名义做出不能代表组织整体意见的决定。另外，最少需要两名会议官员。一个是"主持人"，坚持中立原则，基本职责是遵照规则来裁判并执行程序，尽可能不发表自己的意见，也不能对别人的发言表示倾向。（主持人若要发言，必须先授权他人临时代行主持之责，直到当前动议表决结束。）另一个是"秘书"，负责形成会议的书面记录，就是"会议记录"。一般而言，一次议事过程主要包括六个步骤。

（一）动议

动议是指参会人员在会议上提出的、需要会议给予处理的正式建议。动议是开会议事的基本单元。任何事务都必须以"动议"的形式提交会议考虑，会议也必须给予回应。"动议"的内容可以是主张某种实质性的行为，也可以是表达某种看法等。它是议事时的"灯塔"，必须明确、具体并具有可操作性，才能确保会议效率。除了主持人不能提议，其他参会人员都可以提出自己所期望的行动建议。

什么是适当的时机？发言需要遵守以下规则：发言必须申请；只能在没有人发言的时候，才能申请发言；申请发言必须举手并明确喊出"主持人！"；必须在主持人请其发言之后才可以开始发言。

提议的时候不能评论，必须直接说出提议措辞。提议措辞越明确，讨论越有的放矢，会议效率就越高。提议的时候不能评论，必须等到辩论的时候才可评论。

（二）附议

附议是用来对主动议进行处理的动议，也处理主动议以外的其他动议，如"无限期推迟""调整辩论限制"和"立刻表决"等。附议总是在另一个动议待决的时候，对其进行推进、调整、暂停或者直接否决等处理。附议的作用在于帮助主持人决定"这个议题是否值得现在讨论"，也就是正式地将该动议提交会议考虑。

只要有一个人附议则该议题就进入议程，从而达到保护少数人声音的目的。这是为了平衡公平与效率。

（三）陈述议题

只要有人附议，主持人必须受理。受理的标志，就是主持人要完整、明确地陈述刚刚的提议的措辞，这叫作"陈述议题"。一旦主持人陈述了议题，该动议就归整个会议所有，即使是动议人也必须经过会议的同意才能修改或收回自己提出的议题。它的重要意义在于：在任何时刻，只能有一个议题，不可偏离议题。

（四）辩论

没有比"辩论"更重要的了。一个会议符不符合罗伯特议事规则的理念和原则，能不能最大限度地"挖掘"最符合整体意愿的决定，能不能最大限度地满足每个成员的诉求，就要看有没有一个"自由而充分"的辩论过程。主持人要让意见相反的双方轮流得到发言机会以保持平衡。

辩论有四大规律：（1）文明表达，禁止人身攻击、质疑动机、扣帽子、贴标签，辩论应就事论事，以当前待决问题为限；（2）一时一件，不跑题；（3）限时限次，每人每次发言的时间有限制（如约定不得超过 2 分钟），不超时，禁止一言堂；每人对同一动议的发言次数也有限制（如约定不得超过 2 次）；（4）发言完整，不打断别人的正常发言。

（五）表决

只能等到约定的发言次数都已用尽，或者虽然没有用尽，但没人再要求发言，或者一个议题约定的总辩论时间用尽，才能由主持人发起表决。表决的方式有口头表决、投票表决或举手表决。

无论哪种方式，表决之前主持人一定要再重复提议的准确措辞，让大家清楚表决的对象到底是什么。

主持人可以这样说："现在表决。表决的议题是……"

主持人首先请正方表决，而且无论正方表决结果多么接近"一致通过"，主持人仍然必须请反方表决，除非反方的表决已经在实质上不重要了。

主持人先说："所有赞成的请举手……（几秒钟等待），请放下。"

再说："所有反对的请举手……（几秒钟等待），请放下。"

为保持参会人员发言的自由性，领导最好在最后表态。在做表决时，如果议题是针对人，建议投票时使用无记名方式；如果议题是针对事，建议举手表决。采用多数裁决原则，（在简单多数通过的情况下）动议的通过要求"赞成方"的票数严格多于"反对方"的票数（平局即没通过）。弃权者不计入有效票。

（六）宣布结果

表决结果由主持人判定，宣布"赞成方获胜（或者反对方获胜），提议通过（或者未获通过）"。

主持人有义务在任何成员提出质疑时对结果加以验证，直至所有成员都满意。在结果宣布之后，改变其投票需要经过会议"一致同意"。如果主持人也拥有表决权，在理论上也有权参加表决，但一般而言，主持人因其中立地位，只在其投票可能影响结果的情况下才参加表决。

议事程序的规定可以按需要或繁或简，议事规则的基本精神却是非常简约清晰的，大致来说有五项：权利公正、充分讨论、一时一件、一事一议、多数裁决。

总之，使用罗伯特议事规则是要在不同的利益方之间求得持续的合作，参会人员的立场越多元，诉求越有差异，所涉及的利益分配越复杂，议事规则的执行就越倾向于严格。反之，议事规则就可以约定得比较有弹性，不那么正式。例如，召开联合国安全理事会的正式会议的要求和校友会讨论下周末到哪里用餐的要求，自然会大不相同。

三、罗伯特议事规则的意义

首先，明确了会议不是一个务虚的过程，开会不能定位成一个沟通的过程，而是一个决策的过程。

其次，通过会议议题的明确性、固定性和单一性，充分的议题筛选和会议准备，排除掉了那些目标模糊、无法形成最终结论的没必要的会议。

再次，强化了规则的重要性，所有人必须在一个一视同仁的规则下面行事，从而达到平衡与效率。

案例分析

ZY 公司的例会[①]

每周一 10 点到 12 点是 ZY 公司的例会时间，届时，公司总裁、副总裁、各部门负责人以及主管均出席会议。今天例会将正常开始。10 点 15 分，副总裁临时有事找总裁商议，还未到会。会议桌边零零星星地坐着相关领导，大家聊着与工作无关的事宜，有些人边打游戏边等待，有些人回办公室继续办公。10 点半，总裁、副总裁到会议室，10 点 33 分正式开会。

首先由各部门汇报上周工作。

---

① 杜慕群. 管理沟通[M]. 北京：清华大学出版社，2009.

研发中心总监介绍上周研发项目情况，主要问题有两个："（1）研发项目继续延迟，主要是关键物料未到位。（2）项目规划近 2/3 被营销中心以不符合市场卖点为由申请砍掉。现在在研项目数量少，研发工程师们积极性受挫。"

"李云涛（采购部经理），你是干什么吃的？这点问题为什么总是解决不了呢？赶快催，把问题解决了。"总裁生气地骂道。李云涛坐在一旁无奈地点着头。

营销中心总监："原本计划在 4 月中旬有新品上市，赶上五一销售旺季，但因为研发项目、终端产品均为上市近一年的产品，和竞争对手相比没有竞争力，本月销售量依然没有达到目标。终端掌控能力偏弱，渠道成本过大。为了提高销售量，决定将一线销售人员从现有的 150 人增加到 305 人，请人力资源部门保证人员招聘的质量和速度。"

"如果增加人员，您有没有考虑到人工成本、管理成本，以及这些人能够带来多少效益？"人力资源部门经理提出质疑。

气氛有点紧张，总裁发话："下一个部门继续。"

制造中心总监："现在关键物料全球缺货，我们订单量少、付款不及时，而且订单要求经常变更，很多供应商已经不愿配合。需要营销中心科学确定销售计划，当务之急以公司现有库存情况安排销售任务。另外请财务部门尽快协调资金，对于关键物料我们需要调整付款周期。"

质量中心总监："通过内审，公司各部门流程管理混乱，业务培训不到位。其中，营销中心需要重点加强流程管理工作。产品检验方面，检验人员离职，现有检验工作压力加大。"

客服中心总监此时心情不佳："合作机型软件问题很大，客户投诉率越来越高，退货率越来越高。"

产品管理部门总监："营销中心销售计划朝令夕改，导致整个供应链基本无法正常运作，呆滞物料越来越多。"

财务部门总监："公司目前资金紧张，需要营销中心尽快回款，保证资金流。"

人力资源部门经理："公司人数较上周增加 23 人，都是一线销售人员，但是我们发现销售人员的管控基本处于失控状态，上周就有员工伪造病假条申请休假一个月。所以，请营销中心巩固好内部管理问题，待管理有效再说。"

总裁办主任："请各部门依然注重办公成本的控制，另外，有部分员工近期在上班时间嬉戏、炒股。"

"都讲完了，那我来总结一下，"总裁发言，"我们每次开会各部门基本上都是在重复问题，但问题却从来没有解决，这是怎么回事呢？今天的会就开到这里，希望下次开会时问题不再重复。"总裁起身离开，大家陆续面无表情地晃出了会议室。这时 12 点半。

问题：

1. 从会前准备、会中组织、会后工作几个方面来评价 ZY 公司的办公例会。

2. 评价 ZY 公司办公例会的主持人角色。

课后实训

一、情景操作题

（一）修改下面的会议通知

××学院本学期第二次团支书会议

各团支书，现有如下通知：

（1）××学院本学期第二次团支书会议将于 10 月 21 日（周五）中午 12:30 在 1 教 102 召开。会议内容主要是关于推荐优秀团员作为党的发展对象的工作培训，请提前 10 分钟到场签到，若有事不能到场，请其他团干（组织委员、宣传委员）代为参加。

（2）关于团费收取通知已上传至群文件，请自行下载查阅，纸质版通知会在本周五团支书会议上下发。由于时间比较赶，请各团支书尽快完成。收到请回复，谢谢。

（二）制定会议的组织方案

某财经大学的工商学院拟召开一次期末学习表彰大会暨学习经验交流会，会议由学生会的学习部负责筹备，请你制定出会议的组织方案。

（三）模拟召开说明会

根据本书第二章的案例"惹事的商店"分析结果，全班同学分为"校方代表""记者""家长""公众"，模拟召开一个"某中学校园商店招标情况说明会"，要求会议主题鲜明、信息说服力强、流程规范完整、时间控制恰当、沟通氛围良好。

二、分析题

网上查阅了解召开股东大会的议程和有关制度，分析其组织流程。

第十二章 谈判

学习目标

1. 了解谈判的基本知识；
2. 理解商务谈判的语言特征；
3. 掌握谈判过程的沟通技巧。

引导案例

分橙子引发的思考

有一位妈妈把一个橙子给了邻居的两个孩子，这两个孩子便开始讨论如何分这个橙子。吵来吵去，他们最终达成了一致意见，由一个孩子负责切橙子，而另一个孩子选橙子。结果，这两个孩子按照商定的办法各自取得了一半橙子，高高兴兴地拿回家去了。

一个孩子把半个橙子拿到家，把皮剥掉扔进了垃圾桶，把果肉放到果汁机里打果汁喝。另一个孩子回到家把果肉挖掉扔进了垃圾桶，把橙子皮留下来磨碎了，混在面粉里烤蛋糕吃。

问题：

1. 这两个孩子各自的利益并未在谈判中达到最大化，为什么？

2. 如果谈判前经过沟通，有一个孩子既想要橙子皮做蛋糕，又想要果肉榨橙子汁。这时，该怎么办？

谈判在我们的生活和工作中无处不在，小到生活中的市场讨价还价、和舍友协商晚上熄灯的时间，大到国与国之间的贸易磋商，都需要用到谈判的知识。本章着重介绍商务谈判中的沟通技巧。

第一节 谈判概述

一、谈判的要素和特征

（一）谈判的要素

谈判是为了协调彼此之间的关系，满足各自的需要，通过协商而争取达到意见一致的行为和过程。

谈判活动涉及四个要素，即谈判主体、谈判客体、谈判目标、谈判结果。

1. 谈判主体

谈判主体指参与谈判的当事人。有时从表面上看是某些组织与组织之间的谈判，实际上仍然是这些组织中具体的人之间的谈判。谈判当事人可以是双方，也可以是多方。

2. 谈判客体

谈判客体就是指谈判的议题与内容，是当事人共同关心的，与多方利益有某种程度联系的提案、观点或事物。其包括以下几个方面。

（1）双方均认为重要的问题；

（2）可能引发双方冲突的问题；

（3）需要双方共同合作才能得以实现各自目标的问题。

在参加谈判之前，你将被告知要谈判的具体内容和谈判主题。与此同时，也应该明确有些问题是不能进行谈判的，如：

（1）公司业已严格规定的贸易条款；

（2）违犯法规的问题；

（3）违反公司纪律规定的问题；

（4）已公布于众的决策性问题；

（5）谈判双方均未提出的问题。

3. 谈判目标

参与谈判各方都须通过与对方打交道，并促使对方采取某种行动或做出某种承诺来达到一定的目标。如果只有谈判的主体和客体而没有谈判目标，则谈判是不完整的，我们称之为闲谈。

谈判的目标是一个预测性的目标体系，其实现还需要各方的“讨价还价”。

（1）最优期望目标。

最优期望目标是对谈判某方最有利的理想目标，即在满足某方实际需求利益之外，还有一个增加值。最优期望目标一般是可望而不可即的，很少有实现的机会。尽管如此，这也不意味着最优期望目标在商务谈判中没有作用。最优期望目标是谈判开始的话题。

（2）实际需求目标。

实际需求目标是谈判各方经过科学论证、预测及核算后，纳入谈判计划要努力达到的谈判目标。该目标的实现意味着谈判成功。

这个层次的目标是秘而不宣的内部机密，一般在谈判过程中的某个微妙阶段才提出。如果达不到这一目标，谈判可能陷于僵局或暂停。一般由谈判对手挑明，而己方则“见好就收”或“给台阶就下”。这一目标关系到谈判某方主要或全部经济利益。如企业若得不到 50 万元资金，将无法更新主体设备，从而使企业在近期内可能停产，或不能扩大再生产等。因此，这一目标对谈判者有着强烈的驱动力。

（3）可接受目标。

可接受目标是指在谈判中争取或做出让步的范围，它能满足谈判方的部分需求，实现部分利益。一般地，可接受目标在实际需求目标和最低目标之间选择，是一个随机值，谈判中可随机应变。

（4）最低目标。

最低目标即通常所说的底线，是谈判的最低要求，若不能实现，那么也没有讨价还价、妥协让步的可能。最低目标是谈判方的机密。它与最优期望目标之间有着必然的内在联系。在商务谈判中，往往一开始要价高，先提出最优期望目标，这是一种策略，保护着最低目标乃至可接受目标和实际需求目标。通过对最优期望目标的反复"压价"，最终可能达到一个超过最低目标的目标。

四个目标中，最优期望目标>实际需求目标≥可接受目标≥最低目标。最优期望目标是一个随机数值，高于实际需求目标，它是谈判叫价的起点，是讨价还价的"筹码"。实际需求目标是一个定值，它是谈判一方依据其实际经济条件做出的"预算"。可接受目标在实际需求目标与最低目标之间选择，是一个随机值。

以上四个谈判目标是一个整体，各有各的作用，需在谈判前认真规划。

讨论

谈判的目标体系

甲乙双方就某种产品交易价格进行谈判。目前的市场价格为 100 元，卖方甲在制订谈判价格目标时认为，自己产品的销售价格至少不低于市场价格，但争取凭借其品牌优势，在市场价格的基础上溢价 20%，以 120 元的价格成交。经过甲乙双方谈判，最终以 115 元的价格成交。

那么，对于卖方甲而言，最低目标、实际需求目标、可接受目标、最优期望目标分别是多少？

---

4. 谈判结果

一个完整的谈判活动要有相应的结果，无论成功或失败、无论成交或破裂，都标志着一次谈判过程的完成。对于无结果的谈判活动，我们称之为"不完整谈判"。陷入僵局的谈判或出现"怪圈"的谈判往往容易演变为不完整谈判。不完整谈判会极大地降低工作效能，耗费谈判者的精力。

随着社会的发展，人们日益重视"双赢"的谈判结果。

（二）谈判的特征

1. 目的性

谈判双方都需要与对方打交道并促使对方采取某种行动或做出某种承诺来达到一定的目的。谈判的目标层次有四：最优期望目标，实际需求目标，可接受目标，最低目标，谈判者只能估计对手的期望、满意度和目标，谈判的重要目的之一就是证实这些假设。对方的底牌一旦摸清，自然而然就掌握了谈判的主动权。

2. 矛盾性

谈判的产生首先是因为双方存在着某种形式的冲突：商业利益、政治诉求、情感矛盾。谈判各方具有差异性、对立性和对抗性。谈判是一种讨价还价的活动。在谈判中，竞争与冲突是不可避免的。

3. 妥协性

谈判既是一个对抗的过程，也是一个寻求互相合作的过程。在谈判中，人们必须学会在非原则性问题上做出让步，甚至在关系不大的原则性问题上采取灵活性的策略，寻求一个互相均能接受的规则。优秀的谈判人员应该是灵活、善于妥协的人员。

4. 原则性

原则性是谈判人员遵守的政策性规定、原则性要求。原则性就是不可更改性。政治谈判的原则性最为显著。

讨论

何谓原则？

国家主权是一个国家不受外来干预、独立自主地处理国内和对外事务的最高权力。在维护国家主权的问题上，邓小平同志表现出钢铁般的意志和坚定的原则性。1984 年 4 月，邓小平同志在外交部关于香港问题的请示上明确批示："在港驻军一条必须坚持，不能让步。"1984 年 5 月 25 日，邓小平会见港澳记者时说，你们去登一条消息，中国政府在香港要驻军的，既然是中国领土，为什么不能驻军？如果连这一点权利都没有，那还叫中国领土？中国政府在恢复对香港行使主权后，有权在香港驻军，这是维护中华人民共和国领土的象征，是国家主权的象征，也是香港稳定和繁荣的保证。

---

5. 策略性

谈判本身具有利己性、复杂性，加之谈判允许的手段性，因此谈判活动自始至终要求参加者采取各种技巧和策略。这就使本来就很复杂的谈判行为变得更加需要斗智斗勇。

总之，谈判是"给"与"取"兼而有之的一种互动过程；谈判同时含有"合作"与"冲突"两种成分；谈判是为达到"互惠"的目的；谈判是"公平"的，尽管谈判的结果不是绝对均等的。

二、如何激发谈判

谈判的双方应该在某些利益焦点方面是旗鼓相当的，如果一方不需要对方的妥协就可以解决问题，那就不需要谈判了。谈判的发生有三个条件，任意一个条件成立即可激发谈判。

一是存在一个无法容忍的僵局。僵局是双方的利益期望、立场或观点存在分歧，双方又都不肯妥协，导致双方形成对峙的僵持局面。

二是双方确认仅靠一己之力无法解决僵局。如果一方可以主宰全局时，谈判是不会产生的。

三是通过谈判解决问题是有可行性和可欲性的。也就是经过谈判，双方的目标有重合。

例如，张三急着换大房子，想把手上的房子赶快卖掉。但目前楼市不太景气（无法容忍的僵局），最后他发现只有李四对他的房子感兴趣，他只能坐下来跟李四谈判了（仅靠一己之力无法解决僵局）。同时，张三还要面临一个条件，就是李四有压价的可能，如果张三发现李四把价格压得很低，他就不想卖房子了（谈判的可行性和可欲性）。

那么对弱者来说，自己的谈判实力不足的时候该如何促使谈判的产生呢？

当强者不情愿与弱者谈判，认为自己能够解决问题时，弱者就必须想方法把对方"推"或"拉"到谈判桌上，首先要制造一个僵局。一定要先把问题变成双方共同面对的问题，使任何一方都不能靠一己之力来解决这一问题，那么谈判才有可能发生。

弱者只有把自己变强，让强者不能为所欲为，逼对方与自己谈判。简单来说，弱者的策略就是"小题大做，制造僵局"。其具体方法有三种。

1. 增加议题

将议题相互挂钩，交换、让步时一定要求对方回报。例如，讨价还价。从表面上来看，讨价还价是一个单议题（只涉及价格），但是仔细分析，其实是多议题，因为在谈判中，要涉及购买数量、付款方式、赠送礼品、售后服务等。老练的谈判者会使议题相互挂钩："如果您如此付款，那我们就会提供服务……"加大筹码，以打破双方实力的不均衡，使谈判继续。

2. 升高情势

引起社会公众的关注，造成"既成事实"。常见的例子是，弱势群体会通过媒体使事件的关注度变高。

3. 结盟

团结力量大，弱势方可以通过抱团增加谈判实力。

三、谈判的种类

谈判可分为对抗性谈判和合作性谈判。

对抗性谈判又称"零和"谈判或竞争性谈判，是谈判双方竭力争取己方最大利益的谈判。

合作性谈判又称"双赢"谈判，是指谈判双方不但希望得到各自期望的利益，更希望通过谈判开拓长期合作关系的谈判。例如，在对方表示强烈反对意见时，不说"你怎么能这么说？"，而是用"我了解您的感受，我之前也曾这么觉得，而后来我发现……我建议我们一起来找出解决方法"。以此避免造成敌我对峙，谈判才有后路。

对抗性谈判与合作性谈判的比较如表 12-1 所示。对抗性谈判与合作性谈判中谈判者的不同之处如表 12-2 所示。[①]

表 12-1　对抗性谈判与合作性谈判的比较

	对抗性谈判	合作性谈判
预期的目标	短期，双方目标不相协调，都在争取眼下的实利，无视长期关系的发展	长期，同时强调眼下实利和长期合作关系
对对方的观感	不信任，怀疑，相互提防	开诚布公，倾向于相信对方
谈判的导向	强调己方的要求和谈判的实力地位，无视与对方的关系，甚至利用这种关系达到眼前的目的	设法满足对方的要求，认为这样对达到自己的目标更有利，努力增进或至少不损害双方的关系
让步妥协的做法	让步越少、越小，效果越好	如果必须让步，则愿意妥协让步，旨在促进关系
谈判时间	把时间看作谈判手段，用以压迫对方让步	把时间看作解决问题的手段，尽量和对方沟通，让对方有考虑的余地

表 12-2　对抗性谈判与合作性谈判中谈判者的不同之处

对抗性谈判中的谈判者	合作性谈判中的谈判者
视谈判对手为敌人	视谈判对手为问题解决者
追求的目标：获得谈判的胜利	追求的目标：在顾及效率及人际关系之下满足需要
不信任谈判对手	对谈判对手提供的资料采取审慎的态度
对谈判对手及谈判主题均采取强硬态度	对谈判对手温和，但对谈判主题采取强硬态度
借底牌以误导谈判对手	不摊底牌
对谈判对手施加压力	讲理，但不屈服于压力
坚持立场	眼光摆在利益上，而非立场上
以自身受益作为达成协议的条件	探寻共同利益

---

① 张莉. 管理沟通[M]. 北京：高等教育出版社，2011.

四、影响谈判成败的三大要素

（一）信息

有信息的一方胜过没有信息的一方。例如，在买卖东西时，买方如不知物品的实际价格或者行情，则会容易被卖方的高价欺骗。准确掌握信息有利于在谈判时抓住自己和对方的利益、优势、劣势，有利于抓住共同利益，促成交易。谈判中要善于挖掘信息，要大胆发问，对方讲得越多，你就越能发现更多对你有利的信息。

（二）时间

没有时间的一方通常会付出比较高的代价。例如，为了赶时间，不坐公交车而坐出租车，就要花更多钱；为了赶快交照片，选择一分钟照相，要花更多钱。谈判要让对方有时间压力，"最后通牒"是常用的方法。同时，注意不能让对方知道你有时间压力（最后期限）。

（三）权力

与谈判有关的各种能力、影响力、惯例等都被视为权力。权力包括以下几个方面。

（1）惩罚对方的权力。例如，交警有对违章司机的惩罚权，司机是难以与交警谈判的。

（2）承受惩罚的权力。例如，对老板不满意，可以辞职另谋高就的优秀员工。随时有能力辞职的人，在谈判中拥有较高权力。

（3）利用对方的欲望、需求的权力。例如，在销售中，找出对方的需求和欲望并扩大化，会更容易销售成功。

（4）其他权力。例如，权威、言行一致、专业的力量、社会交往与社会关系等。

以上三个要素也是打破谈判僵局的方法，如改变信息（如发现价格更便宜的供货商）、改变时间（如暂停、休会）、改变权力（更换公司内部负责人）。

总之，在谈判时，要先分析一下局势，然后利用有利局势或摆脱不利局势，再根据对方的压力点（问题或动机）选择合适的谈判方法。

第二节　商务谈判的语言特征

所谓商务谈判，是人们为了实现交易目标而相互协商的活动。简单来说，就是具有利害关系的双方或多方为谋求一致而进行协商洽谈的沟通活动和过程。

商务谈判是一个围绕双方经济利益，通过语言进行沟通和协商的过程，实质上就是谈判者运用语言进行协调磋商、谋求一致的过程。成功的商务谈判是谈判双方出色地运用语言技巧的结果。在商务谈判中，同样一个问题，恰当地运用语言技巧可以使双方听来饶有兴趣，而且乐于合作；否则可能让对方觉得是陈词滥调，产生反感情绪，甚至导致谈判破裂。面对冷漠的或不合作的强硬对手，通过得体的语言及艺术处理，能使其转变态度，这无疑为商务谈判的成功迈出了关键一步。因此，成功的商务谈判有赖成功的语言技巧。

谈判语言与我们日常的沟通语言不一样，谈判语言与谈判的基本特征相适应。无论是陈述、提问、答复还是说服，就其内在的本质特征来说，具有客观性、针对性、逻辑性及论辩性；就其外在的形式特征来说，具有外交语言、商务法律语言、军事语言和文学语言的特征。

一、商务谈判语言的内部特征[①]

（一）客观性

从卖方来说，语言的客观性主要表现在：（1）介绍本企业情况要符合实际；（2）介绍商品性能、质量要有事实依据，有条件的最好能出示样品或当场进行演示；（3）报价要恰如其分，既尽力满足己方需求，又不能忽视对方利益；（4）确定支付方式要考虑对方的要求，采用双方都能接受的方式等。

从买方来说，语言的客观性主要表现在：（1）介绍己方财务状况和购买力时不要夸大其词；（2）评价对方商品的质量要依据事实、中肯可信；（3）要价要恰当合理，压价要有依据，无论成交与否，要让对方感到己方的谈判诚意。

（二）针对性

语言的针对性具体来说包括：针对某次谈判、针对某项内容、针对某个对手、针对谈判对手的具体方面。商务谈判涵盖的内容很广，它包括贸易谈判、代理谈判、合作谈判、工程谈判等。谈判目标不同，内容也截然不同。即使是同类谈判，内容也不可能一样，这就要求谈判语言要有针对性。针对某次谈判来说，谈判内容一旦确定，就要认真准备相关材料，同时还要充分考虑到谈判桌上将使用的相关语言，甚至行话。

（三）逻辑性

商务谈判的逻辑性是指谈判者的语言要符合逻辑规律，表达时概念要明晰，判断要准确，推理要严密，要充分体现其客观性、具体性、连贯性和思辨性，论述要有说服力。这就要求谈判者要有缜密的逻辑思辨能力。

---

① 陈红. 商务谈判语言的特点及运用技巧[J]. 贵州师范学院学报，2011（5）：17-19.

（四）论辩性

谈判的艺术在某种程度上就是论辩艺术。谈判的辩论阶段，双方人员为了各自的经济利益，进行智慧的角逐、话语的较量是正常的。但"论辩"是理智争辩，以"和"为贵，就事论事，对事不对人，不可感情冲动，引起身体冲突。

二、商务谈判语言的外部特征

（一）外交语言性

外交语言性表现为谈判语言的委婉、礼貌、否而不决、允而不定的表达方式及弹性用语。其特征为圆滑性、可能性、缓冲性。

在谈判中使用外交语言既可满足对方自尊的需要，又可避免己方失礼；既可说明问题，又能为进退留有余地。

下面是一些典型的外交语言表述形式。

开局时，"很荣幸能与您共同谈判该项目""有关日程悉听尊便""不论有何困难，我想我们双方应本着平等互利的原则来解决""愿我们的工作能为扩大双方合作做出贡献"。

出现意见分歧时，"请恕我授权有限，不能马上答复你"。

发生争执时，"很遗憾，这只是你一方的想法"。

说服对方时，"坚持立场是您的权利，但促使谈判成功也是您的责任"。

告别时，"如有可能，愿与贵方再度合作"。

但过分使用外交语言会使对方感到缺乏诚意。

（二）商务、法律语言性

这是指谈判中涉及有关商务、法律规定用语。其特征为刻板性、通用性、严谨性。

运用法律语言可以明确谈判双方各自的权利与义务、权限与责任等。例如，如何成交的语言——"双方经过友好协商，达成以下协议"；执行过程发生问题解决方式的语言——"本协议执行中国法律""工作期间发生的工伤或其他人身事故，将参照在职员工劳动保险条例办理"。

（三）军事语言性

这是指谈判语言有时是一种带有命令性的语言，其特征为简洁明了、干脆利落。在商务谈判中，适时运用军事语言可以起到坚定信心、稳住阵脚、加速谈判进程的作用。

典型的军事语言有"不，这绝不可能""请回答这个问题，不要绕圈子""最迟于×日需得到贵方明确答复，否则我方将中止谈判"等。

（四）文学语言性

这是指谈判语言有时是生动活泼、优雅诙谐的。这样既可以生动明快地说明问题，还可以缓解谈判的紧张气氛。

在商务谈判中恰如其分地运用文学语言，能制造良好气氛、化解双方矛盾，增强语言的感染力和说服力。

例如，在入题时说：

"我们是小公司，结识的是大朋友。"

"过去已有良好的合作关系，愿我们共同写下更辉煌的一页。"

"和您在一个桌子上交锋，我荣幸之至。"

"今天天气真好，预示着我们的谈判也会非常顺利。"

"天时、地利、人和铺就了我们这次谈判的成功之路。"

"我们到这里来，并不是为了吵架，而是一个共同的目标促使我们双方走到了一块儿。相识即是有缘，生意不成仁义在，达不成协议交个朋友也是收获。当然，我更希望我们双方能够珍惜这次机会，要想求大同，那么就必须存小异。"

第三节　谈判过程的沟通技巧

谈判过程的沟通技巧指的是谈判时使用的合适、有效的沟通方法或手段，包括以下几个方面。

一、入题技巧

俗话说"万事开头难"，好的开始是成功的一半，谈判也是如此。在谈判开始的时候，每个谈判者都要逐步进入自己的角色，这就是谈判的导入阶段，即谈判双方进入具体交易内容之前，见面、寒暄、介绍，以及就谈判内容以外的话题进行交谈的时间。这个阶段虽然只占整个谈判过程的很小一部分，而且似乎与整个谈判的主题无关或关系不大，但却是非常重要的，因为它为整个谈判奠定了基础。

在谈判之初，最好先找到一些双方观点一致的地方并表述出来，给对方留下一种彼此更像合作伙伴的潜意识。这样接下来的谈判就容易朝着一个达成共识的方向进展，而不是剑拔弩张地对抗。当僵持时，可以拿出双方的共识来增强彼此的信心，化解分歧；也可以向对方提供一些其感兴趣的商业信息，或对一些不是很重要的问题进行简单的探讨，达成共识后双方的心理就会发生奇妙的改变。

具体方法有以下几种。

（一）迂回入题

为避免直截了当造成的突兀和尴尬，可以采用迂回入题，介绍己方人员等。谈判者应不间断地讨论一些非业务性话题，如天气、心情等，并更加关注对方的利益。下面是一段开场对话：

"欢迎你，见到你真高兴！"

"我也十分高兴来这里。近来生意如何？"

"这笔买卖对你我都很重要，但首先我对你的平安抵达表示祝贺。旅途愉快吗？"

"这个问题也是我们这次要讨论的，天气真不错啊！来点咖啡好吗？"

这并不是漫无边际的闲扯，虽然表面上它与将要谈判的问题无关，但如果对方在这段谈话之后，仍坚持提出他的问题，谈判者就可以认为"黄灯"有变为"红灯"的危险。如果能够接受这种轻松的聊天，虽然这并不能改变"黄灯"仍然亮着的事实，但它告诉谈判者有转为"绿灯"的可能。

（二）协商入题

运用协商开局技巧，可以简单地运用婉转而友好的问话，各方就谈判程序、议题以及具体内容等相互协商，补充和发表双方一致的观点和意见，有助于创造良好、和谐的气氛。

下面的例子便是协商技巧的运用：

"我们彼此介绍一下各自的生产、经营、财务和商品的情况，您看如何？"

"完全可以，如果时间、情况合适，我们可以达成一笔交易，您会同意吧？"

"完全同意。我们谈半天如何？"

"估计介绍情况一个小时足够了，其他时间谈交易条件，如果进展顺利，时间差不多，行。"

"那么，是贵方先谈，还是我先谈？"

"随便，就请您先谈吧。"

从以上例子可以看出，协商开局虽然简单，但有助于谈判者在自然轻松的气氛中进入正式谈判，从而使谈判各方在谈判程序、方式和速度等方面达成一致意见。

（三）坦诚入题

坦诚是谈判提倡的。但在谈判中，坦诚、直率也会有风险，它有时会被对方利用而逼迫己方让步。尽管如此，坦诚、直率仍不失为一种好的开局技巧。坦诚、直率不但可以把对方想知道的情况坦诚相告，而且还可以站在对方的立场设想并回答一些问题，同时，还可以适当透露己方的某些动机和真实想法。运用坦诚、直率的开局技巧，是获得对方好感和信赖的好方法，人们往往对肯透露信息的人有亲切感。它还能满足对方的自我意识感及充分的权威感，有助于谈判的深入。它还有利于提高谈判效率，节约谈判时间，避免不必要的矛盾和纠缠，从而取得预期的谈判效果。例如：

一个经济实力较弱的小厂与一个经济实力较强的大厂在谈判时，小厂的主谈人为了消除对方的疑虑，向对方表示道："我们摊子小，实力不够强，但人实在，信誉好，产品质量符合贵方的要求，而且成本较其他厂家低。我们愿真诚平等地与贵方合作。我们谈得成也好，谈不成也好，我们起码可以与你们这个大兄长交个朋友，并向你们学习生产、经营及谈判的经验。"

聊聊肺腑之言不但可以表明自己的开局意图，而且可以消除对方的戒心，赢得对方的好感和信赖，这无疑会有助于谈判的深入进行。

二、阐述技巧

（一）开场阐述

谈判入题后，接下来就是双方进行开场阐述，这是谈判的一个重要环节。

1. 开场阐述的要点

（1）开宗明义，明确本次谈判要解决的问题，以集中双方的注意力，统一双方的认识。

（2）表明我方通过谈判应当得到的利益，尤其是对我方至关重要的利益。

（3）表明我方的基本立场，可以回顾双方以前合作的成果，说明我方在对方所享有的信誉；也可以展望或预测今后双方合作中可能出现的机遇或障碍；还可以表示我方可采取何种方式共同获得利益并做出贡献等。

（4）开场阐述应是概括的，而不是具体的，应尽可能简明扼要。

2. 对对方开场阐述的反应

（1）认真耐心地倾听对方的开场阐述，归纳弄懂对方开场阐述的内容，思考和理解对方的关键问题，以免产生误会。

（2）如果对方开场阐述的内容与我方意见差距较大，不要打断对方的阐述，更不要立即与对方争执，而应当先让对方说完，认同对方之后再巧妙地转开话题，从侧面进行谈判。

（二）让对方先谈

在商务谈判中，当你对市场态势和产品的具体情况不是很了解时，一定要让对方首先说明状况，然后审慎地表达意见。有时即使你心中有数，也不妨先让对方阐述利益要求、报价并介绍产品，然后在此基础上提出自己的要求，这样既可尊重对方，也摸清了对方的底细。

（三）坦诚相见

谈判中应当提倡坦诚相见，不但将对方想知道的情况坦诚相告，而且可以适当透露我方的某些动机和想法。

坦诚相见是获得对方同情的好办法，人们往往对坦诚的人有好感。但是应当注意，与对方坦诚相见，难免会有风险。对方可能利用你的坦诚逼你让步，你可能因为坦诚而处于被动地位。因此，坦诚相见是有限度的，并不是将一切和盘托出。总之，坦诚相见要以既赢得对方的信赖又不使自己陷于被动、丧失利益为度。

三、提问技巧

商务谈判中常以"问"作为摸清对方需要、掌握对方心理、表达自己感情的手段。如何"问"是很有讲究的，重视和灵活运用发问的技巧，不但可以引起双方的讨论，获取信息，而且还可以控制谈判的方向。到底哪些问题可以问，哪些问题不可以问，为了达到某一个目的应该怎样问，以及问的时机、场合、环境等，有许多常识和技巧需要了解和掌握。"问"一般包含三个因素：问什么问题、何时问、怎样问。

（一）提问的类型

1. 封闭式提问

封闭式提问可以在一定的范围内，在特定的领域得出特定的答复。封闭式提问可加快对方回答问题的速度，让对方在限定的范围内做出选择，没有超出范围选择的余地，如：

"您是否认为售后服务没有改进的可能？"

"违约要受到惩罚，你说是不是？"

"您刚才说上述情况没有变动，这是不是说贷方可以如期履约了？"

2. 澄清式提问

澄清式提问是针对对方的答复重新措辞，要求对方证实或补充原先答复的一种提问，如：

"你说完成这项谈判任务有困难，现在有没有勇气承担这项工作？"

"您刚才说对目前进行中的这一宗买卖可以做取舍，这是不是说您拥有全权跟我们进行谈判？"

3. 强调式提问

强调式提问旨在强调自己的观点和己方的立场，如：

"这个协议不是要经过公证之后才生效吗？"

"按照贵方要求，我们的观点不是已经阐述清楚了吗？"

4. 探索式提问

探索式提问是针对对方答复，要求引申或举例说明，以便探索新问题、找出新方法的一种提问方式。探索式提问不但可以进一步发掘较为充分的信息，而且还可以显示提问者对对方答复的重视，是针对对方的答复要求投石问路，如：

"我们想增加进货量，贵方能否在价格上更优惠些？"

"你谈到谈判方面存在困难，你能不能告诉我方，你方主要有什么困难？"

"贵方已表示如果我方愿承销 1 万件，可以给予 20%的折扣，如果我方答应承销 2 万件，是否可以得到更大折扣呢？"

5. 借助式提问

借助式提问是一种借助第三者意见来影响或改变对方意见的提问方式。采取这种提问方式时，应当注意提出意见的第三者必须是对方熟悉而且是他们十分尊重的人，这种提问会对对方产生很大的影响；否则，让一个对方不知晓且谈不上尊重的人作为第三者，则很可能会引起对方的反感。因此，这种提问方式应当慎重使用，如：

"某某认为谈判小组要把工作中心放在成交日期上，你以为如何？"

"这份合同是你们董事长签的字，是吗？"

"我们请教了某某顾问，对该产品的价格有了较多了解，请您考虑是否把价格再降低一些？"

6. 强迫选择式提问

强迫选择式提问旨在将己方的意见抛给对方，让对方在一个规定的范围内进行选择回答。运用这种提问方式要特别慎重，一般应在己方掌握充分的主动权的情况下使用，否则很容易使谈判出现僵局，甚至破裂。需要注意的是，在使用强迫选择式提问时，要尽量做到语调柔和、措辞达意得体，以免给对方留下强加于人的不良印象，如：

"付佣金是符合国际贸易惯例的，我们从法国供应商那里一般可得到 3%～5%的佣金，请贵方予以注意。"

7. 婉转式提问

婉转式提问即在没有摸清对方虚实的情况下，采用婉转的语气或方法，在适宜的场所或时机向对方提问。这种提问方式既可避免被对方拒绝而出现难堪局面，又可以自然地探出对方的虚实，达到提问的目的，如：

"这种产品的质量还不错吧？您能评价一下吗？"

8. 诱导式提问

诱导式提问旨在开渠引水，对对方的答案给予强烈的暗示，使对方的回答符合己方预期的目的。这类提问方式几乎使对方毫无选择余地而按发问者设计好的答案回答，如：

"谈到现在，我看我方的折扣可以定在 4%，你方一定不会不同意吧？"

"说了这么多，您应该会同意的，是吧？"

9. 协商式提问

协商式提问即为使对方同意自己的观点，采用商量的口吻问对方，如：

"您看给我方的价格折扣定为 1%是否合适？"

"贵方是愿意支付现金，享受优惠，还是愿意按现有价格成交而实行分期付款呢？"

（二）提问的时机

1. 在对方发言完毕之后提问

在对方发言的时候一般不要急于提问，因为打断别人的发言是不礼貌的。当对方发言时，你要认真倾听，即使你发现了对方的问题，很想立即提问，也不要打断对方，可先把发现的和想到的问题记下来，待对方发言完毕再提问。

2. 在对方发言停顿和间歇时提问

如果谈判中，对方发言冗长、不得要领、纠缠细节或离题太远而影响谈判进程，这时可以在他停顿、间歇时提问，如：

"您刚才说的意思是……"

"细节问题我们以后再谈，请谈谈您的主要观点好吗？"

"第一个问题我们听明白了，那第二个问题呢？"

3. 在议程规定的辩论时间提问

大型外贸谈判，一般要事先商定谈判议程，设定辩论时间。在双方各自介绍情况和阐述的时间里一般不进行辩论，也不向对方提问。只有在辩论时间里，双方才可自由提问、进行辩论。在这种情况下，要事先做好准备，可以设想对方会提出的几个方案，针对这些方案考虑己方对策，然后提问。

4. 在己方发言前提问

在谈判中，当轮到己方发言时，可以在谈己方的观点之前，对对方的发言进行提问，不必要求对方回答，而是自问自答。这样可以争取主动，防止对方接过话茬，影响己方的发言，如：

"您刚才的发言要说明什么问题呢？我的理解是……对这个问题，我谈几点看法。"

"价格问题您讲得很清楚，但质量和售后服务怎样呢？我先谈谈我们的要求，然后请您答复。"

（三）提问的方式

1. 提问的方式要委婉

语气要亲切平和，用词要斟酌。不能把提问、查问变成审问、责问，咄咄逼人地提问容易给对方盛气凌人的感觉，使对方产生防范心理而不利于进一步洽商。

2. 提问的内容和角度要慎重选择

提问既要有针对性又不要使对方为难。如提出的问题使对方面有难色或露出不悦的神情，就不必追问而要及时变换话题。在谈判中一般不应提出的问题有：带有敌意的问题，有关对方个人隐私的问题，直接指责对方品质和信誉方面的问题。

3. 做好提问准备

对需要向对方提问或查问的问题，应事前列好提纲，而且越详细越好。如果不做准备就贸然提问，是不尊重对方的表现。

四、答复技巧

谈判中的答复与提问、倾听一样重要，也是一件不容易的事情。因为提问是主动的，答复是被动的，有问必有答，不能逃避；答复还代表着一种承诺和责任，这会给答复者带来心理压力。

一般来说，答复应该针对提问实事求是地给对方正面回答，说明白、讲清楚。但是，由于谈判中的提问是一种追踪对方的实力、动机、意向、需求与策略，从而达到知己知彼、有的放矢、掌握主动的重要手段，很多提问是对方精心营构之后提出的。提问往往有谋略、有圈套、有难测之心，如果对任何问题都坦诚回答，并不一定是最好的答复，因此，答复也必须运用一定的技巧。

（一）答复的技巧

1. 让自己获得充分的思考时间

一般情况下，谈判者对问题答复得好坏与思考时间成正比。因此，遇到问题时要沉着，转告对方前你必须留有时间进行认真思考；或者要求对方把问题再复述一遍；还可以喝一口茶或整理文件，拖延回答时间。

如果对方提的问题动机不明，或问题很棘手，而对方又频频催问，不便表示拒答，则可以施行"缓兵之计"，拖延回答，如：

"很抱歉，因为没估计到贵方会提到这个问题，我们所带资料不全，待我们回去找到资料后即可答复你们。"

"您所提出的问题，请允许我们向上级有关部门请示查询后再答复好吗？"

"您提出了一个很重要的问题，我想您希望我们为您做出详尽、圆满的答复，而这需要时间，请让我们充分考虑一下。好吗？"

2. 把握对方提问的目的和动机

在谈判前除了对谈判的中心议题、对方的矛盾焦点、我方的论据资料应了如指掌，还应对对方的经营情况、贸易意图及需求、谈判成员的组成和对方有可能提出的问题及其策略做更多的了解和更全面透彻的分析。

在谈判中，有时候提问者为了获得非分的效果，有意识地含糊其词，使问题模棱两可，借以刺探对方底线。此时，答复者必须站在谈判全局的利益高度上认真思考、冷静斟酌、谨慎从容地应对。要记住，对对方提的每一问都必须想一想：他为什么问这个问题？越是在对方催逼自己作答的情况下，越要沉着冷静、深思熟虑，切不可掉以轻心、信口而答，以免上当。

你应意识到，答复前进行充分的思考既是谈判的需要，也是自己的权力。

3．不要彻底回答问题

在谈判中，探索性提问是一种"投石问路"的策略，即借助一连串的提问来摸索、了解对方的成交意图、策略，分析对方的成本、价格等情况，以做出明智的决策与选择。在这种情况下，如果"和盘托出"，常常会使自己陷入被动的不利局面。据此，可以只进行局部的答复，留有余地，以使对方摸不到底牌。

例如，对方连珠炮似地提出："假如我们增加 50%的订货量，在价格上能否优惠？""假如我们与贵公司签订三年的合同，价格上能有多少折扣？""假如我们减少保证金，你方有何考虑？""假如我们自己提供工具或材料呢？""假如我们采取分期付款的方式呢？"这里每一个提问都是一颗探路的石子，它不但会使答复方穷于应付而无法主动出击，而且会让对方探测到虚实。因此，不应有问必答，而应有选择性地局部作答，对其他问题则可"装聋作哑""听而不闻"，用不着边际等方式搪塞过去。"据我所知……""那要看……而定""至于……就看你怎么看了"，是回答这类问题的好办法。

4．回避某些问题，答非所问

当对方提出的某个问题很难直接从正面回答，但又不能拒绝回答时，可避开问题的实质，而将话题引向其他方面，顾左右而言他，借以破解对方的进攻。即以回答问题的语气开始表述，而其实是只点了题而未表态就从原题的侧面滑过，谈了与原题相关而实际是另一个问题的看法，从而有效地避开了对方正面的进攻，使谈判继续进行下去。或者在看似正面作答的语气中"偷梁换柱"，谈到某件事的细节，再反过头征求对方的看法，将话题抛回给对方，如：

"你提的这个问题我方也认为确实重要，我们的看法是必须切实解决，而这就涉及一个更为关键的问题，这就是……"

"刚才你提到的问题很值得讨论，如我方就遇到过这样一件事……不知你们对此有何看法？"

> **讨论**
>
> #### 刘邦的回答为何巧妙？
>
> 项羽自称西楚霸王后，想杀掉刘邦。范增出了一个主意："等刘邦上朝，大王就问他：'寡人封你到南郑去，你愿不愿意？'如果他同意，就说明他意

图养精蓄锐，有谋反之心，可以绑出去杀了；如果他说不愿意，您便以违抗王命为由杀了他。"

　　刘邦上朝后，项羽一拍几案，大声道："寡人封你到南郑去，你愿不愿意？"

　　刘邦回答："臣食君禄，命悬于君。臣如陛下坐骑，鞭之则行，收辔则止，臣唯命是听。"

　　项羽一听，无可奈何，只好作罢。

5. 降低与减少提问者追问的兴致和机会

提问者如果发现了答复者的漏洞，往往会刨根问底地追问下去。所以，回答问题时要特别注意不让对方抓住某一点继续发问。在实际谈判中，为了巧妙应对这类对手，不要一开始就针对对方的问题回答，因为对方已虎视眈眈地等待你的答案的漏洞，并随时准备展开攻击。此时，借口问题无法回答也是一种回避问题的方法，如"根据我目前了解的信息，我不确定我是否能准确回答你的问题。"

6. 对于不知道的问题不要回答

遇到陌生难解的问题时，谈判者切不可为了维护自己的面子强做答复。因为这样不但有可能损害自己的利益，而且对维护自己的面子丝毫无用。谈判者对不懂的问题应坦率地告诉对方不能回答，或暂不回答，以避免付出不应付出的代价。

（二）答复的方法

1. 顺应前提答复法

对方提出的问题明确，且符合你的利益，即可定向反馈。

这种答复的关键是对"前提"理解得透彻。如对方问："下一步我们是否应该商谈保险问题。"如果其他条款都已落实得比较满意，你也认为讨论保险问题有必要，就可以回答说"可以"。

2. 更正前提答复法

对方的问题内涵不确切，无法定向，答复时就需要更正前提。如对方问："你方打算购买多少？"答复时可说："如果价格合理，计划买××。"

3. 更换前提答复法

当不愿意回答对方提出的问题时，可采用这种答复方法。如对方问："贵方打算出什么价？"可回答："如果想买，我方一定来找贵方。"

4. 否定前提答复法

这是采取否定对方提问的观点、态度和倾向的一种答复方法。如对方问："贵方是否同意5月以前交货？"回答："不。我方有具体困难。"

五、让步技巧

谈判是双方不断地让步最终达到价值交换的一个过程，也许一个小小的让步会波及整个战略布局，草率让步和寸步不让都是不可取的。让步既需要把握时机又需要掌握一些基本的技巧。

谈判的让步技巧

（一）让步的幅度要递减

通常让步是从"开价"往"底线"方向让步。当你距离底线远的时候，心里没有压力，所以让步的幅度自然就比较大。可是你越让步，距离底线就越近，能让步的空间越来越小。在这种情况下，不知不觉你让步的幅度也就越来越小。对方就是由我们让步幅度是否递减，来判断我们是否接近底线。

以让步 30 万元为例，用递减的方法让步，可以先让 11 万元，再让 8 万元，再让 6 万元，再让 5 万元，这样加起来一共 30 万元。这样的让步既向对方显示了谈判诚意和妥协意愿，同时又巧妙地向对方暗示我方已做出了巨大的牺牲和尽了最大的努力。假如反过来，每次让步幅度越来越大，先让 5 万元，再让 6 万元，再让 8 万元，再让 11 万元。这样的让步会让对方的期望值越来越大，很容易产生你让步越来越容易的印象，越到后面的谈判，越会认为你还有更多的空间可以让步。

（二）让步的次数要越少越好

在一次销售谈判中，你一次性让利 20 万元，与让利 10 次 2 万元，给人的感觉是大不相同的。如果让步的次数多，对方会觉得让步非常容易，所以对继续让步的期待就会升得很高。即使你已让到底线，对方也会期待继续让步，而不相信那是底线。再以刚才让利 30 万元为例，如果我们一再坚持，直到最后才让出 30 万元，对方会觉得我方让步很艰难，再要求也不会有任何收获，从而决定接受现有条件。

（三）让步的速度要慢得有理

让步太快，对方要么认为我方还有让步的空间，从而期待我方继续让步；要么就是觉得其中有诈：价格如此直线下降，成本是多少？利润是多少？还有质量保证吗？无限制的降价不但可能把客人吓跑，而且会影响企业信誉。

（四）让步的时间要审时度势

如果让步时间过早，会被对方认为是"顺带"的无关紧要的小让步，使对方得寸进尺，意欲在最后一分钟再搏一把；如果让步时间太晚，可能对对方的影响或者作用较小；在对方立场强硬、关系恶化之后，再提出让步，会使让步的效用减弱。

通常情况下，为了使让步发挥较好的作用，收到理想的效果，一般在谈判的最后期限内让步，即不到万不得已，决不让步；即使让步，也要提出相应的回报。让对方意识到已经没有任何让步余地。每一次让步，都要让对方感到，己方是付出了努力和代价的，是忍痛割爱的，不是轻而易举让步的。这样的让步才是有效的、积极的。

有时，也可以在谈判开始后不久做出让步，以让步表示坦诚相待，容易打动对方采取同样的回报行动来促成谈判，降低谈判成本，提高谈判效率。

无论在何时、何种情况下做出的让步，都应与对方感到有吸引力的内容结合起来，才具有诱惑力，也才更具有杀伤力。

讨论

如何压价？

"您这种机器要价 750 元一台，我们刚才看到同样的机器标价为 680 元一台。您对此有什么话要说吗？"

"如果您诚心想买，680 元可以成交。"

"如果我是批量购买，总共买 35 台，难道您也一视同仁吗？"

"不会的，我们每台给予 60 元的折扣。"

"我们现在资金较紧张，是不是可以先购 20 台，3 个月以后再购 15 台？"

卖主很是犹豫了一会儿，因为只购买 20 台，折扣是不会这么高的。但他想到最近几个星期不甚理想的销售状况，还是答应了。

"那么，您的意思是以 620 元的价格卖给我们 20 台机器。"买主总结性地说。

卖主点了点头。

"为什么要 620 元呢？凑个整儿，600 元一台，计算起来都省事。干脆利落，我们马上成交。"

卖主想反驳，但"成交"二字对他颇具吸引力，几个星期完不成销售定额的任务可不好受，他还是答应了。

六、谈判气氛的控制技巧

谈判是博弈，也是合作。任何谈判都是在一定的气氛中进行的。谈判的气氛大概有四种：一是冷淡、对立及紧张的，这种情况下一般双方的猜忌是比较多的；二是松松垮垮、慢慢腾腾及旷日持久的，这种谈判会一拖再拖，可能会因故终止；三是热烈、积极和友好的，这种谈判会非常有效率，普遍能达成共识；四是平静、严肃和严谨的，这种谈判双方会比较谨慎，就内容细节问题会反复核实，这种谈判是有秩序、有效率的。

气氛影响着谈判的发展方向。积极、和谐的气氛会把谈判推向成功的方向；而冷淡、对立的气氛会把谈判推向更为严峻的境地，甚至使谈判破裂。

谈判气氛的控制主要有以下三个技巧。

（1）积极主动地创造和谐的谈判气氛。

谈判气氛是在双方开始谈判时形成的，并影响以后谈判气氛的发展。因此，谈判双方都应重视创造相互信任的良好的开端，应该相互尊重、礼貌待人、强调合作，最好不要在谈判开始不久就进入实质性谈判。

随着谈判的不断深入发展，分歧也会随之出现，可能会形成剑拔弩张、唇枪舌剑的紧张对立气氛，这会阻碍谈判的进行。因此，还应随着谈判的深入发展，密切注意谈判的气氛，有意识地约束和控制谈判人员的情绪和言行，维护谈判气氛，积极促进谈判。

当然，维护和谐的谈判气氛，并不是要一味迁就忍让、迎合讨好对方。如果对方是见利忘义之徒，毫无谈判诚意，那么，必要时可退出谈判。

（2）随着谈判进展调节不同的谈判气氛。

在谈判中，涉及重大条款中原则性问题的时候，谈判气氛是平静、严肃、严谨的。当双方就主要问题达成共识后，应适当调节谈判气氛，说一些轻松的话题，要尽量创造轻松、愉快、热烈、活泼的谈判气氛，吃些茶点、喝些饮料等。

当谈判陷入僵局，经过协商仍毫无进展，双方的情绪均处于低潮时，可以采用避开该话题的办法，换一个新的话题与对方谈判，以等待转机的到来。例如，在价格问题上双方互不相让，僵住了，可以先暂时搁置一旁，改谈交货期、付款方式等其他问题。如果在这些议题上对方感到满意了，再重新回过头来讨论价格问题，阻力就会小一些，商量的余地也就更大些，从而弥合分歧，使谈判出现新的转机。

（3）利用谈判气氛调节谈判人员的情绪。

人的情绪变化受环境的影响极大。在谈判过程中，双方人员的心理压力较大，如果谈判的气氛过于紧张、严肃，就会使一些人难以承受，如有的谈判人员会爆发情绪。因此，谈判人员应注意随时采用各种灵活的形式调整谈判的气氛。例如，暂时休会，查询有关资料，插入一些轻松愉快的话题，提供水果、饮料、点心，改变谈判座位等。

当然，如果谈判气氛松松垮垮、慢慢腾腾，谈判人员的情绪也振奋不起来，会出现漫不经心、沮丧、消极、无所谓等现象。这会严重影响谈判效率，自然也是应当避免的。

由于情绪具有感染性，因此，在谈判活动中，如果谈判负责人在困难面前沉着坚定，充满必胜的信心，也会给其成员带来极大的鼓舞。反之，如果谈判负责人表现得惊慌失措，就容易使其成员动摇、颓丧，乃至丧失信心。

📋 案例分析

"烛之武退秦师"中的谈判智慧[①]

烛之武退秦师讲的是在春秋战国时期，因为郑国的国君曾经对晋国的国君无礼，所以晋国和秦国决定联合起来攻打郑国。晋国的军队从函陵进攻郑国，秦国的军队从氾南进攻郑国，郑国危在旦夕。郑国的大臣佚之狐对郑国国君说，"郑国现在的处境非常危险，我国有一位能人叫烛之武，如果请烛之武出使秦国，游说秦国国君，也许可以说服秦国退兵"。郑国国君听从了佚之狐的建议，去请烛之武出使秦国。

出人意料的是，烛之武并没有立即接受郑国国君的邀请。他推辞说："当我正值壮年的时候，国君您并没有重用我，觉得我不如别人。现在我已经老了，就更没有能力为国分忧、为国效劳了。"

在这里，从谈判的策略来说，烛之武采取的是欲擒故纵、以退为进的技巧。从内心来说，烛之武希望自己能建功立业，同时自己也能因此加官晋爵，享受荣华富贵。但如果烛之武很轻易地就答应了郑国国君的要求，那么有可能郑国国君并不能充分认识到烛之武的价值，即使烛之武帮助郑国化解了这次危机，郑国君也可能不会给予烛之武高官厚赏。

郑国国君说："我没有能够早一点重用您，现在国家遇到了如此危急的事情，我才来请求您，这是我的过错，请您原谅我。然而如果郑国灭亡了，您作为郑国的臣子，对您也会不利呀。"郑国国君的回答包含了两层意思。

首先郑国国君承认了自己之前没有重用烛之武是自己的错误，向烛之武郑重道歉，并暗含：如果烛之武这次能够使秦国退兵，那么郑国国君这次一定会充分认识到烛之武的价值，给予烛之武相应的奖赏和礼遇，郑国国君再也不会低估烛之武的能力和作用了！这是郑国国君审时度势，能屈能伸的体现，这种灵活性也是谈判中非常需要的。

郑国国君的第二层意思是：烛之武通过出使秦国来化解郑国的危机，不仅是为了郑国国君和郑国，同样也是为了烛之武自己。"覆巢之下，安有完卵"，郑国如果灭亡，烛之武也将承受被殖民之苦。这里体现了说服别人的一个原则：要使得自己的建议触及对方的利益从而打动对方，而不是简单的请求。如果郑国国君只是一味地请求烛之武拯救郑国，那么郑国国君在整个谈判中将始终处于被动地位。郑国国君在谈判中阐明：如果烛之武不帮助郑国致使郑国灭亡，那么对烛之

---

① 沈琪. "烛之武退秦师"中的谈判智慧[J]. 商业文化，2015（2）：134.

武也是十分不利的。

经过和郑国国君的一番谈判，烛之武同意出使秦国，游说秦军退兵。晚上烛之武趁着夜色，悄悄溜出城去，见到了秦国军队的主帅秦伯。烛之武对秦伯说："如果郑国灭亡能够使秦国获益，那么我是不会来麻烦您的。但是请您认真想一想，郑国灭亡对秦国有什么好处呢？"

烛之武接下来就从秦国的角度分析郑国灭亡对秦国的影响。烛之武说："晋国和郑国国土相邻，而秦国和郑国国土不相邻。郑国灭亡后，晋国可以把郑国作为自己国土的一部分，但秦国却很难做到这一点。因此郑国灭亡后，秦国并不能得到郑国的土地。更加严重的是，晋国因为得到了郑国国土而实力大增，秦国实力没有增进。晋国和秦国都是势均力敌的大国，晋国更加强大了其实对秦国没有好处。"

烛之武又强调："如果这次秦国不把郑国灭了，那么郑国必然非常感激秦国。今后秦国如果需要路过郑国，那么郑国必然给秦国提供足够的粮食、水等必需的物资，这样对秦国不是很好吗？"

另外，在秦国和晋国联合攻打郑国之前，晋国许诺给秦国很多得胜后的好处。烛之武劝说秦伯说："晋国是一个没有信用的国家，以前晋国曾经对秦国做过背信弃义的事情，怎么能够保证这次晋国能履行诺言呢？"

经过烛之武的游说，秦国决定不再攻打郑国。没有了秦国的帮助，晋国也没有能力独自灭掉郑国，晋国只能撤兵了。郑国的危机得以化解。

问题："烛之武退秦师"中的谈判技巧有哪些？

课后实训

一、情景操作题

加薪谈判[①]

假如你们是 IT 行业内某私有企业的研发人员，你们确信你们的薪金低于你们应该得到的报酬。由于公司的快速发展，两年以来，你们的职务说明书和你们负有的责任都发生了巨大变化。况且，同行业其他公司的研发人员要想取得你们这样的工作业绩是很困难的，他们都认为你们必须加班加点、周末不休息地工作才能保持如此高的工作效率。

然而，公司的管理层却说受行业的工资制度的限制，对你们的加薪请求采取冷漠无情的态度。实际上，他们完全有能力将薪金加到你们可以接受的标准。更有甚者，他们居然不承认你们工作的高效率，但是他们愿意同你们就加薪的问题进行交谈。

---

① 张莉. 管理沟通[M]. 2 版. 北京：高等教育出版社，2011.

　　请两个小组成员扮演谈判中的角色，其中一组扮演公司研发人员，另一组扮演公司管理层。双方准备就加薪问题进行谈判。

　　两个小组中其他成员扮演观察者，对两个谈判小组的表现进行小组讨论：双方的谈判准备工作有哪些？需要改进的有哪些？双方的谈判技巧有哪些？需要改进的有哪些？

二、分析题

　　请同学们观看电影《中国合伙人》中谈判的视频，分析其谈判的语言特点和谈判的沟通技巧。

第十三章　危机沟通

学习目标

1. 了解危机沟通的基本知识；
2. 掌握危机沟通的原则和策略；
3. 掌握危机沟通中的媒体沟通技巧。

引导案例

"3·15" 晚会引发的危机深思

"3·15" 晚会是由中央广播电视总台联合国家政府部门为维护消费者权益，在每年 3 月 15 日晚共同主办并现场直播的公益晚会。第一届晚会于 1991 年 3 月 15 日在 "3·15 国际消费者权益日消费者之友" 专题晚会播出。之后一般每年于 3 月 15 日 20 点左右在中央电视台综合频道、中央电视台财经频道现场直播。

晚会每年确定一个主题，播出的调查节目一般紧跟当下的消费热点，追踪消费生活中不为人知的 "潜规则"，曝光了侵害消费者权益的重重 "黑幕"。晚会致力于推动法治建设、依法维权的价值追求，倡导在法治的阳光下，消费者更有尊严地维护自己的合法权益，经营者更诚实守信地参与竞争，监管者有法可依、执法必严，忠实维护市场经济秩序。

晚会举办至今，节目的互动性更强、影响周期更长、影响范围更广。

"3·15" 晚会使得众多的企业陷入了 "危机门"。

问题： 在人人都是媒体、人人都是记者、人人都可以发出声音的自媒体时代，企业危机爆发迅速、传播广泛，你认为企业应如何应对危机？

在今天这样一个信息化和复杂化的时代，危机已不再是什么异常的、随机的、偶然的或非主流的事件，危机已成为我们生活中的一部分。由于互联网的出现，公众有了更强的参与意识与更多的表达机会，可以从各自的角度出发，对于可疑之处表达质疑，甚至不满，而作为 "社会公器" 的媒体也不会轻易放过具有新闻价值的争议性事件。因此，危机管理非常重要，而沟通始终与危机管理相伴而行。危机管理学家罗伯特·希斯明确指出：在危机管理中，沟通是最重要的工具。

危机沟通可以降低企业危机的冲击，并存在化危机为转机甚至商机的可能。

如果不进行危机沟通，小危机则可能变成大危机，对组织造成重创，甚至使组织就此消亡。

第一节　危机沟通概述

一、危机的概念和特征

（一）危机的概念

危机是突然发生或可能发生的危及组织形象、利益、生存的突发性或灾难性事故、事件等。

这些事故、事件等一般都能引起媒体的广泛报道和公众的广泛关注，对组织正常的工作造成极大的干扰和破坏，使组织陷入舆论压力和困境之中。处理和化解危机事件，将危机转化为塑造组织形象的契机是对组织公共关系工作水平最具挑战性的考验之一。

（二）危机的特征

1. 必然性与偶然性

正如有句名言所说："危机就像死亡和纳税一样是不可避免的。"但危机的发生，既有偶然性，也有一定的必然性。组织的任何薄弱环节都有可能因某个偶然因素导致危机发生。这就是危机防不胜防、容易给组织带来混乱和惊慌的原因。因此，我们必须防患于未然，做到居安思危。

2. 未知性与可测性

危机在什么时间、什么地点发生、破坏性程度往往是难以预料的，特别是自然灾害、科技新发明等带来的冲击是难以抗拒的。但是，危机的发生也存在一定的规律性因素，公众可以通过对这些规律性因素的研究来预见发生危机的可能性，这就是可测性。

3. 紧迫性与严重性

危机发生后，情况往往瞬息万变，危机的应对和处理具有很强的时间限制。严重性是指危机往往具有连锁效应，引发一系列的冲击，不但破坏正常的经营秩序，而且会威胁组织的未来发展。

4. 公众性与聚焦性

组织的危机事件会影响公众的利益，公众会对整个事件高度关注。由于现代传播媒体十分发达，组织的危机情况会迅速公开化，成为各种媒体热评的素材。同时，公众不仅关注危机本身，更关注组织的处理态度和采取的行动。媒体对危机报道的内容和对危机报道的态度影响着公众对危机的看法和态度。

5. 破坏性与建设性

危机必然会给组织造成不同程度的破坏，但处理危机的过程也是体现组织决策能力、应变能力的时机，更是展示组织形象、塑造组织形象的难得机遇。抓住这个机会，就有可能将坏事变为好事，迅速提高组织的知名度、美誉度。

二、组织危机的分类

组织危机主要包括以下七个方面，组织的危机类型如表 13-1 所示。

表 13-1　组织的危机类型[①]

危机类型	危机表现
经济方面	劳动力缺乏，市场动荡，股价大幅下跌，营销战略失误，主要收入下降
信息方面	商业机密泄露，错误信息，计算机记录损坏，主要客户（供应商）等信息损失
物质因素方面	主要设备、原材料供应链断裂，主要设备、主要工具损毁，主要车间损毁，工厂停产
人力资源方面	管理层辞职，关键技术人员流失，旷工，消极怠工，故意破坏，工伤事件
声誉方面	诽谤，谣言，管理层传闻，公司声誉受损，企业标志受损
行为方面	产品伤害，绑架人质，恐怖事件，工作场所暴力事件
自然灾害方面	火灾、地震等

三、危机形成和发展的阶段

（一）危机酝酿期

危机酝酿期指的是危机孕育的时期。这个阶段的特征是：危机有时有些预兆和端倪，当然更多是难以察觉的。这个阶段如果有所察觉，可以及时解除危机。

危机的酝酿是一个长期的过程，在实践中，危机的爆发只是瞬间而已，但其隐患却可能在很长时期存在。例如，在员工无礼对待消费者的案例中，可能是思想教育的问题和管理的问题；在一个产品瑕疵的案例中，可以从开发、采购、质量控制、生产、运输等环节中找到源头。

（二）危机爆发期

危机爆发期指的是危机的产生时期，危机发生了。这个阶段的特征是：危机已经浮出水面，细心敏锐的人肯定可以察觉，而忽视和迟钝的人则会视若无睹。在这个阶段，危机已经暴露，可以逆转，也可以转化。

从传播的角度来讲，这是危机信息传播的原始起源。

---

① 康青. 管理沟通[M]. 北京：中国人民大学出版社，2012.

（三）危机扩散、蔓延期

危机扩散、蔓延期指危机发生后，通过媒介、人员、组织的传播，危机不断扩散，受众知晓率爆炸式增长。

这个阶段的特征是：危机事态正在发展，本质原因却不一定能明确，现象则在传播中不断被复制。

从传播的角度来说，信息的内容复杂化，有准确的、有不准确的、有目击的、也有猜测的。信息传播渠道也呈多样化，有从现场获取信息的（信息的原始起源），有从相关组织、人物获取信息的，也有可能是从媒体获取信息的（如一些媒体会转载另外一些媒体的信息）。现场人物、媒体自身、企业自身、相关的组织，因为事态的进一步发展，都有可能成为信息传播源。

另外，人们的好奇心急需要满足，而原因又在进一步调查中，有大量的信息真空，媒体、公众将从各种渠道来填补。

（四）危机的减弱、消失期

通过事态的发展、事件的处理、原因的调查，事情有了结果，当事人各得其所，公众、媒体的关注逐渐减弱、消失。

从传播的角度来讲，信息"真空"已经被填补，受众的关注兴趣下降和消失，或转到其他兴趣点，其注意力也在转移。

"好事不出门，坏事传千里"，一条负面消息的传播足以抵销千百万篇正面报道和千百万次广告的影响。正是由于企业危机易扩散的特征和受舆论关注的特性，所以危机处理非常重要。

四、危机沟通的概念和特点

（一）危机沟通的概念

危机沟通是指以沟通为手段、解决危机为目的进行的一连串化解危机与避免危机的行为和过程。

危机沟通包含两个方面的内容：一是危机事件中组织内部的沟通问题；二是组织与社会公众和利益相关者之间的沟通公关。

（二）危机沟通的特点[①]

1. 沟通目的的明确性

危机沟通的目的非常明确、非常直接，那就是预防危机、控制危机、化解危机、修复危机。通过危机沟通，使危机所涉及的部门和人员达成共识，协调一致，齐心协力，共渡难关，无论花多大代价也在所不惜。这一点明显区别于一般

---

① 袁明旭. 论公共危机沟通的特点和功能[J]. 内蒙古民族大学学报，2007（11）：1-3.

日常生活中的人际沟通。一般日常生活中的人际沟通的目的是多样化的，有的目的是不明确的，并且带有成本价值的衡量。

2. 沟通方式的直接性

危机具有突发性、破坏性、紧急性和未知性，因此，为了有效地控制、化解危机，必须及时、准确地获得相关的信息，迅速做出决断。这就要求危机管理者亲临危机现场，与危机的相关各方和人员进行面对面的直接沟通，才能获得全方位的真实可靠的信息，为正确的危机决策奠定基础，才能稳定人心，控制局势。

3. 沟通过程的互动性

由于危机具有极大的破坏性、影响的广泛性、高度的敏感性，备受社会各界关注。因此，在危机沟通过程中，沟通主体和受体之间存在着强烈的互动性，沟通主体传递的信息、思想、情感和价值取向等都会直接迅速地对沟通的受体产生明显的影响，并且这种影响的后果会立即表现出来。与此同时，沟通受体的反应、情绪、要求、建议等，也会对沟通主体产生直接的作用。

4. 沟通手段的非常规性

危机的突然爆发，大大出乎人们的意料，为了迅速控制、化解危机，稳定人心，必须采取一些独创性的、强制性的、非常规性的措施。

5. 沟通情境的不确定性

危机沟通是在高度不确定性的复杂的情境中进行的，与一般的在相对稳定的环境中进行的沟通明显不同。危机爆发之后，其发展的趋势和方向具有不明确性和不确定性，危机既可能成为"死机"，也可能成为"生机"。

第二节　危机沟通的原则与策略

一、危机沟通的原则

3T 原则是危机处理的一个法则，有三个关键点，每个点以"T"开头，所以称为 3T 原则。3T 原则是由英国危机公关专家迈克尔·里杰斯特（M. Regester. Michael）提出的。

危机沟通的原则

（一）Tell You Own Tale（以我为主提供情况）

其强调组织必须牢牢掌握信息发布的主动权，应主动披露信息，形成对信息流的引导之势，而非被其牵着走。同时组织内部必须统一口径，指定新闻发言人或特定部门负责发布信息。对于暂时不能确认的事情，新闻发言人应说明实际情况，并表明所在机构正在着手开展调查或制定方案，而不能随便表态，以免陷入被动的局面。

（二）Tell It All（提供全部情况）

其强调信息发布全面、真实。它包含信息的"量"和"质"两方面的要求：一是向利益相关者提供尽可能多的信息（而非全部信息，在危机中保守机密至关重要）；二是向利益相关者提供最有价值的信息。

（三）Tell It Fast（尽快提供情况）

其强调危机处理时应该尽快并不断地发布信息。在危机出现的最初 12～24 小时，消息会像病毒一样，以裂变方式高速传播。与之相对应，危机的破坏性往往随着时间的推移而呈非线性爆炸式增长。因此，尽早发现危机并迅速反应控制事态，及早向外界发布信息，既体现出组织对危机事件的快速反应姿态，又可以平息因信息不透明而产生的谣言，还能获得公众信任。

二、危机沟通的策略

（一）危机事前的沟通

1. 完善组织结构体系

建立、完善各种监测系统、信息系统、预警系统以及网络通信系统。时刻收集、识别和及时处理企业内部潜在的信息等。企业战略、人事异动、劳资关系、生产安全、文化差异、产品质量、财务资金、企业信誉、内部流程管理等组织内部原因都可能对企业产生危害或潜在危害。

组织内部建立应对危机的专门机构，在各级部门成立危机管理团队，统一指挥危机的管理工作。

任命与培训新闻发言人。新闻发言人需要在组织中有较高的职位；表达能力强，反应迅速，善于倾听；有全面的知识结构，并通晓危机管理方法；言辞审慎，沉着稳健，在外界压力下能保持冷静，临危不乱。

2. 制定完整的危机管理计划或应急预案

应急预案能使在处理危机时做到心中有数、各司其职、快速反应。

组织内部对风险较大的事项都有必要制定专门的危机管理计划或应急预案。其内容包括授权书、危机处置原则（危机分级、分层次、优先管理次序等）、危机管理小组的人员组成、职责与权限、危机处理流程（提出完整解决方法与步骤）、后勤保障、对外主要联络人关系清单、危机全过程应收集的资料、计划或预案管理要求（谁制定？制定什么样的方案？谁维护？谁批准？如何修订和审定？如何进行培训与演习？）、危机管理的后事处理及恢复计划等。要保持计划或预案简明扼要，每年至少要更新一次。

3. 培训与演练

进行必要的危机管理教育培训、危机模拟和应急训练，让所有包括在危机管理计划或应急预案内的人员熟悉情况，具备较强的心理承受能力，增强危机管理意识和技能，危机一旦发生，能快速反应和应对，镇定自若地正确处理出现的危机。

4. 建立组织与政府、媒体之间完备的沟通体系

在日常的活动中，注意通过正式或非正式的方式与政府和媒体建立良好的合作关系，争取在危机真正发生的时候得到他们的帮助和支持。

（二）危机发生时的沟通

1. 危机确认

组织内部要查明原因，界定问题性质，估计后果程度，缩小事态范围，确定危机立场和对外口径。

2. 危机处理

对于刚刚发生的危机，事态在尚未扩展得很大时，企业应遵循"24 小时法则"，在最短的时间内，主动与政府部门和新闻媒体联系，以最快的速度对危机的起因、可能趋向及影响（显性和隐性）做出积极、诚恳、负责任的评估，抓住危机处理的关键，明确自己的"核心立场"；根据危机发作的大小、潜在的危害程度等采取灵活多样的措施，甚至是技巧性的策划，控制住事态，使其不扩大、不升级、不蔓延，最终解决危机。

（三）危机事后的沟通

危机事后的沟通是指在危机发生后，继续进行大量的沟通来弥补信息的不足，纠正过去沟通中存在的疏漏、误解和错误，巩固前期努力，将危机的负面影响降到最低。

危机事后沟通包括以下几点。

1. 调查和评价

对危机发生的直接原因、间接原因和预防措施的有效性进行系统调查和检查，顺便发现潜在的隐患。在调查和检查得出的事实基础上，对危机管理工作进行全面分析与评价，包括对预警系统、危机管理计划或应急预案的有效性进行分析与评价，总结经验教训，提出改进意见。

2. 与受危机影响的各方进行沟通

这是减少危机影响、给公众树立负责任形象的必要措施。通过媒体向外及时、迅速、广泛地传递面对、处理危机的相关信息，使外界公众能及时了解事件的进度，如举行新闻发布会、记者见面会等。同时，与组织内部员工、管理者保持相应的沟通，介绍事件经过、原因，以及相应的决定和处理意见，使公司员工对事件有统一的认识和立场。

此外，组织不能忽视与其他利益相关者的沟通。他们往往是危机事件的主要影响对象，包括客户、股东、合作伙伴、政府机关等。此时，组织应采取一切手段、方法和途径与他们沟通，弥补损失，维持关系，稳定人心，减少危机的负面影响，将组织的损失降到最低。

3. 改进与实施

经过积极检讨、反思与教育，为避免重蹈覆辙，应及时公布整改方案，及时修正危机预防系统。

同时，在危机得到有效控制后要着手后续形象的恢复、改善和提升。有针对性地进行媒体宣传，重新设计广告，给予企业品牌和形象新的内涵和新的价值，重塑组织形象，挽回组织信誉。

第三节　危机沟通中的媒体沟通

在危机沟通中，危机信息的传递是否得当、及时，直接关系到危机的走向，媒体在其中发挥着关键作用。由于媒体传播的扩散效应，危机信息在媒体的传播过程中可能会变形和失真，有可能会导致危机进一步扩大。所以，媒体对组织的危机管理也会造成挑战。尤其是在当前新媒体技术越来越发达的情况下，媒体呈现出个性化、互动性、多样性、容量大等特点。传统危机管理中采用的"封""堵""截"等模式已经越来越不适应新媒体的发展要求。所以，如何加强组织与媒体在危机管理中的良性互动就显得非常重要。

一、媒体在危机沟通中的角色

（一）危机信息的报知者

媒体会通过自己的渠道将危机信息及时地传递给社会大众。信息传递的好坏将直接关系到危机事件的处理。这就要求组织必须加强与媒体的互动，只有这样才能发挥媒体在传递信息方面的优势，也只有这样才能最大限度地满足大众的知情权，避免危机的进一步扩大。

（二）危机事件的解读者

对危机事件的潜在影响和威胁的解读大部分是由媒体来完成的。为了确保对危机事件解读的正确性，正确引导舆论方向，组织就需要加强与媒体的互动。

（三）危机事件的舆论监督者

媒体作为大众意见的代表会参与危机的舆论监督。作为舆论监督者，媒体在公共危机管理中，对组织行为进行监督，维护着社会的公共利益。

二、危机沟通中的媒体沟通存在的主要失误

讨论

冷处理可行吗？

2005 年 4 月下旬，浙江省工商局在全省范围内对儿童食品进行的质量抽查发现，××品牌的××款奶粉碘含量达到 191.6 微克，超过其产品标签上标明的上限值 41.6 微克。浙江省有关部门迅速与××中国有限公司取得联系，要求对方在 15 天内予以答复。

2005 年 5 月 9 日，××中国有限公司方面做出答复，承认检测站检验结果。

2005 年 5 月 25 日，浙江省工商局依据法律程序对外公布：××品牌的××款奶粉为不合格产品。

2005 年 5 月 26 日，××中国有限公司表示不接受任何媒体采访。

2005 年 5 月 27 日，××中国有限公司发布声明，称××品牌的××款奶粉"是安全的"。

2005 年 6 月 1 日，中国消费者协会公开指责××中国有限公司不能自圆其说。

2005 年 6 月 2 日，云南昆明发现××品牌的同样产品另一批次奶粉碘含量超标。

2005 年 6 月 5 日，××中国有限公司大中华区总裁穆××向消费者道歉。

2005 年 6 月 6 日，××中国有限公司宣布，问题奶粉只换不退。

2005 年 6 月 8 日，××中国有限公司表示可以退货。

2005 年 6 月 11 日，××中国有限公司公开表示，将主动替换零售市场上所有批次的××款奶粉。

从沉默应对，到只道歉不退货，直至被迫接受退货，历时半月之久，使一起原本并不复杂的产品检测不达标事件，逐渐演变成一场对××品牌的信任危机。

组织在危机管理时，在与媒体进行危机沟通时常见的失误主要有以下几种。

（一）回避问题，与媒体缺乏合作

有些组织认为，危机时刻发言越多，被关注度越高，影响就越坏。于是，他们采取"鸵鸟政策"，对媒体采访或置之不理，或能躲就躲，躲不了就拖延，用"无可奉告"应付，试图让时间消除危机的影响。事实上，不恰当的冷处理会使媒体以追寻事实真相为名，加大力度对企业展开批评，也会给不良媒体和谣言以可乘之机，使企业陷入更加被动的境地。

（二）缺乏坦诚，提供虚假信息

有些组织害怕负面的危机信息曝光后无法控制，因此与媒体沟通时，避重就轻，回避负面信息，隐瞒真相。其实组织这样做只能引起更大的猜疑和麻烦。

（三）冷静不够，承诺过度

面对危机手忙脚乱，不能客观准确地评估危机可能带来的后果，在事实真相还没有完全调查清楚之前，把责任都揽到自己身上，承诺过度，弹性不足，最后无法兑现承诺，陷入极其尴尬的局面。

三、危机沟通中的媒体沟通技巧

危机沟通中的
媒体沟通技巧

（一）建立良好的媒体沟通机制

预先拟定统一完善的危机管理的媒体沟通机制，危机发生时能主动联系媒体，及时召开新闻通气会、发布会、跟踪报道等。

建立新闻发言人制度，平时注意培训演练。

严格规定媒体沟通的"统一口径"制度，不允许不了解情况或未经训练的人员在媒体面前信口开河、镜前失言。

必要时组织的"一把手"要敢于面对媒体，以表达组织对危机事件的高度重视，同时也表明对媒体的尊重。

（二）确保信息传递的真实完整

危机发生后，在接受媒体采访之前，一定要确保将要发布信息的真实性，特别重要的信息要以书面文字的方式向记者提供，避免报道失实。以书面文字的方式提供的信息要避免采用专业术语或晦涩难懂、含糊不清的语句，力求简明扼要。当媒体发布了不符合事实的新闻报道时，应尽快提出更正要求，但要注意方式方法，避免与媒体产生不必要的冲突。

（三）积极准备，妥善应答

接受媒体采访的时候，应注意以下几点。

（1）提前认真做好应答准备。尽量用真凭实据来增强说服力，这不仅有助于媒体尽可能多地了解事实，还有利于增强组织的可信度。

（2）变负面陈述为正面陈述。如果采访者以负面方式提出一个问题或陈述一件事，不要重复它，而要用正面的陈述重新表述问题和事实，把问题的回答引向有利于组织的事实，而这一事实有助于增强组织的信誉。

（3）出口应谨慎。信口开河是与媒体沟通的大忌，对不了解的问题不必仓促回答，更不要对充满变数的问题发表评论。如果被问到的问题是暂时解决不了或者不宜对外公开的，不可过度承诺，可以用"危机公关三句话原则"来暂时应

对。这三句话分别是"我们对所发生的一切深表关注（遗憾）""我们已经（将要）采取积极的行动""我们将……以防止这种事情的再度发生"。这三句话是非常精辟而科学的，第一句话表达了组织的态度，第二句话说明了组织的行动快速，第三句话对未来进行了承诺。再根据问题的严重性，加上适当程度的歉意和悔意，便能很好地给媒体一个交代。

（四）控制好局面，掌握主动权

与媒体沟通时既要尊重合作，也要主动控制，不可被其牵着鼻子走。

可以合理利用选择权。选择自己认为合适的环境、合适的问题、合适的提问者来接受采访。选择沟通时机，既要准备充分，又要反应及时。准备不充分可能会忙中出错，火上浇油；反应太慢，不但会让人感觉态度傲慢，给人留下不良印象，而且也会给谣言以可乘之机。

📋 案例分析

bilibili 的"广告门事件"[①]

作为国内二次元爱好者广泛聚集、黏性很高的视频网站，早在 2014 年 10 月，bilibili 董事长陈睿就做出承诺：bilibili 购买的正版新番，永远不加视频贴片广告。陈睿表示，作为热爱二次元的人，他希望所有的朋友，都能在 bilibili 看没有广告的新番，而不用浪费若干 15 秒、30 秒甚至 75 秒的人生。

同时，为了持续经营，bilibili 推出了"新番承包计划"，即用户出钱承包自己喜爱的番剧，成为承包商后，即可让同样喜爱该番剧的用户不必忍受广告。

然而，2016 年 5 月 23 日，有网友发现，在《火影忍者》等 5 部新番动画开头，均出现了一段时长为 15 秒的贴片广告。有用户到知乎提问："如何看待 bilibili 曾承诺永远不加广告，现在却加了贴片广告的行为？"

2016 年 5 月 24 日晚，bilibili 董事长陈睿在知乎上回答了用户的质疑，全文如下。

抱歉现在才来说明情况。因为过去两天我们一直在和版权方沟通，在得到版权方许可之后我们才能公布事情的经过。

几个月前，bilibili 在日本动画版权上取得了重大突破，我们与一家核心版权方达成了合作，该版权方同意将旗下新番打包授权给 bilibili。

同时获得授权的，还有其他三家国内同行。但是，其中某家同行并不希望 bilibili 加入这个"朋友圈"，遂以"商业公平"为由，向版权方提出：获得授权的各家必须统一使用贴片广告作为商业模式。出于对"和谐"的考量，版权方同

---

① 根据网络公开资料编写。

意了这个要求。

我们在过程中多次提出，以其他形式（如新番承包计划、周边贩售等）替代贴片广告，但未得到版权方的认可。

为了争取来之不易的版权合作，无奈之下，我们只好采取了一种"伪广告"的方案。2016 年 1 月，伴随该合作版权新番的上线，我们在新番前加上了一段15 秒（可以拖动进度条跳过）的"伪广告"，内容是 2233 娘的微信表情包。

然而麻烦并没有结束。

过去几个月，不断有热心群众向版权方反映，指出这则"广告"并不是真正的商业广告。于是版权方向 bilibili 提出立刻换上真正的贴片广告的要求，最后时限为 2016 年 5 月 23 日。

面对压力，我们不得不赶工拍摄了一则商业贴片广告，并于 2016 年 5 月 23 日紧急上线，加在以下五部新番之前：《Re：从零开始的世界》《火影忍者》《双星之阴阳师》《百武装战记》《Pripara 3rd 美妙天堂 3》。而且，今后与该版权方合作的新番，也只能同样处理。

事情的经过就是这样。

因为我们的能力不够，不能完全贯彻我们在 2014 年做出的"bilibili 的正版新番永远不加贴片广告"的承诺，在此，我代表 bilibili 向所有用户道歉。

我们对不起大家。

同时，我们做出以下说明。

1. 只要在 bilibili 承包过任何一部番剧（并不限于以上五部番剧）的用户，都不会看到此贴片广告。

2. 对于已经承包过以上五部番剧的用户，我们将全额返还承包金额。同时我们会关闭以上五部番剧的承包功能。

3. 对于没有承包过番剧的用户，该贴片广告可以选择手动跳过。

4. 除了该版权方的所有正版番剧，我们将继续推行"新番承包计划"，永远不加贴片广告。

5. 如果未来再次出现类似不可控的情况，我们将提前一周发出公告。如果大家不愿接受这种可跳过的广告，bilibili 会尊重大家的意见，宁可不上线番剧。

过去的一天里，我们注意到在知乎、贴吧、微博，有很多用户在关心着bilibili，有部分用户担心 bilibili 会不会变成他们不喜欢的样子。

我们感谢大家的关心，你们对 bilibili 的支持是我们坚持做 bilibili 的动力。

在此，我可以肯定地告诉大家：bilibili 未来有可能会倒闭，但绝不会变质。

bilibili 陈睿，bishi

2016 年 5 月 24 日

问题：bilibili 在处理"广告门事件"中有哪些可取之处？

课后实训

一、情景操作题

10 人一组，每个人都假设自己是某公司的 CEO，从下列话题中任选一个，进行 5 分钟的准备，先在小组中做 5 分钟的危机沟通陈述，然后回答其他 9 位同学的问题。这 9 位同学扮演记者或社会团体的代表。在每个人都轮换一遍角色后，大家一起相互点评。话题如下：

（1）公司遭到不明身份人员攻击，主要车间的设备受损；

（2）公司的主要产品——洗衣机出现爆炸事件；

（3）管理层成员集体辞职；

（4）管理层丑闻；

（5）公司股价大幅下跌；

（6）主要供应商遭受地震，原材料供应紧张。

二、分析题

每个学习小组找一个危机沟通的案例，向全班同学做 PPT 汇报，分析应对危机的策略和对策。

参 考 文 献

[1] 蒙特．管理沟通指南：有效商务写作与演讲[M]．钱小军，张洁，译．8版．北京：清华大学出版社，2010.

[2] 蒙特．管理沟通指南：有效商务写作与交谈[M]．钱小军，张洁，译．4版．北京：清华大学出版社，1999.

[3] 加洛．乔布斯的魔力演讲[M]．葛志福，译．3版．北京：中信出版社，2015.

[4] 奥罗克．管理沟通：以案例分析为视角[M]．康青，译．4版．北京：中国人民大学出版社，2011.

[5] 柯维．高效能人士的七个习惯[M]．高新勇，王亦兵，葛雪蕾，译．北京：中国青年出版社，2013.

[6] 纳瓦罗，卡尔林斯．FBI教你读心术[M]．王丽，译．长春：吉林文史出版社，2011.

[7] 弗洛伊德．沟通的力量[M]．李育辉，译．北京：机械工业出版社，2011.

[8] 希尔，博韦．卓越的商务沟通[M]．张莉，李萍，译．北京：北京大学出版社，2014.

[9] 杜慕群．管理沟通[M]．北京：清华大学出版社，2009.

[10] 康青．管理沟通[M]．3版．北京：中国人民大学出版社，2012.

[11] 魏江，严进．管理沟通：成功管理的基石[M]．北京：机械工业出版社，2014.

[12] 张莉．管理沟通[M]．北京：高等教育出版社，2011.

[13] 沈元平，沈宏宇．管理沟通：基于案例分析的学习[M]．广州：暨南大学出版社，2009.

[14] 李可．杜拉拉升职记[M]．西安：陕西师范大学出版社，2008.

[15] 胡巍．管理沟通与领导力开发[M]．北京：清华大学出版社，北京交通大学出版社，2009.